民族地区中小学理科教学质量监测研究

廖伯琴 等 著

本书为全国民族教育研究课题（重大项目）：民族地区中小学理科教学质量及监测体系研究（批准号 mjzxzd1401）成果；2016年教育部人文社会科学重点研究基地重大项目："基于'互联网+'的民族地区科学普及研究"（批准号 16JJD 880034）。

科学出版社

北 京

内 容 简 介

　　本书介绍并分析了目前国内外所实施的教育质量监测体系，在此基础上重点构建了我国民族地区理科教学质量监测体系，并对我国部分民族地区的理科教学质量进行监测，探析了其影响因素。全书注重证据的真实客观性，注重研究方法的科学性，注重理论应用于实际。

　　本书可作为普通高等院校民族学专业学生的教材，也可作为民族学研究工作者的参考书籍。

图书在版编目（CIP）数据

民族地区中小学理科教学质量监测研究/廖伯琴等著. —北京：科学出版社，2018.7

ISBN 978-7-03-055345-4

Ⅰ. ①民… Ⅱ. ①廖… Ⅲ. ①民族地区-中小学教育-理科(教育)-教学质量-监测-研究 Ⅳ. ①G633.72

中国版本图书馆 CIP 数据核字(2017)第 277251 号

责任编辑：任俊红 崔慧娴 / 责任校对：郭瑞芝
责任印制：吴兆东 / 封面设计：华路天然工作室

科学出版社 出版
北京东黄城根北街 16 号
邮政编码：100717
http://www.sciencep.com

北京建宏印刷有限公司 印刷
科学出版社发行 各地新华书店经销

*

2018 年 7 月第 一 版　开本：787×1092　1/16
2018 年 7 月第一次印刷　印张：15
字数：356 000

定价：48.00 元
（如有印装质量问题，我社负责调换）

前　　言

当一个国家的教育发展到一定阶段后，常会经历一个从关注数量到关注质量的过程。目前我国的学龄儿童净入学率达到 99.92%，初中阶段的毛入学率达到 104.0%，高中阶段的毛入学率也已达到 87.5%[①]。在大学前教育基本普及的情况下，提高教育质量成为新的改革诉求。2015 年《国家义务教育质量监测方案》的颁布，标志着我国义务教育质量监测制度的建立。

目前我国教育发展还不均衡，民族地区教育水平相对偏低，尤其是理科教学。而理科教学质量的高低不仅关系到理科人才的培养，而且关系到民族地区后备科技人才的储备，更关系到民族地区的经济发展。但我国未有专门针对民族地区开展的教学质量监测，对民族地区教学质量的关注点仍只是从"点"的角度对民族地区教育质量水平较差的现实描述，缺少从全国范围的"面"上的监测；另外，对民族地区的教育质量的研究大多从全国范围的角度出发，调查工具及体系没有充分考虑民族地区中小学教学的特点，研究成果大多与非少数民族进行简单比较，缺少从民族地区自身出发的角度，已有的监测体系与民族地区联系不够，对少数民族的理科教学质量的研究尤其不足，而这些正是本书所要关注的重点。

本书共包含七章内容。

第一章～第三章主要介绍并分析了目前国内外所实施的教育质量监测体系。其中第一章主要分析了国际视野下国际学生评估项目（PISA）、国际数学和科学趋势研究（TIMSS）的理科教学质量监测，并在此基础上比较二者的异同；第二章在介绍了美国、英国、新西兰、新加坡以及日本等发达国家实施的基础教育质量监测概况后，对其理科教学质量监测体系进行了重点分析；第三章分析了我国基础教育教学质量监测的实施现状，并就其监测中存在的问题进行了深入探析。

第四章～第七章则是在借鉴前面监测体系的基础上构建我国民族地区理科教学质量监测体系，并对我国部分民族地区的理科教学质量进行监测，探析其影响因素。其中第四章重点分析了目前我国民族地区教学质量监测的现状，并以新疆作为个案进行深入剖析，为后续研究做铺垫；第五章是本书的核心，在借鉴国际教育质量监测体系的基础上构建我国民族地区理科教学质量监测框架，并就其民族性特征进行深入分析，同时构建了问卷设计框架，为后续深入了解民族地区理科教学质量的影响因素奠定基础；第六章是案例分析，主要就理科教学中的重要维度（如科学态度、实践能力、科学课程实施以

---

① 教育部.2016 年全国教育事业发展统计公报[EB\OL]. http://www.moe.gov.cn/jyb_sjzl/sjzl_fztjgb/ 201707/t20170710_309042.html.

及实验教学等）进行专门监测，把握其现状；第七章则是结合民族地区教育的特殊性开发问卷，就其理科教学质量的影响因素展开深入分析。

　　本书的完成依赖于整个课题团队的努力。全书策划、章节设计等由课题负责人廖伯琴负责；第一章由黄健毅负责；第二章第一节、第二节、第三节由王俊民负责，第四节由江俊儒负责，第五节由左成光负责；第三章由刘芮负责；第四章由张海燕和金美芳负责；第五章第一节、第二节、第四节由廖伯琴和李晓岩负责，第三节由金美芳和张海燕；第六章第一节由黄健毅负责，第二节由张蔓华负责，第三节由邵君梅负责，第四节由刘云峰负责；第七章第一节由赵兵和马兰负责，第二节由杜文馨负责，第三节由唐颖捷负责，第四节由马兰和孙强负责；全书统稿由廖伯琴、李晓岩和左成光负责；全书定稿由廖伯琴负责。

　　本书得到全国民族教育研究课题（重大项目）：民族地区中小学理科教学质量及监测体系研究（批准号 mjzxzd1401）和 2016 年教育部人文社会科学重点研究基地重大项目："基于'互联网+'的民族地区科学普及研究"（批准号 16JJD 880034）的资助；本书在写作过程中参阅、引用了诸多国内外学者的观点和研究成果，他们的研究为本书的成型奠定了基础；在调研和问卷发放等过程中，得到诸多民族地区中小学教师的帮助和支持；另外，科学出版社任俊红编辑精心校勘书稿，并提出了许多宝贵意见。在此，一并致以诚挚的谢意！

　　由于时间与精力所限，书中难免有疏漏和不当之处，敬请各位读者斧正！

西南大学西南民族教育与心理研究中心

西南大学科学教育研究中心

廖伯琴

2017 年 9 月 19 日于西南大学荟文楼

目　　录

第一章 国际中小学理科教学质量监测项目概况

教学质量是衡量国家教育水平的重要标准，加强理科教学质量是提升国民科学素养的重要保证，因此如何有效地对教育质量进行监测已成为教育界共同关注的热点问题。特别是随着教育改革的推进，教育质量作为实现教育大发展的首要因素，受到各国际组织及国家的广泛重视，纷纷采取措施提高教育质量，将教育质量监测作为国家掌握学生学习基本情况、发现教育质量问题、调整教育政策、控制教育行为的有效手段。而国际学生评估项目及国际数学和科学趋势研究项目，成为各国开展教育质量特别是中小学理科教育监测工作的典范，值得借鉴。

第一节 国际学生评估项目

一、PISA 的背景及目的

1961 年成立的经济合作与发展组织（The Organization for Economic Cooperation and Development，OECD）为了能够为其成员国提供有关对教育人力和物力的投资回报的评价信息，组织开展了不同形式的测试，20 世纪 90 年代以前这些测试仅限于单一国家内，缺乏各国之间的比较[①]。20 世纪 90 年代后期，开始研发可以进行成员国之间相互比较的评价工具，并于 2000 年首次启动，该测试被命名为国际学生评估项目（Program for International Student Assessment，PISA）。

OECD 关注的是教育投资的回报率，即将来学生在经济社会中发挥的作用。因此，PISA 测试的重点是学生在将来生活中所必备的能力，其明确指出：PISA 评价的目的不是了解学生掌握了多少学科知识，而是了解他们掌握了多少与将来生活相关的知识和技能，要考查的是学生在实际生活中创造性地运用这些知识和技能的能力。学生除了要具备生活中必须用到的阅读、数学、科学的基本知识和相关技能外，还要能够对自己的学习过程、学习策略进行反思，能够在独立和集体的情境中进行学习。为此，PISA 还用问卷的形式测查学生的学习动机和学习态度，以此形成对学生学习能力的总评价。同时，为了能够为参与国家和地区政策分析和研究提供有价值的参考，PISA 通过收集学生的背景信息，进行包括个人、家庭和学校等方面的因素解构，形成"学习成果质量、公平性和均衡分布、学习者的特征、学习风气、学校资源和学校政策与实践"等教育成效评价指标体系[②]。

---

① 元永平. PISA-全球性学生素质评价[J]. 全球教育展望，2002（10）：59-63.

② 王蕾. 我国大规模教育评价项目探究与实践[J]. 教育科学研究，2007（11）：25-28.

二、PISA 的组织及实施过程

PISA 于 2000 年首次启动，每三年一次，每次都将阅读、数学和科学中的一个科目列为重点科目。2000 年、2003 年、2006 年、2009 年、2012 年分别有 32 个、41 个、56 个、67 个、65 个国家与地区参与，测试的重点依次为：阅读、数学、科学、阅读、数学[①]。测试的对象为义务教育即将结束的学生，年龄大概为 15 岁，测试采用分层、整群、多阶段、等距抽样的方法进行抽样[②]。为了保证评价的信效度，来自各参与国家和地区的教育政策制定者和相关领域的专家共同决定评价的范围、学生背景信息等，同时也考虑到不同的文化和语言影响，评价材料的翻译、取样和资料收集过程都采取严格的质量监控机制，并通过实施大规模实地预试等各种手段保障监测质量。

PISA 主要以纸笔测试的形式进行，只有部分年份的少部分国家及地区采用计算机测试（如 2006 年有三个国家的部分学生采用计算机测试）[③]。测试要求学生阅读题目后回答提出的问题，问题的形式有多项选择题及要求学生独立思考和构思回答的问答题。大部分的评价内容是测试学生是否能积极联想和思考，而不是简单地重复他们已经学过的知识。所有领域的评价项目是由将近 7 个小时的等效评价内容组成的，而每位学生将使用不同的综合素材进行 2 个小时的测试，其中测试题目包括单项选择题、复合选择题、封闭式简答题、开放式问答题。每位学生还要用约 20 分钟时间，每所学校校长用约 30 分钟时间分别完成一份问卷调查表，这个调查表将提供重要的相关信息，帮助解释和分析评价结果。

三、PISA 的理念及框架

受到 OECD 的影响，PISA 探索的是在全球化时代背景下持续发展的战略路径。PISA 的创始人安德烈亚斯·施莱克尔（Andreas Schleicher）明确提出，"那种在学校背诵一些已有知识以图进入社会后能借此运用的时代已一去不复返；经济越是发展，背诵能力就越是显得无用；优质的教育体系一定会非常重视对学生思维能力的培养、重视对其面向未来而去解决实际问题的能力的培养，并引导他们终身热爱学习"。[④]评价的设计基于终身学习模型，即在人的一生中必须不断学习新知识和新技能才能适应不断变化的社会，所以它关注的是 15 岁学生获得了多少参与未来社会竞争中必需的知识和技能。而这些能够做的事情当中主要可以通过阅读、数学和科学三个科目进行测试，这三个测试科目不仅覆盖了学校的主要课程，而且囊括了未来社会中成人必备的知识和能力。

PISA 测评中，框架都由情境、能力、知识、态度四个指标构成，且测评主要的内容是在一定的情境中学生展现受到知识和态度影响的科学素养的具体能力。2006 年与

---

① 王连照. PISA 及其在中小学学业成就评价中的运用[J]. 教育理论与实践，2011（10）：31-93.

② 陆璟. PISA 测评的理论和实践[M]. 上海：华东师范大学出版社，2013：48-51.

③ OECD. PISA2006：Science Compertencies for Tonmorows World.Paris：OECD，2007：19.

④ 潘涌. PISA 价值观和评价观对中国教育创新的启示[J]. 教育发展研究，2012（2）：47-53.

2015 年测评的区别在于知识和态度对能力影响的方式不一样，2006 年测评中，分别分析了知识和态度对能力产生的影响，而 2015 年中则分析了知识和态度二者共同对能力的影响（图 1.1.1 和图 1.1.2）。另外，情境、能力、知识、态度四个指标包含的具体内容也有所变化。

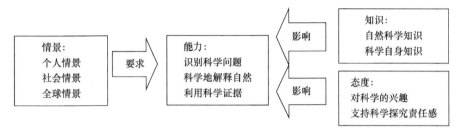

图 1.1.1　PISA 2006 科学测评框架①

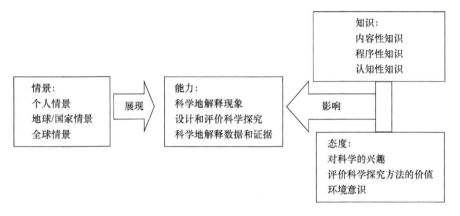

图 1.1.2　PISA 2015 科学测评框架②

四、PISA 测试题例析

PISA 2015 科学测评框架公布了三个样题，其中第一题"温室"（Greenhouse）是 PISA 2006 的题目；第二题"吸烟"（Smoking）和第三题"泽尔罐"（ZeerPot）为新开发的试题。其中第三题在形式上具有创新性，故笔者选择"泽尔罐"这一题为例进行分析。

PISA 2015 科学素养测试的所有题目都是基于计算机测试系统开发的。在测试中，计算机屏幕被纵向分成左右两个区域，左边以显示文字为主，右边以显示图表和操作界面为主，如图 1.1.3 和图 1.1.4 所示。

---

① OECD. Assessing Scienrific, Reading and Mathematical Literacy: A Framwork for PISA 2006 [EB/OL]. [2015-9-1]. http: // 213.253.134.43// oecd/pdfs/broweit/9806031E.pdf.

② Organization for Economic Co-operation and Develop-ment. PISA 2015 Draft Science Framewor［EB/OL］.http//www. oecd.org/pisa/ pisaproducts/Draft %20PISA%202015%20Science%20Framework%20. pdf. 2015-9-5.

PISA 2015　试题名称：泽尔罐

介绍：

"泽尔罐"是一种非洲国家常见的冷藏装置，它无需电力就可以冷却食物。

一个小黏土罐，放在一个大黏土罐的里面，再加一个黏土或者织物做成的盖子。两个罐子中间灌满沙子。这样的话，里层罐子的周围就形成了一个隔离层。沙子里面定期加入水，就可以保持潮湿。当水蒸发时，罐子里面的温度就降低了。

当地人用黏土来制作这种泽尔罐，这些黏土在他们本地就可以找到

图 1.1.3　"泽尔罐"题目的"情景介绍"

PISA 2015　试题名称：泽尔罐

任务：

你将做一个调查，以确定如何设计泽尔罐，才能最有利于帮助一个家庭保鲜食物。

食物温度被保持在 4℃时，能够最大限度降低细菌的生长速度，同时保持新鲜。

请使用右侧的模拟实验装置弄清楚这个问题：4℃条件下，当改变沙层的厚度和温度时，最多能使多少食物保持新鲜？

你可以做一些模拟实验，并重复或移除任何数据结果。

在4℃条件下，最多能保鲜的食物量为____kg

沙层厚度（cm）	食物质量（kg）	沙层温度（潮湿/干燥）	食物温度（℃）

图 1.1.4　"泽尔罐"题目的"任务"

PISA 2015 科学测评框架中，对该题目测评属性的标定如表 1.1.1 所示。

表 1.1.1　"泽尔罐"题目的测评属性

框架类型	2015 框架
知识类型	程序性知识
能力	设计和评价科学探究
情境	自然资源
认知要求	高

PISA 框架说明该题目旨在考查学生对程序性知识的掌握情况及设计与评价科学探究的能力。PISA 的这道科学题目设问非常明确，即要求学生通过模拟实验，弄清楚"沙层厚度""沙层温度""食物质量"和"食物温度"这几个变量之间的关系，并最终得出泽尔罐最多能够保鲜的食物质量。对该问题的回答不仅仅是提取记忆而进行，还需要学生通过一定的操作程序，进行分析和归纳，最终解决问题。当然，在思维的过程中，考生还需要经历以下过程：读取情境介绍和任一界面上提供的文字和图片信息，弄清楚泽尔罐的功能与工作原理；明确需要解决的问题，即确定泽尔罐在 4℃下能够保鲜的食物质量的最大值；通过了解计算机模拟实验装置，弄清楚影响保鲜食物质量的因素及其相互关系；通过有目的地操作模拟实验装置，记录并分析数据，得出问题答案。

第二节　国际数学和科学趋势研究

一、TIMSS 的背景及目的

成立于 1959 年的国际教育成就评价协会（International Association for the Evaluation of Educational Achievement，IEA）于 20 世纪 60 年代初组织了有十多个国家参加的第一次国际数学研究和第一次国际科学研究；70 年代末 80 年代初，IEA 又组织了有 20 个国家参加的第二次国际数学研究和第二次国际科学研究。这四项研究分别对数学和科学进行了国际比较研究，研究成果在各国引起了巨大反响。IEA 又于 1995 年组织了第三次国际数学和科学研究（the Third International Mathematics and Science Study，TIMSS），与前两次不同的是，IEA 首次将对数学与科学的研究同时展开，每四年为一个周期，评价目标为四年级、八年级和十二年级学生数学和科学成绩的发展趋势。1999 年 IEA 又组织了第四次国际数学和科学研究（the Third International Mathematics and Science Study-Repeat，TIMSS-R）。自 2003 年起该项研究更名为国际数学和科学趋势研究（Trends in International Mathematics and Science Study，TIMSS）。

TIMSS 的评价目的主要是为各参与国家和地区制定课程和为教学政策提供建议，提高各国家和地区数学和科学的教学水平[①]。同时还对学生、教师及校长进行问卷调查，考查学生数学和科学的学习背景，以阐明家庭和学校对学生成绩的影响。

二、TIMSS 的组织及实施过程

1995 年，IEA 对 45 个国家的三、四、七、八、九五个年级的学生实施了数学和科学测试，同时对参加测试的各个国家的课程进行了分析，并利用学校、教师和学生问卷收集了影响学生学业成绩的背景信息。在此之前，IEA 分别进行过两次数学和科学研究，1995 年 IEA 将数学和科学结合起来的第三次研究命名为"第三次国际数学和科学研究"。IEA 进行周期性研究的目的是追踪教育的变化，并引入对学生成绩纵向变化的研究，但

---

① IEA TIMSS&PIRLS International Study Center. TIMSS 2011 Assessment Frameworks[M]. TIMSS & PIRLS International Study Center Lynch School of Education，Boston College，2009（9）：1.

是前两次研究的时间跨度太大，令第三次研究更像一个独立研究。1999 年 IEA 实施了有
38 个国家参加的第四次国际数学和科学研究。有 26 个国家既参加了 1995 年的 TIMSS 研
究，又参加了 1999 年的 TIMSS 研究，因此这些国家可以分析自己国家学生学业成绩的
变化趋势。自此，IEA 确定下来每四年对四年级和八年级的学生进行一次测试[①]。该项研
究也更名为"国际数学与科学趋势研究"。

　　TIMSS 采用二阶整群抽样的方法进行抽样，一阶由样本校组成，二阶由样本校目标
年级学生组成。每个学生将完成两个时间均为 45 分钟、内容分别为数学和科学的纸笔测
验；试题包括选择题、简答题和开放式问答题。同时还要完成一个简短的反映学生学习
情况的意见调查表。所有测验和意见调查表将由国家教育研究基金会打分和分析。

三、TIMSS 的理念及测评框架

　　TIMSS 认为，课程是学生学业成绩的最重要影响因素，所以其评估的出发点和落脚
点都是课程。但 TIMSS 使用的课程概念是大课程的概念：提供给学生的教育机会以及影
响学生使用这些机会的因素。TIMSS 的课程概念中包含三个因素：预定课程（intended
curriculum）、实施课程（implemented curriculum）和习得课程（achieved curriculum）。这
体现了社会有意地让学生学习的数学和科学以及教育系统如何组织才能实现数学和科学
教学水平的提高。基于这一理念，TIMSS 进行数学和科学的测评及问卷调查，旨在描述
不同国家学生的学习情况以及与此相关的信息。问卷中涉及目标课程的结构、内容、准
备、经历、教师态度、教学方法的使用、学校和课堂资源的组织、学生在学校的经历以
及他们对学校的态度。在考查学生的习得课程及学业成就时，除了设定课程中的内容外，
还对科学和数学认知能力进行了评估[②]。TIMSS 的测评框架较为稳定，如图 1.2.1 所示。

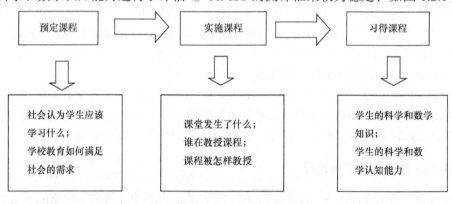

图 1.2.1　TIMSS 测评框架

四、TIMSS 测试题例析

　　TIMSS 评估采用两种题型——选择题和问答题，选择题的分值至少占总分的一半。选

① 鲁毓婷. 全球化背景下的学生学业成就比较研究——TIMSS 和 PISA[J]. 考试研究，2007（7）：76-92.

② 申梓刚. NAEP 和 TIMSS 教育评估体系的比较研究和启示[J]. 教学管理，2012（2）：24-28.

择题每题1分，问答题一般每题1分或2分，具体分值依据要求完成的任务的性质来定。

（一）选择题

在 TIMSS 中，选择题为学生提供了四个选项，其中只有一个是正确的。这些选择题可以用来评估认知维度中的任何一种认知要素。该种题型不要求学生对选项做出具体解析。然而，该题型并不适宜评估学生做出更为复杂的解释或评价的能力，具体示例如下。

例 1.2.1　图 1.2.2 显示的是用绝缘电线盘绕在铁钉周围，导线连接到电池的图像，当电流流过导线时，铁钉上会出现什么现象？

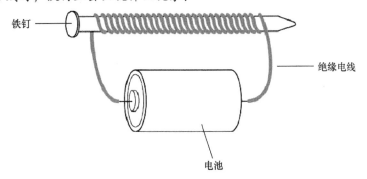

图 1.2.2　导线与电池连接图

A. 钉子将会熔化
B. 电流将会流过铁钉
C. 钉子将会成为一块磁铁
D. 钉子上不会发生任何变化
（答案：C）该题考查了考生对电与磁的认知。

（二）问答题

项目测试中的这种题型要求学生构建一个书面回答，而不是从一组选项中选择答案，要求学生提供解释，在答案后附上理由或数据、图表等。问答题适用于评估学生解释以背景知识和经验为基础的现象及数据方面的知识和技能，具体示例如下（试题来源：TIMSS 2011 科学测试框架附录 C 样本试题）。

例 1.2.2　Thato 从他的自行车上跌下来，车上携带的盐袋中的盐漏了出来。他从地上将盐还有地上的沙土和树叶也一并混在一起放进了塑料袋（图 1.2.3）。

表 1.2.1 描述了 Thato 从盐和沙、树叶的混合物中分离出盐的方法步骤。请为每个步骤标注操作理由。

图 1.2.3　沙土和树叶放入塑料袋示意图

表 1.2.1　从盐和沙、树叶的混合物中分离出盐的方法步骤

步骤	描述步骤	进行该步骤的原因
1	用筛子筛选混合物	（筛子会移除树叶）
2	加水	（水会溶解盐）
3	过滤盐溶液	（移除沙石）
4	蒸发盐溶液中的水分	（蒸发掉水分）

该题考查了考生对物质的物理状态变化的理解以及综合运用物质物理状态变化解决问题的能力。

第三节　PISA 与 TIMSS 测评指标的比较

一、内容领域的比较

PISA 测评的内容性知识中，2015 年与 2006 年相比，减少了化学科学的内容，只将 2006 年化学科学系统中物质的化学变化纳入到物质科学系统中；生命科学系统中增加了有机体的概念，地球与空间科学系统中增加了宇宙的历史与范围（表 1.3.1）。TIMSS 测评的内容领域中，物质科学领域增加了能源及影响，生命科学领域中增加了生物体、环境及其相互影响，地理内容领域中增加了地球的来源。

表 1.3.1　PISA 2006、PISA 2015 内容知识[1][2]

PISA 2006		PISA 2015	
三级指标	内容	三级指标	内容
物质科学系统	物质结构 物质的性质 力和运动 超距作用 能量及其转化 能量与物质之间的相互作用	物质科学系统	物质结构 物质的性质 物质的化学变化 力和运动 远距离相互作用 能量及其转化 能量与物质之间的相互作用
化学科学系统	身边的化学物质 物质构成的奥秘 物质的化学变化 化学与社会发展	—	—

---

① OECD.Assessing Scienrific，Reading and Mathematical Literacy：A Framwork for PISA 2006[EB/OL]. [2015-9-1]. http://213. 253. 134.43//oecd/pdfs/broweit/9806031E. pdf.

② Organization for Economic Co-operation and Develop-ment. PISA 2015 Draft Science Framewor［EB/ OL］. http://www.oecd.org/pisa/ pisaproducts/Draft%20PISA%202015%20 Science%20Framework%20. pdf.2015-9-5.

续表

PISA 2006		PISA 2015	
三级指标	内容	三级指标	内容
生命科学系统	细胞 人体 种群 生态系统 生物圈	生命科学系统	细胞 有机体的概念 人体 种群 生态系统 生物圈
地球与空间科学系统	地球系统的结构 地球系统中的能量 地球系统中的变化 地球的历史 在太空中的地球	地球与空间科学系统	地球系统的结构 地球系统中的能量 地球系统中的变化 地球的历史 宇宙空间中的地球 宇宙的历史和范围

另一方面，物质科学、生命科学、地球与空间科学（TIMSS 称为地理）均是 PISA 和 TIMSS 的重要领域，同时化学科学是 TIMSS 八年级的测评内容。物质科学领域中，物质的性质、力和运动、能量转化是两项测评的主要内容，TIMSS 与 PISA 相比还增加了光和声、电和磁的内容；生命科学领域中，生态系统是两项测评都关注的内容，此外 PISA 还关注有机体的概念、种群、生物圈等内容，TIMSS 关注生命周期、繁殖和遗传、生物多样性、适应和自然选择、人类健康等内容；地球科学领域中，宇宙中的地球、地球的结构、地球的历史是两项测评都关注的内容，PISA 还关注地球系统中的能量等内容，TIMSS 关注地球的运动过程、周期变化，地球资源及其使用与保护等内容。

二、科学实践及能力的比较

PISA 的能力测评中，2015 年基本延续了 2006 年的要求，均从三方面对科学实践过程进行测评。但与 2006 年相比，PISA 2015 年除了关注科学问题的识别外，还强调评价与设计科学探究，并将评价和设计科学探究的具体测评内容融入原识别科学问题中形成评价与设计科学探究的指标（表 1.3.2）。TIMSS 的科学探究/科学实践中，2015 年最大的变化在于将科学探究调整为科学实践，且由独立的测评改为融合于知识和认知维度中。另外，TIMSS 2015 强调在不熟悉特点或特性的自然界观察中提出问题，且要求将结论扩展到新的情景中，体现了 TIMSS 科学实践情景性与实用性的特点（表 1.3.3 和表 1.3.4）。

表 1.3.2　PISA 2006、PISA 2015 能力指标[①][②]

PISA 2006		PISA 2015	
识别科学问题	1. 确认能科学地进行调查的问题 2. 确认给定话题的信息检索所需的关键词 3. 确认一个科学性问题的主要特点	评价和设计科学探究	1. 在给定的科学研究中，识别可以进行探究的问题 2. 科学地区分可以研究的问题 3. 科学地提出给定问题的探究方法 4. 科学地评价给定问题的探究方法 5. 描述和评价一系列科学家们用来保证数据的可靠性、解释的客观性和适用性的方法
解释科学现象	1. 在给定的情景应用科学知识 2. 科学地描述和解释现象并能预测变化 3. 确认恰当地描述、解释和预测	科学地解释现象	1. 回忆、应用适当的科学知识 2. 识别、使用和形成解释模型 3. 形成和证明恰当的预测 4. 提供解释性假设 5. 解释科学对社会的潜在影响
使用科学证据	1. 解释科学证据并能得出交流结论 2. 确认结论背后的假设、证据和推理 3. 反思科学和技术发展的社会影响	科学地解释数据和证据	1. 转换数据表达方式 2. 分析、解释数据，得出结论 3. 识别科学文献中的假设、证据和推论 4. 区分基于科学证据或理论推导得出的参数和基于其他考虑得出的参数 5. 评价来自不同资源的科学参数和证据

表 1.3.3　TIMSS 2011、TIMSS 2015 内容知识[③][④]

TIMSS 2011		TIMSS 2015	
二级指标	三级指标	二级指标	三级指标
物质科学 25%	物质的分类和性质 物质的物理状态和物质变化 能量转化 热和温度 光和声 电和磁 力和运动	物质科学 25%	物质的分类和性质 物质的物理状态和物质变化 能量转化 热量和温度 能源及影响 光和声 电和磁 力和运动
化学科学 20%	物质的组成与分类 物质的性质 化学变化	化学科学 20%	物质的组成与分类 物质的性质 化学变化

① 冯翠典.PISA2006科学素养评估概念框架的分析及思考[J]. 外国中小学教育，2010（4）：16-21.

② Organization for Economic Co-operation and Develop-ment. PISA 2015 Draft Science Framewor［EB/OL］. http//www. oecd. org/ pisa/pisaproducts/Draft %20PISA%202015%20 Science%20Framework%20. pdf.2015-9-5.

③ IEA TIMSS&PIRLS International Study Center. TIMSS 2011 Assessment Frameworks[M]. TIMSS & PIRLS International Study Center Lynch School of Education，Boston College. 2009 （9）：1.

④ Lee R.Jones，Greald Wheeler，and Vicitoria A.S. Centurino.Timss 2015 Science Framework [EB/OL]. hhp：//timss and pirls. bc. edu，2015-09-10.

续表

TIMSS 2011		TIMSS 2015	
二级指标	三级指标	二级指标	三级指标
生命科学 35%	生命的特征、分类和生命过程 细胞及其功能 生命周期、繁殖和遗传 生物多样性、适应和自然选择 生态系统 人类健康	生命科学 35%	生命的特征、分类和生命过程 细胞及其功能 生命周期、繁殖与遗传 生物多样性、适应和自然选择 生物体、环境及其相互影响 生态系统 人类健康
地理 20%	地球的结构和物质特性 地球的运动、周期变化和历史 地球资源及其使用与保护 在太阳系中和宇宙中的地球	地理 20%	地球的结构、物质特性与来源 地球的运动过程、周期变化和历史 地球资源及其使用与保护 宇宙和太阳系中的地球

表 1.3.4　TIMSS 2007、TIMSS 2011、TIMSS 2015 科学探究、科学实践指标[1][2]

TIMSS 2007、TIMSS 2011		TIMSS 2015	
科学探究	明确地表述问题和假设	科学实践	基于观察提出问题	包括对具有不熟悉特点或特性的自然界现象的观察,学生在观察中可以发现问题,并做出检验的假设
	设计调查		形成证据	为了形成证据来支持或反驳假设,科学家需要设计和实施系统调查和受控实验来验证假设,为了确定可以收集的证据、收集证据所需的设备以及程序、记录的测量结果,科学家们必须理解科学概念及测量的性质
	呈现数据		处理数据	一旦收集数据,科学家们将以各种直观呈现的方式汇总数据,说明或解释数据格式及探究变量之间的关系

① IEA TIMSS&PIRLS International Study Center. TIMSS 2011 Assessment Frameworks[M]. TIMSS & PIRLS International Study Center Lynch School of Education, Boston College. 2009（9）: 1.

② Lee R.Jones, Greald Wheeler, and Vicitoria A.S. Centurino.Timss 2015 Science Framework[EB/OL]. hhp://timss and pirls. bc. edu, 2015-09-10.

续表

TIMSS 2007、TIMSS 2011		TIMSS 2015	
科学探究	分析和解释数据	科学实践	回答研究问题	科学家们利用观察和调查获得的证据可以回答问题，支持或反驳假设
	得出结论并形成解释		就证据展开辩论	科学家利用证据和科学知识，形成解释，证明和支持解释与结论的合理性，并将结论扩展到新的情景

　　总体上看，PISA 和 TIMSS 对科学能力或科学实践的测评有异曲同工之处，PISA 从评价和设计科学探究、科学地解释现象、科学地解释数据和证据三方面进行测评，TIMSS 从基于观察提出问题、形成证据、处理数据、回答研究问题、就证据展开辩论五方面进行测评，但具体内容均包括从问题的提出到问题的解决和应用推广等几个方面：提出问题、设计解决问题的方案、收集形成证据、处理数据和证据、得出结论、对结论进行解释和推广应用等。

三、认知层级的比较分析

　　PISA 2006 的科学量表考虑了两种方案，一种是按科学能力的维度，将其分为识别科学议题、科学地解释现象和运用科学证据 3 个分量表，也即层级；另一种是按照科学知识的领域，将其分为"科学知识"及"关于科学的知识"两个分量表。最后 PISA 考虑其反馈学生能力的宗旨而采用了前一种方案，对知识的认知层级没有明确的要求和测评[①]。PISA 2015 借鉴了美国威斯康星大学教育研究中心诺曼·韦伯（Norman L. Webb）教授在 1997 年提出的知识深度，构建了知识类型的认知需求框架，将认知分为了低、中、高三个层级，细化了知识的结构，为进行科学素养的培养与评价提供了强有力的支撑（表 1.3.5）[②]。

　　TIMSS 2015 与 TIMSS 2011 一样，科学测评框架的认知指标由知道、应用和推理三个层面构成，描述学生在测评中思维过程所应达到的水平。知道层级上，与 TIMSS 2011 相比，TIMSS 2015 的认知维度构成由回忆/知道、定义、说明科学仪器知识、描述、举例说明五个层级减少到了三个层级，回忆/知道、定义和说明科学仪器知识层级被合并为回忆/知道层级，每个层级的解释也更为翔实。应用层级上，TIMSS 2015 科学测评框架认知维度的应用层次包括比较/对比/分类、关联、模型的使用、解读信息、解释五个层级，且对每个层级具体的内容领域进行了描述，与 TIMSS 2011 科学测评框架相比，减少了寻找解决方法层级，各层级的内容也更精细。推理层级上，TIMSS 2015 与 TIMSS 2011

---

① 陆璟.PISA 能力水平量表的构建及其启示[J].教育测量与评价（理论版），2010（9）：9-14.

② 刘克文，李川.PISA2015 科学素养测试的内容及特点[J].比较教育研究，2015（7）：98-106.

一致，TIMSS 2015 中包括分析、综合、陈述问题/假设/预测、设计调查、评价、得出结论、概括和证明八个层级，TIMSS 2015 对每一层级的内容都进行了更加细致的描述与解释，更便于准确把握认知领域各个层级的内涵（表 1.3.5）。

表 1.3.5　TIMSS 2011、TIMSS 2015、PISA 2015 认知层级对比表

TIMSS 2011			TIMSS 2015		PISA 2015	
层级		内容	层级	内容	层级	内容
知道	回忆/知道	能正确说明或识别科学事实、关系、过程和概念；识别具体生物、材料和过程的特性或特点	回忆/知道	识别或说明事实、关系和概念，识别具体生物、材料和过程的特性或特点；识别科技仪器与程序的适当用途；认识和使用词汇、符号、缩写、单位和刻度	低	实施只有一个步骤的程序，如回忆事实、术语、原理或概念，从图表中定位一个简单的信息等
	定义	描述或识别科学术语的定义；在相关背景中认识和使用科技词汇、符号、缩写、单位和刻度				
	说明科学仪器知识	说明如何使用科学仪器和设备、工具、测量设备和刻度				
	描述	描述生物、物质材料和科学过程的特性、结构、功能和关系	说明	描述或识别生物和材料的特性、结构和功能说明以及生物、材料、过程与现象之间的关系		
	举例说明	举例或使用相应的例子阐述事实或概念；识别或提供具体例子来解释一般科学概念	举例	描述或识别具有特点的生物体、材料和过程；使用相应例子阐述事实或概念		
应用	比较/对比/分类	识别或说明生物体、材料或过程的相似与不同性；根据特点来辨别、分类或梳理个别物体、材料、生物和过程	比较/对比/分类	识别或说明生物体、材料或过程的异同性；根据特点和特性来辨别、分类或梳理个别物体、材料、生物和过程	中	使用或应用概念性知识描述或解释现象，选择恰当的、包含两步以上步骤的程序，如组织或展示数据、解释或使用简单的数据包、图表等
	模型的使用	使用模型论证对科学概念性知识、结构、关系、过程、生物与自然系统或周期的理解	关联	将基础的科学概念性知识与观察或推断的特性、行为或物体、生物体或材料关联		
	关联	将基础的科学概念与观察或推断的特性、行为或物体、生物体或材料关联	模型的使用	使用模型验证科学概念性知识，举例说明周期关系或系统，找到解决问题的办法		

续表

TIMSS 2011		TIMSS 2015		PISA 2015	
层级	内容	层级	内容	层级	内容
应用	解读信息：利用科学概念性知识或原理解读相关的文字、表格、图示和图片信息	应用	解读信息：利用科学概念性知识解读相关的文字、表格、图示和图片信息	中	使用或应用概念性知识描述或解释现象，选择恰当的、包含两步以上步骤的程序，如组织或展示数据、解释或使用简单的数据包、图表等
	寻找解决方法：识别或运用科学关系、方程、公式来找到包括科学性概念的应用于验证的定性或定量的方法		—		
	解释：利用科学概念、原理、定律或理论解释辨别观察结果或自然现象		解释：利用科学概念或原理解释或辨别观察结果或自然现象		
推理	分类：通过决定采用的相关信息、概念和问题解决步骤来分析问题，发现解决问题的策略	推理	分析：辨别科学问题组成要素，运用相关信息、概念、关联和数据模式回答和解决问题	高	分析复杂信息或数据，综合处理或评价证据、证明，推理已有的各种来源，制定计划或一系列步骤解决问题
	整合/综合：提供需要考虑一系列因素或相关概念的解决问题方法；联系或关联不同领域科学概念；显示对科学中相同概念和主题的理解力；整合数学概念或程序解决问题		综合：回答需要考虑一系列不同因素或相关概念的问题		
	假设/预测：结合来自经验或调查的信息和科学概念性知识形成能通过调查回答的问题；利用对概念的理解，从科学信息分析中提出可以检验的假设；基于证据和对概念的理解预测生物或物理条件的效果		陈述问题/假设/预测：阐明通过调查可以回答的问题，在已知的设计信息基础上预测结果；根据对概念的理解，从经验、观察或科学信念分析中提出可检验的假设；利用证据和对概念的理解，预测变化的效果		
	设计：设计适用于回答科学问题或检验假设的调查或程序；通过可测量或控制的变量和因果关系说明或认识精心设计的调查特点，决定在进行调查时用到的测量或程序		设计调查：设计适用于回答科学问题或检验假设的调查或程序；通过可测量或控制的变量与因果关系说明或认识精心设计的调查的特点		

续表

TIMSS 2011		TIMSS 2015		PISA 2015	
层级	内容	层级	内容	层级	内容
推理	得出结论 发现数据模式；描述或归纳数据趋势；根据数据或已知信息进行分析和推断；基于证据或科学概念的理解进行合理推理；得出可回答问题或证明假设相应结论；证明对因果关系理解	推理	评价 评价课替代解释；权衡做出课替代过程与材料的决定的利弊；就数据支持结论的充分性来评价调查结果	高	分析复杂信息或数据，综合处理或评价证据、证明，推理已有的各种来源，制订计划或一系列步骤解决问题
	概括 超越实验或已知条件得出一般结论；在新的情境中运用结论；能采用一般知识来解释自然界的关系		得出结论 基于观察、证明对科学概念理解的基础上进行推理；得出可回答问题或证明假设和对因果关系理解的相应结论		
	评价 对生物和物理有关系统的科学与技术的影响；评价可替代性解释和问题解决的测量与方法；就数据支持结论的充分性评价调查结果		概括 超越实验或已知条件得出一般结论；在新的情景中运用结论		
	证明 使用证据和科学理解来证明解释和解决问题；构造论证来支持调查或科学解释中的问题和结论方法的合理性		证明 使用证据和科学理解，支持解释、问题解决和调查结论的合理性		

四、启示

对 PISA 及 TIMSS 近几次测评框架及指标的比较分析，可以看出国际基础教育科学学业测试是一脉相承的，但在继承已有认识的基础上也不断深化和发展，呈现出新的趋向。

（一）更注重融入真实的情境

在 PISA 测评框架中，测试背景由 2006 年的个人、社会、全球 3 个层级改为了个人、地区/国家、全球的层级结构；将模糊不清的社会改为了更为翔实具体的地区/国家，同时，也避免了不同背景之间的交叉，使背景的层次更为清晰、连贯。TIMSS 2015 的科学实践中，要求学生在观察中发现问题，并将结论扩展到新的情景。测评的内容性知识中，PISA 2015 年与 PISA 2006 年相比，增加了有机体的概念、宇宙的历史与范围；TIMSS 2015 与 TIMSS 2011 相比，增加了能源及影响、生物体、环境及其相互影响。这与时下社会发展关注的焦点问题相吻合。以上几点均说明了国际基础教育科学学业测评更加关注学生当下以及未来生活的真实情境。

（二）更关注科学实践的测评

科学探究在 PISA 的测评中一直受到关注，但在早期的 TIMSS 中科学探究却被列为有别于内容和认知维度的一项独立测评。TIMSS2015 将科学探究调整为科学实践，且由独立的测评改为融合于知识和认知维度中。PISA 的能力测评中，能力标准不断提升，PISA 2015 既要利用证据得出结论，同时还要学会科学地解释数据和证据，包括数据和证据等参数的来源与合理性等；既要识别可以研究的科学问题，同时还要能够评价和设计科学探究，对结论的可靠程度进行判断。这些均体现出国际基础教育科学学业测评对科学实践的关注更多、要求也更高。

（三）知识的分类及水平更系统

知识是 TIMSS 一直较为关注的维度，但在 PISA 2006 中受到的关注度并不高。而在 PISA 2015 的知识维度中，将 2006 年的科学知识和有关科学的知识具体化为一般的科学内容知识（即内容性知识），更需要理解这些知识的建构过程（即程序性知识）以及在知识建构过程中理论假设和观察等科学方法是如何起作用的（即认知性知识），同时将认知分为了低、中、高三个层级，细化了知识的结构，使其分类及水平更系统化。

总之，国际两大主要基础教育科学学业测评 PISA 与 TIMSS 是在原有的测评基础上，融入了时代的新要求，更加关注真实情景、科学实践以及知识的系统化，使得科学的测评更具实效性。新的科学学业测评趋向对科学素养的内涵、科学教育的价值做出了新的诠释，值得我国基础教育阶段的科学教育、科学学业测评的工作者们学习和借鉴。

第二章 发达国家基础教育质量监测案例评析

第一节 美国国家教育进步评价项目

美国自建国以来，联邦政府对教育并没有实质的管理权。20世纪60年代，随着《国防教育法案》的颁布，联邦政府对教育的干预逐渐增加。1963年，美国教育委员会委员弗兰西斯·凯普尔（Francis Keppel）与美国著名教育学家拉尔夫·泰勒（Ralph Tyler）提议进行全国性评价[①]。1969年，美国建立了教育评价体系，即"国家教育进步评估"（National Assessment of Educational Progress，NAEP）。自1969年起，NAEP按周期持续运行，不断完善，至今已49年。

一、NAEP概述

NAEP是美国唯一具有全国性和持续性的基础教育质量评估项目，也被称为"国家成就报告单"，在美国教育领域占据独特的地位，其影响力在国际上也得到公认。NAEP通过设置多种评估项目，对国家、州和学区三个代表性的学生样本分别进行测试，以监测全美基础教育的质量现状及发展趋势，并发布不同形式的监测报告。NAEP为美国基于证据的教育决策提供了科学的数据基础，有效地影响了美国基础教育的教改政策，推进了教育问责制的发展。它从项目设置到结果应用，形成了一个较为成熟和完整的基础教育质量监测制度体系。

（一）监测目的

美国现阶段的NAEP包含主评估、长期趋势评估及专项研究3种评估类型。主评估具体分为全国性评估、州评估、试验性学区评估，对应了解全国层面、州层面、学区层面的基础教育质量现状3个监测目标，目的是了解学生现阶段在各个学科领域知道什么，能够做什么[②]；长期趋势评估是为了掌握全国基础教育质量的发展趋势而设计的评估项目，目的是测量一段时间内美国教育进展情况，掌握学生的学业成就发展概况；专项研究包括高中毕业成绩单研究、NAEP与TIMSS对接研究等，是为提供其他特定信息而设计的评估项目。不同项目针对不同监测目的而设计实施，提高了评估效率，满足了不同利益相关者的需求。平常提到的NAEP主要指主评估[③]。

① NCES. From The NAEP Primer: A Technical History of NAEP[EB/OL].[2016-11-03]. http://nces.ed.gov/nationsreportcard/about/newnaephistory.aspx#beginning.

② 李凌艳. 美国国家基础教育质量监测制度设计及启示[J]. 比较教育研究，2016（5）：43-49.

③ 任长松. 美国国家教育进展评价NAEP及其借鉴意义[J]. 课程·教材·教法，2009，29（9）：87-92.

（二）监测对象与内容

1. 主评价

全国性评价每年实施一次，以四年级、八年级、十二年级学生为样本，评价内容包括阅读、数学、科学、写作、美国历史、经济学、公民学、地理和艺术九个科目，但每轮评价只选择其中的1～3个科学和两个年级的学生参加。

州评价每两年实施一次，以四年级、八年级学生为样本，评价内容为数学、阅读、科学和写作四个科目。数学和阅读评价各州必须参加，其他两个科目则遵循各州自愿的原则。

2. 长期趋势评估

该评估每四年实施一次，以9岁、13岁、17岁学生为样本，评估的科目包括阅读和写作、数学、科学。

3. 专项研究

该研究项目主要针对特定的学生群体，根据他们在主评价中的成就来检测其学业成就。比如，针对印第安人的全国印第安教育研究，针对私立学校的私立学校学生成就研究等。

（三）监测方式

美国国家教育统计中心每年会采用分层取样的方法选取学校和学生参与评价，在选定的学校中按照比例随机抽取每个年级的学生。在测试前，美国国家评价管理委员会负责评价的设计与框架制定，然后由教育考试服务中心负责，严格按照工具编制的标准化程序进行试题开发。具体的监测实施与数据收集工作则由西斯特（Westat）公司负责，一般监测的方式包括纸笔测试、访谈和问卷调查、动手操作任务及交互式计算机任务。美国NAEP全国评价与州评价是同步进行的，即从每年一月份的最后一周开始到三月份的第一周结束。而长期趋势评估按照学生样本年龄的不同分为三个阶段，即13岁学生的评价在秋季进行，9岁学生的评价在冬季进行，17岁学生的评价在春季进行。表2.1.1是美国2005～2015年国家教育进步评价计划表。

表2.1.1　2005～2015年国家教育进步评价计划表[①]

年份	全国评价	州评价	长期趋势评价
2005	阅读 数学 科学	阅读 数学 科学	
2006	美国历史 公民学 经济学		
2007	阅读 数学 写作	阅读 数学 写作	
2008	艺术		阅读 数学
2009	阅读 数学 科学	阅读 数学 科学	
2010	美国历史 公民学 地理		

① 杨涛，李曙光，姜宇. 国际基础教育质量监测实践与经验[M]. 北京：北京师范大学出版社，2015.

续表

年份	全国评价	州评价	长期趋势评价
2011	数学 写作	阅读 数学	
2012	经济学		阅读 数学
2013	阅读 数学	阅读 数学	
2014	地理 美国历史		
2015	数学 阅读 科学	阅读 数学 科学	

（四）数据分析与报告

NAEP 的评分由美国国家计算机系统负责，选择题使用光电阅读器评分，开放式问题由经过培训的评分者依据指南和量表进行评分。美国国家计算机系统还开发了特有的电子图像处理评分系统，可以电子阅读学生的应答手册，使开放式问题数字化，并把图像存储到计算机监测系统之中。评价科目的结果都依据项目反应理论进行处理和分析，一般阅读、数学、历史和地理科目的量尺分数范围是 0～500，科学、写作和公民学科目的量尺分数范围是 0～300。

NAEP 的评价结果是以整体（按人口群体及亚群体）的形式公布的，一般会在国家或州层面展开数据分析，有时也对一些大的区域公布相关结果，学校和学生个体的信息依法受到严格的保密。NAEP 明确报告对象是广大公众，包括教育政策制定者、教师、学生、家长以及政治家们等更广泛的社会团体。为此，NAEP 针对不同公众的理解水平和需求，设计了不同类型的报告卡，大致有如表 2.1.2 所示的几种。

表 2.1.2　NAEP 报告类型[①]

报告类型	目标人群	内容
成绩报告单	政策制定者	报告所有参加考试的学生总体和不同子群体的成绩
州报告	政策制定者、教育部官员、州教育官员	报告各州参加考试学生总体成绩和每个州不同群体的成绩
发展趋势报告	无特定人群	描述在长期趋势评价中学生成绩的变化
教学报告	教师、学校管理者、学科专家	包括从 NAEP 中可获取的教育教学材料
聚焦报告	教育者、政策制定者、心理测量师、感兴趣的民众	深层次探讨教育广泛的内涵
热点问题报告	家长、学校董事会、公众	用非技术性的方式回答受关注的问题
技术报告	教育研究者、心理测量师、其他专业人员	提供评价的技术细节，包括取样方法、数据收集构成和分析程序等
跨州数据汇编	研究者、州测验指导者	含在州报告卡中，呈现州际结果，作为其他类型报告的参考文件

---

① 陈晨. 美国 NAEP 报告制度的内涵、特征及其问题[J]. 当代教育科学，2010（9）：54-56.

报告内容一般包括报告概要、项目参与人员、评估总述（主要包括评价框架和评价设计两大部分）以及附录。

二、科学教育质量监测框架

NAEP 由两部分组成：第一部分是通过具体的评估框架对学生在具体学科领域的学业水平进行测试；第二部分是背景信息，即通过对学生、教师、学校管理人员进行问卷调查，或其他来源获取有关人口统计学特征和教育过程的描述性信息[①]。到 2015 年，科学教育质量监测仍然由这两部分组成，只是科学评估框架发生了改变，1996～2005 年科学评估框架属于同一体系，2009 年和 2015 年科学评估框架属于同一体系。

2009 年和 2015 年的科学评价框架是在全国众多人士和相关机构的共同努力下构建的，包括一些在全国有影响力的科学家、科学教育工作者、政策制定者和评估专家。维斯特教育（WestEd，一个非营利机构）和首席州立学校官员委员会（CCSSO）与国家评价管理委员会签订合同，花费 18 个月的时间发展形成科学评价框架；这一形成过程涉及相关内部会议、区域听取意见以及公开论坛。管理委员会还专门建立了一个外部评审小组，对框架草案进行评审，并广泛征求外界意见。

科学评估框架制定的基本依据是《美国国家科学教育标准》《科学素养基准》两个基本文件，同时借鉴或参考 TIMSS 和 PISA 等国际教育质量监测框架，并考虑相关州科学课程标准的内容。首先确定要评估的内容，然后依据相关原则编制不同类型的试题。以下将从科学评估内容、试题编制和背景信息调查三部分进行阐述。

（一）科学评估内容

2015 年 NAEP 科学评估内容包括科学内容（Science Content）和科学实践（Science Practice）两部分。科学内容包括物质科学（Physical Science）、生命科学（Life Science）、地球空间科学（Earth and Space Science）三个方面。每个方面又细分成不同的一级与二级主题。科学实践包括四个层次：识别科学原理、应用科学原理、开展科学探究、应用技术设计。其中前两个实践通常被认为是"知道科学"，后两个实践被认为是运用科学知识"研究科学"（Doing Science）和解决现实世界中的问题。

根据 2015 年的测试框架要求，在科学内容评估中四年级学生三个领域所占比例基本相当；八年级更加强调地球与空间科学；十二年级更加强调自然科学与生命科学。科学实践方面，所有年级都要更加强调识别并使用科学原理，科学探究相关项目的开展略少。

（二）试题编制

1. 试题编制流程

试题编制要将"科学内容"和"科学实践"结合考虑，科学实践的四个部分可以与任何科学内容相结合产生表现期望（Performance Expectation）（表 2.1.3），然后根据表现

---

① 周红. 美国国家教育进展评估体系述评[J]. 全球教育展望，2004，33（8）：66-69.

期望编制试题，由试题引发学生相应的反应。试题编制流程图见图 2.1.1，试题编制过程充分考虑了学生的认知特点。

表 2.1.3 科学内容与科学实践结合形成表现期望

科学内容 科学实践	自然科学内容描述	生命科学内容描述	地球与宇宙科学内容描述
识别科学原理	表现期望	表现期望	表现期望
应用科学原理	表现期望	表现期望	表现期望
开展科学探究	表现期望	表现期望	表现期望
应用技术设计	表现期望	表现期望	表现期望

图 2.1.1 试题编制流程图

2. 测试方式与题目类型

根据 2015 年的测试框架来看，科学评估主要有三种方式，即纸笔测试、动手操作和交互式计算机测试。

纸笔测试题题型主要有两大类，选择题（Selected Response）和论述题（Constructed Response）。选择题一般为多选项选择，相当于我国的单项选择题。论述题有简短论述和扩展论述两种。简短论述题给学生创设一定的科学情境，要求学生根据要求进行简短的回答或计算，通常这类问题比较简单，与我国的简答题比较类似。扩展论述题同样也创设了一定的科学情境，但其科学情境相对复杂，一般涉及多个科学原理与规律，问题设置由若干小问题组成，学生只有综合运用所学知识才能全面作答。这类题目往往考查学生分析综合运用能力，难度较大[1]。一般每个年级学生一半时间要作答选择题，另一半时间要作答论述题。

以下是一道测试题目案例。该题目为单项选择题及建构反应题的组合，分别涉及预测和解释两个环节，是纸笔测试中常见的呈现形式，不但要求学生"运用科学原理"做出预测，而且要求学生对预测的原因给出合理正当的解释。

例 2.1.1[2] （12 年级试题）如图 2.1.2 所示，两个一样的杯子都装有 30℃的水。杯子 A 水的质量为 20g，杯子 B 水的质量为 40g。

请问在室温 25℃环境中，哪个杯子会释放更多的热量？

杯子A 杯子B

30℃ 30℃
20g 40g

图 2.1.2 两杯水

① 李贵安，何嘉欢，徐小红. NAEP 科学能力测评对我国物理学科能力测评的启示[J]. 教育测量与评价，2015（5）：30-35.

② 丁格曼，张军朋. NAEP 科学能力测试中 POE 项目集及基于 POE 策略的试题探讨[J].教育测量与评价，2016（6）：17-23.

A. 杯子 A

B. 杯子 B

C. 两个杯子释放一样的热量

解释你选择的答案：_____

　　为了更深层次调查学生将理解与探究技能结合的能力，一批学生要参加动手操作和交互式计算机任务，时间约为 30 分钟。操作性任务要求学生根据问题和提供的实验设备、材料，独立对具体问题进行分析，自己设计实验，通过实物的实验操作和结果分析来解决问题，学生的得分根据任务的结果和解决过程两个方面来综合评判。计算机交互任务则要求学生操作计算机，在计算机创造的虚拟情境下根据计算机的显示逐步完成任务，主要有四种类型的任务：①信息搜索和分析；②实验探究；③模拟实验；④概念图。每个年级至少要包含四个这样的任务。在这四个任务中，至少要有一个动手操作任务和一个计算机交互任务；交互式计算任务的数量不能超过动手操作任务的数量。

　　以下是一个维护水系统的动手操作任务，学生需要在 40 分钟内完成题目要求的操作任务及数据记录，选择结果并解释等笔试内容。

　　例 2.1.2[①]　（12 年级试题）维护水系统任务。

　　A 部分：为新城镇选址（A 或 B），分为三个步骤。

　　问题 1：在测试水样前，对水质更好的地方（A 或 B）做出预测，解释原因。利用水系统地图（图 2.1.3）及参考表 2.1.4 的信息来支持你的解释。

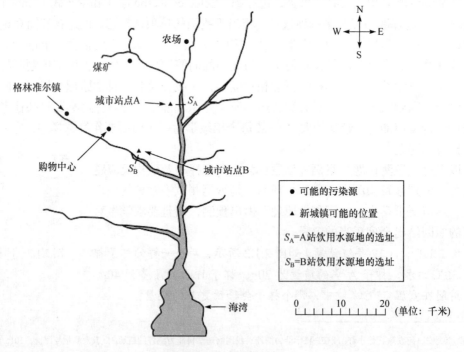

图 2.1.3　水系统地图

---

① The Nation's Report Card.[EB/OL]https://www.nationsreportcard.gov/science_2009/ict_indepth_gr12_alt.aspx.

表 2.1.4　水污染来源及水污染物的类型

水污染来源	水污染物的类型
居民区	来源可能是肥料中的硝酸盐；来自腐蚀性管道的重金属，如铜、铅和铁；聚氯乙烯管道中的氯乙烯
工厂	来源可能是从金属精炼厂排出的钡；垃圾焚烧产生的二噁英；金属、塑料和化肥厂排出的氰化物
农业地区	来源可能是肥料和动物粪便中的硝酸盐
道路和停车场	来源可能是发动机油，挥发性有机化合物，如苯；侵蚀的土壤颗粒；垃圾；盐
矿山	来源可能是酸性排水和重金属（如铁和汞）
其他来源	来源可能是废电池和油漆的镉径流；镭来自自然沉积物的侵蚀；侵蚀和筑路的土壤径流；船只漏油

问题 2：利用所提供的设备对水样的水质进行测试。

设备有：A 和 B 站点水样；铜、铁、硝酸盐和 ph 的试验条；纸巾；安全护目镜；安全手套；一个秒表。

（1）在表 2.1.5 的第一列和第二列中记录位置 A 对应的每一种污染物测试和污染物水平。

（2）将外部实验测试结果添加到表 2.1.5 的第一列和第二列中。

（3）利用你装备中的参考材料完成表 2.1.5 的第三列和第四列。

同样的，位置 B 也完成上面 3 个步骤，将结果记录在表 1B（与表 2.1.5 相同，不再单独给出）中。

表 2.1.5　位置 A 数据与信息收集表

污染物测试	水中的污染物	这超出了允许的最高水平吗？	污染物超标的可能来源

问题 3：根据表 2.1.5、1B 以及表 2.1.6 收集到的信息，建立新城市选择哪个位置更好？

（1）位置 A。

（2）位置 B。

（3）都不适合。

解释选择的原因，利用表 2.1.5、1B 以及表 2.1.6 的信息支持你的选择。

表 2.1.6　水处理流程

水处理流程	这一步骤中可以清除的污染物	哪个位置的污染物超标（A 或 B 或两个都超标）
待处理的水进入工厂，进水允许进入沉淀池（沉淀）		
进入的水经过化学处理（中和、氧化还原、沉淀和其他化学处理）		
固体颗粒和有机物被去除（过滤，生物降解）		
水消毒（氯化、辐射）		
水通过喷泉喷洒，以去除挥发性有机化合物（曝气）		

B 部分：解释水处理工艺，分两个步骤。

问题 4：利用表 2.1.5 和 1B 的信息（表 2.1.7），运用物理、化学和生物的知识来辨别各个步骤去除的水污染物。当确定位置 A 或位置 B 的污染物超过水质量标准时，在表 2.1.6 最后一栏填上。

表 2.1.7　参考数据

污染物	水中允许的污染物最高水平
苯	0.005 毫克/升
氯化铵	250 毫克/升
铜	1.3 毫克/升
铁	0.3 毫克/升
铅	0.015 毫克/升
硝酸盐	10 毫克/升
大肠菌群	0.5%
浊度	5 ntu
锌	5 毫克/升
pH（测量酸度）	6.5~8.5

问题 5：描述你所选择的位置点需要的水污染处理具体的物理、化学和生物流程，参阅表 2.1.6 进行回答。

例 2.1.2 中，在规定时间内，学生除了做好实验的各细节，还面临着解释推理过程的挑战。试题首先要求学生根据所提供的材料分析建立一个新城镇的最好位置，再利用提供的实验设备和材料，对水样进行特定污染物的水平测试以及水处理工艺的评估。题目基于工作单的形式对学生动手操作能力的过程进行考查，循序渐进，综合考查学生"运用科学原理""进行科学探究"的能力以及多种知识维度的应用。表 2.1.8 概述了 NAEP 2009 科学测试动手操作项目 12 年级学生的数据报告。

表 2.1.8　NAEP 2009 科学测试动手操作项目 12 年级学生数据报告

步骤 1：预测	步骤 2：观察	步骤 3：解释
分析地图和潜在污染物图表，为选址做出初步建议	学生进行水样测试及数据评估	学生对多方面的数据进行评估，为选址做最后决策
64%学生能利用提供的具体的材料对他们的建议的合理性做出解释	75%学生在进行水样测试时能进行直接的实验测量，并正确记录数据	11%学生能利用数据提供的细节信息做出支持自己结论的确切的最终决策

3. 试题评分

NAEP 试题的评分原则采用 SOLO 分类法，使用评分量规（Scoring Rubric）对学生的答案进行测评，将学生的答案与相应的评分量规进行比较，根据学生答案中所包含的要素（答题要点）由高到低分为 3 个层次，分别给予满分、部分得分和零分。满分的要求是学生作答时能够联系多个事件，并进行抽象概括；部分得分是因为学生在对应作答时，只从单一事件出发得出结论，或尽管联系了多个孤立事件但未形成相关知识网络；得零分主要是因为学生对问题没有形成理解。[①]

（三）背景信息调查

背景信息包括学生在课堂内外学习的机会以及学生的学习经历，比如学习习惯，对于帮助教育者、政策制定者以及研究者深度理解学生的学习有重要意义。作为 NAEP 评估的重要组成部分，背景信息一般主要通过对学生、教师、学校进行问卷调查来收集。学生问卷主要收集人口统计特征、课堂内外的学习机会以及学习经历等方面的信息；教师问卷主要收集与教师培训和教学实践相关的信息；学校问卷主要收集学校政策与特征相关的信息，由校长和副校长完成。

调查问卷的框架是 2003 年由国家评估管理委员会制定的，涉及具体学习领域的问题一般会包含在具体学科评估框架中。所有调查问题在使用之前都经过多重的修改完善，包括小范围的测试和对草拟问题的较大范围预测试。大量的专家参与 NAEP 调查问题的审查，包括调查专家、各学科领域专家、教育研究者、教师、统计分析专家以及国家评估管理委员会相关人员，他们会对问题与教育研究的相关性、与学科评估内容的相关性以及公平性问题等进行充分考虑。最后只有那些通过专家审核的题目才能列入调查问卷。

问卷作答一般在评估结束后进行，学生将用 15 分钟时间来完成问卷。学生可以尽力

---

① 张雅琪，张军鹏. 美国 NAEP 科学探究纸笔测验试题的特点 [J]. 物理教师，2013（1）：79-81.

回答他们感觉比较确定的问题，可以跳过部分他们不太确定或不想回答的问题。学生的姓名及相关个人信息不要求出现在问卷上。学校和教师问卷一般通过另外的网络调查形式进行。随着 NAEP 测试的信息化，学生问卷调查也将以网络调查的形式进行。

调查的结果会在相关网站进行公布，一般问卷调查的结果主要分为八类：主要报告、学生因素、学校外部因素、教学内容与实践、教师因素、学校因素、社区因素和政府因素[①]。

三、科学教育质量监测的特点

（一）依据课程标准，将科学内容与科学实践相结合，构建评估框架

美国科学教育质量监测评估框架主要是依据《美国国家科学教育标准》《科学素养基准》构建的，框架设计将科学内容与科学实践相结合产生表现期望，再依据表现期望编制试题，所以试题的考查点至少结合了某一知识领域和某一实践领域。无论是纸笔测试、动手操作或者交互式计算机评估都尝试将科学内容与科学实践结合起来，而不是单一地考测知识的记忆或某项基本的操作技能。从动手操作和交互式计算机评估的试题形式来看，体现了多个学科的科学知识和多项科学实践知识与技能，强调考测试题的综合性。

（二）以多样的方式测试学生理解和运用知识的水平，关注学生的思维发展和探究能力

从考测形式来看，NAEP 科学试题类型灵活多样，能较好地考查学生的认知水平和能力要求。纸笔测试的选择题和论述题能考查学生对知识的掌握情况以及运用知识的能力；动手操作则能对科学实践能力进行"表现性评价"，具体分为 4 个能力要求，试题编制严格按照框架的要求设计试题，各能力要求从单一考查到综合考查逐步提高；交互式计算机评估结合了纸笔测试和动手操作评价的优点，既能考测学生的知识水平，体现学生的思维能力，也能节省时间，让学生在虚拟环境中完成实验探究的过程。NAEP 多样的考测题型和方式体现了对学生思维考测的深度和探究能力的重视。

（三）重视报告的质量，考虑不同人群的需求，发布不同类型的报告，体现人性化理念和教育质量监测的目的

NAEP 十分重视报告的质量，充分考虑不同使用者的信息需求，在确保信息全面的同时，使报告卡的语言清晰、简洁，具有可读性；在报告的版式安排方面，运用一些组织手段，如目录、索引、图表等，并限制每页出现的概念；在结构上，报告卡还综合读者的视觉和逻辑特点，提供内容分类表、图表和一致的数据分析结构给读者，以使他们能快速读懂信息；另外，NAEP 历年来的评价框架和试题是公开的，但为了保证评价的

---

① NCES.Questionnaires for Students, Teachers and School Administrators ［EB/OL］. [2016-11-03]. http：// nces. ed. gov/ nationsreportcard/bgquest.aspx.

信度，仅公开 1/4~1/3 的试题，不过监测报告是公开发布的。报告卡还提供获得额外信息的途径，概括性的信息要附以必要的说明或建立相关网站链接，以帮助读者获得更多的信息。NAEP 的报告制度在一定程度上体现了人性化的理念和教育质量监测的目的，即让公众了解当前的科学教育现状①。

第二节　英国国家课程评估

英国是一个具有"自治"传统的国家，长期没有全国统一的学生评价。1988 年的《教育改革法》使英国开始实施统一的国家课程及评价。该法案将义务教育划分为四个关键阶段：KS1（5~7 岁）、KS2（7~11 岁）、KS3（11~14 岁）、KS4（14~16 岁），要求每个关键阶段末都要进行全国统一的学业评价。1993 年，英国对国家课程评估进行了调整，把 KS2 和 KS3 的全国统一考试仅局限在英语、数学和科学这三门核心课程；突出教师评价的地位和作用，把教师评价作为国家课程评价的核心组成部分；改进 KS4 评价，将英国普通中等教育证书（General Certificate of Secondary Education，GCSE）考试与前 3 个阶段分离，明确了英国普通中等教育证书考试的独立地位，同时保留 GCSE 原先的评分标准和体系。2009 年，政府取消了 KS3 的国家课程测验②。2013 年 9 月英国颁布了最新修订的《国家课程》，对课程评估也做出了一定的调整。2016 年夏首次对 KS2 阶段的学生进行全国统一测试。

一、英国国家课程评估概述

在 2009 年以前，英国国家课程评估主要通过标准化成就测验（SATs）进行，但由于考试结果的高利害性对学生造成了过度压力，受到了来自各方面的质疑和抵制，所以，政府从 2009 年开始取消了 KS3 国家课程测验，并取消 KS2 科学的书面全国统考，改为科学抽样监测和教师主导评估（Teacher Assessment）相结合的方式进行。至此，国家课程评估形成了以标准化成就测验和教师主导评估相结合的方式，科学课程只在 KS2 阶段以抽样的方式进行考试监测。英格兰地区国家课程评估工作主要由资格与考试局（Office of the Qualifications and Examinations Regulation，Ofqual）负责，包括考试和测验的监督与管理，其他非监管方面的工作由资格与课程发展部（Qualifications and Curriculum Development Agency，QCDA）负责。KS1 和 KS2 的课程评估框架、试题、评分等则主要由标准与测评部（Standards and Testing Agency）负责。

（一）课程评估的目的

从英国国家课程评估产生的过程来看，实施全国课程评估一方面表达了国家对基础教育质量进行把关监控的决心，另一方面也将学校推入了自由市场竞争的行列中。根据

---

① 陈晨. 美国 NAEP 报告制度的内涵、特征及其问题[J]. 当代教育科学，2010（9）：54-56.

② 杨涛，李曙光，姜宇. 国际基础教育质量监测实践与经验[M]. 北京：北京师范大学出版社，2015.

2008 年英国儿童、学校与家庭部大臣艾德·鲍尔斯的描述，中小学教学评估制度要遵循三大原则：①为家长提供比较不同学校、为自己的子女选择合适的学校以及跟踪子女进步的信息；②让校长和教师能够确保每个儿童及每所学校的进步，同时避免不必要的负担和繁文缛节；③让公众能够监督各级政府和教育主管部门，使之为中小学的教学质量负起责任①。可以总结出，英国国家课程评估的目的是为学生家长、学校领导、教师以及公众提供关于学生和学校进步的相关信息，同时便于国家总体上进行质量监督。

（二）评估对象与内容

从 1988 年以后，英国义务教育的四个阶段末的学生都要参加国家统一的学业评估，虽然评估的方式不断变革，但这四个阶段并没有改变。KS4 学生要参加 GCSE 考试，这一阶段的考试与前三个阶段的评估相比具有一定的独立地位，可与我国的中考相比。KS3 虽然从 2009 年开始取消测验，但教师主导评价依旧要对这一阶段末的学生学习进行评估，还要提交评估报告。表 2.2.1 列出了英国国家课程评估的对象、内容与方式。

表 2.2.1　英国国家课程评估的对象、内容与方式

关键阶段	周期	科目	评估方式	评估对象
KS1	1 次/年	数学、英语	测验、教师主导评估	公立学校所有学生（私立学校也可报名参与）
		科学	教师主导评估	
KS2	1 次/年	数学、英语	测验、教师主导评估	公立学校所有学生（私立学校也可报名参与）
		科学	测验（2 年一次）	学生抽样
			教师主导评估	公立学校所有学生
KS3	1 次/年	所有科目	教师主导评估	公立学校所有学生
KS4	GCSE			

可以看出，英国国家课程评估在 KS1、KS2 和 KS3 阶段的评估对象都基本是面向公立学校所有学生的，只有 KS2 阶段的科学课程评估对象是抽样选取的。KS1 和 KS2 的评估内容包括数学、英语和科学，KS3 阶段的评估内容包括该阶段的所有科目。

（三）评估方式

从表 2.2.1 可以看出，主要的评估方式是测验和教师主导评估。测验以纸笔测试形式进行，教师主导评估形式多样，可以是谈话、观察、作业、纸笔测试等。KS1 阶段的科学课程评估方式为教师主导评估，学生并不参与纸笔测试；KS2 阶段的科学课程评估则以纸笔测试和教师主导评估相结合；KS3 阶段科学课程评估则以教师主导评估方式进行。

---

① 李茂. 英国考试改革试验 "教师主导评估" [N]. 中国教师报, 2009, 5. 13.

（四）数据分析与报告

测验评分是由外部评分者进行的，在评分前，要对评分者进行培训。资格与课程发展部及其他部门的有关人员根据前测数据、试卷细查以及国家数据样本等确定水平界限。之后，测验运作机构根据该水平界限完成评分工作。资格与课程发展部还需将 KS2 测验的学生原始分数转化为标准分数（平均分 100），以便与同龄学生进行比较。所有测验结果均需向家长和上级机构报告，以便了解学生的学业成就。学生个人成绩仅对教师和学生本人及家长公布，而学校、地方和国家学业成就的总体情况则向社会公开。

教师主导评估是由教师依据国家课程的水平描述进行的。教师必须先确定每门学科科目中每个成就目标水平，再根据成就目标水平进行合计，得出学科总水平。结果需向上级教育机构及家长报告。

二、2016 年科学课程测评框架

2014 年实施新课程后，2016 年夏英国首次对 KS2 阶段的学生进行全国统一测试，测试核心课程为数学、英语和科学，科学测评为抽样测试。2016 科课程评估对象为 KS2 阶段末学生，包括公立学校、学院和特殊学校的学生，基本相当于我国的小学毕业生。该测试从全国 1900 所学校中随机选取约 9500 名学生参加统一测验，每个学校随机抽取 5 名学生[①]。

科学测试包括三部分，分别以三个独立的试卷呈现，形式是纸质测试，总时间是 75 分钟。每一部分有五个版本，每个学生将拿到每一个部分的一个版本，依次进行，不同学生的版本顺序不同（表 2.2.2）。

表 2.2.2　2016 年科学测试基本构成[②]

组成部分	描述	试卷编号	分值	大约用时/分钟
试卷 b	生物情境下	1～5（选一个）	22	25
试卷 c	化学情境下	1～5（选一个）	22	25
试卷 p	物理情境下	1～5（选一个）	22	25
合计		3	66	75

（一）测评内容

2016 年科学课程测评内容由两大领域组成，一是内容领域，二是认知领域（Cognitive Domain）。内容领域包含与新课程对应的物理、化学、生物三大知识分支和"科学地工作"（Working Scientifically），"科学地工作"包含计划、实施、测量、记录、结论、报告

---

① GOV.UK. 2016 assessment and reporting arrangements：PDF format versions [EB/OL].[2016-11-4]. https：// www. gov. uk/government/publications/2016-assessment-and-reporting-arrangements-pdf-format-versions.

② GOV.UK. Key stage 2：science sampling test framework [EB/OL]. [2016-11-4]. https：// www. gov. uk/government/publications/key-stage-2-science-sampling-test-framework.

等部分；认知领域试图将科学测试中的思维技能与智力过程清晰地呈现出来，分为三个层次：知识与理解；应用与分析；综合与评估。

测试卷中，内容领域的物理、化学和生物三大知识分支所占比例基本相当，"科学地工作"不是单独评估的，而是以三大知识分支作为背景进行评估的。由于是纸笔测试，并不是新课程所列出的每一个内容目标都能测评，比如"连接一个简单的电路，确定电路每个部分的名称"，这一内容目标要求学生能够连接电路，这在纸笔测试中是无法实现的，不过可以利用纸笔测试考查学生对构成电路的各部分元件名称的掌握情况，还可以考查学生设计电路的能力。"科学地工作"有些目标也无法通过纸笔直接测试出来。对于这些无法通过纸笔测试检测的内容，将要求教师通过"教师主导评估"的形式进行测评。

认知领域是根据学生的认知水平确定的，测评学生是否达到新课程所要求的认知程度。认知领域既可以作为测评的内容，也可以作为构建测试题目的工具，可以在试题设计过程中使用以保证每年题目的难度一致，为将事实、过程与理解相结合进行测试提供一个框架。

（二）试题编制与评分

1. 试题的编制与题型

由于物理、化学和生物内容分别在三张独立的试卷中，所以试题的编制主要以2014年实施的新课程为依据，依据每一个知识分支的课程目标（包括"科学地工作"的目标）和认知领域要求来构建试题。

认知领域难度主要由两方面决定，一个是认知复杂度，另一个是题型。认知复杂度分三个层次：知识与理解；应用与分析；综合与评估。知识与理解所使用的词，如"回忆""记住""直接观察"；应用与分析所使用的词，如"辨别""分解""分析""解释"等；综合与评估所使用的词，如"形成观点""推论""得出结论"等。题型主要包括选择类（Selected Response）、简答类（Short Constructed Response）和论述类（Extended Constructed Response）。选择类题型要求学生根据有限的观点进行选择，包括多选项单选、配对题和正误判断题；简答题不提供任何的选项，要求学生根据要求进行简短回答，包括为物体或过程命名、填空、完成图表等；论述题要求学生做出较多的回答，包括解释、评论、补全探究计划的某个部分、画图或描述一系列数据等。

2. 评分

阅卷工作是由经过训练的人员通过网上阅卷完成的，整个过程是绝对保密的。在考试之前会制定出评分标准，具体说明给分依据并有相关的举例说明，评分标准与试卷同样处于保密状态。

3. 试题样例

以下是一道试题样例及评分标准。

例 2.2.1　影子[①]。

（a）小明正在探究影子，他将一个物体放在地面上，然后手持一盏灯，观察物体的影子。

（i）观察以下四幅图片，选出哪一个正确表示了物体影子的长度和方向，在正确图片前边的方框中打钩。

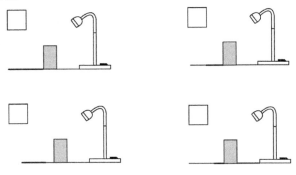

图 2.2.1　影子

（ii）为什么当小明用灯光照物体时会出现影子？在正确的选项后面打钩。

物体是灰白色的，发光（　　　　）。

物体是光滑且坚硬的（　　　　）。

物体是固体且不透明（　　　　）。

物体是坚硬的且透明（　　　　）。

（b）小明在探究地板上影子的长度是否与物体到灯的距离有关，他将数据记录在表 2.2.3 中。请描述影子的长度与物体到灯的距离的关系。

表 2.2.3　探究影子记录表

物体与灯之间的距离/cm	物体影子的长度/cm
5	7
10	9
15	12
20	14
25	17

（c）小明发现地板上影子的长度和物体与灯之间的距离有关，他想探究其他影响影子大小的因素。请仍然使用以上器材帮助小明设计一个可供探究的方案。

① GOV.UK.2016 key stage 2 science sampling test：sample questions，mark scheme and commentary[EB/OL]. [2016-11-4]. https：//www. gov. uk/government/publications/2016-key-stage-2-science-sampling-test-sample-questions-mark-scheme-and-commentary.

评分标准：

题目	给分依据	考查内容领域
a（i）	选择第一个选项 1 分	<ul><li>知道当光遇到固体障碍物时会形成影子。</li><li>发现影子大小变化的规律。</li><li>知道光沿直线传播</li></ul>
a（ii）	选择第三个选项 1 分	<ul><li>知道当光遇到固体障碍物时会形成影子</li></ul>
b	<ul><li>能正确给出两者之间的关系得 1 分：灯距离物体越远，影子越长；灯和物体之间的距离越大，影子越长；灯越靠近物体，影子越短。</li><li>以下回答也可给 1 分：灯越近，影子越短；灯越远，影子越长；越远越长</li><li>当改变两个变量中的任何一个时都不给分：灯越近，影子越长</li></ul>	<ul><li>以口头或书面的形式报告并呈现探究的结果，包括结论、因果关系、对结果的解释和可信度分析等</li></ul>
c	<ul><li>使用同样物体和光源能探究影响影子大小因素的方案均可给 1 分。比如：灯的方向影响影子大小？物体斜放或竖直放，影子的长度会改变？物体与桌面之间的距离会影响影子的大小等。</li><li>没有明确提出变量但变量是可以看出来的，可给 1 分。比如：改变灯对物体的角度。</li><li>没有给出变量或者描述模糊不给分。比如：我怎样使影子变大呢？改变灯的位置观察影子的大小等。</li></ul>	<ul><li>使用实验结果进行预测或者开展进一步的实验。</li><li>发现影子大小变化的规律</li></ul>

可以看出，试题的认知难度是逐渐增加的，考查的内容领域涉及物理分支知识和"科学地工作"。

三、教师主导评估概述

教师主导评估是教师对学生学业成就进行的内部评价，是教学的一部分。在每个阶段末，教师要根据学生在整个关键阶段的进步和表现，对学生的综合表现进行评判，主要考虑两方面：学生的写作类、实践或口语类相关表现和学生的家庭作业。

标准与测评部会在评估的前一年发布下一年评估框架，2014 年实施新课程以来，教师主导评估框架处于不断修订当中，2016 年和 2017 年都使用临时评估框架，该框架包括学科评估的原则、期望标准。以科学学科教师主导评估框架为例，主要原则有：

（1）临时框架仅用于关键阶段末教师主导评估，不作为整个关键阶段教师跟踪学生进步的依据。临时框架并不包含所有国家课程的内容，而是重点强调评估的主要方面。

（2）学生达到框架中所列出的成就标准要能够表现出更为广泛的技能，而不局限于被评估的技能。

（3）临时框架不作为指导个人学习、课堂教学实践或方法的依据。

（4）教师必须依据每个学生在课程学习中的一些表现证据做出评估。

科学学科期望标准包含"科学地工作"和科学内容两部分，使用"学生能……"的形式列出了期望学生达到的标准。在评价过程中，为了说明学生达到了这些标准，教师必须要有证据来说明学生达到了所要求的成就标准。对于有生理缺陷或其他学习障碍的学生，可以使用其他类似的交流与学习方法进行评估，所以在评估之前，要将学生分为两类，一类是要达到期望标准的学生，另一类是不需要达到期望标准的学生。比如，针对听力损伤学生的可视化看字读音教学法。对于由生理缺陷导致无法完成所要求的内容的学生，可以在评估时不将其列入范围，比如无法写作的学生不需要进行动手写作方面的评估[①]。

教师主导评估的数据必须要提交到国家课程评估网站，每年会有固定的时间，比如2016年教师提交评估数据的时间为5月16日到6月30日。学校领导和教师必须按照国家规定的时间和评估标准进行评估，否则将可能遭到审查。

四、英国国家科学课程评估的特点

（一）课程评估兼具监督与反馈的功能

从英国国家课程评估的目的就可以看出，课程评估不仅仅是为政策制定者、课程设计者以及教育工作提供学生学业成就的相关信息，同时兼具为学校和学生及学生家长提供反馈信息，帮助其提升教学质量的功能。由于英语和数学的课程评估结果会在网站上公开发布，这就势必对学校有一定的冲击，而且课程评估的结果往往被政府作为评估学校的依据之一，兼具对学校问责的功能。不过KS1和KS2阶段的科学课程评估在相当程度上依据教师主导评估，主要具有监督和反馈的功能。KS2阶段的科学抽样测评最终只公布国家层面的统计数据，不会对外公布某个学校或学生的个人成绩，也不会将这一成绩作为问责学校或评估个人科学学习的依据[②]。因此，科学课程评估主要兼具监督和反馈功能。

（二）依据课程标准，将内容领域与认知领域结合构建测评框架

英国2016年科学课程抽样测评是依据新实施的科学课程标准进行的，其试题设计主要以新课程目标为依据，包括物理、化学和生物三个具体内容目标和"科学地工作"这一特殊目标。其试卷设计分知识领域展开，每个知识领域单独一张试卷，所以共有独立的物理、化学和生物三张试卷。试题设计主要将每个知识领域的内容与认知领域结合，依认知难度和试题类型逐渐增加题目的难度，类似于我国的"了解"到"理解"再到"应用"。测评以笔试形式进行。

（三）教师主导评估是教育质量监测的重要组成部分

教师主导评估是英国教育质量监测的一大特点，这一监测方式充分利用了教学的优势，体现形成性评价，同时也对测评进行了有效的补充，还减轻了学生和老师的负担。早在2009年英国教育评价专家组就指出，用更高质量的教师主导评估来取代外部考试，能够改进科学课的教学与评估，加强其在新的小学课程中的重要地位。改进后的教师主导评估能更好地识别学生是否牢固掌握了科学的实践本质，以及形成和运用科学理解的技能。英国政府投入大量财力物力对教师主导评估进行试验和推广，足见其在英国教育质量监测中的地位。

---

① GOV.UK. 2017 interim frameworks for teacher assessment at the end of key stage 2[EB/OL]. [2016-11-4]. https：//www.gov.uk/government/publications/2017-interim-frameworks-for-teacher-assessment-at-the-end-of-key-stage-2.

② GOV.UK. 2016 assessment and reporting arrangements：PDF format versions [EB/OL]. [2016-11-4]. https：//www.gov.uk/government/publications/2016-assessment-and-reporting-arrangements-pdf-format-versions.

（四）重视对特殊学生教育质量的监测

英国是一个十分重视全纳教育的国家，其教育质量监测明确要求，公立学校的所有学生都必须参与国家课程评估，包括公立特殊学校。学生在监测网站注册后，学校领导必须保证每个学生都参与到质量监测中来，必须保证在测试完成后将针对学生个人的学业成就报告送到家长手中。监测试题的设置尽量考虑学生的特殊需求，对于实在无法满足的则主要以教师主导评估的形式进行。

第三节　新西兰国家学生学业成就监测研究项目①

新西兰是一个教育比较发达的国家。在新西兰，儿童 5 岁即可入学，6~16 岁为义务教育阶段。从小学到高中一共有 13 个年级，其中 1~8 年级为初级教育，9~13 年级为中等教育②；11~13 年级相当于我国的高中阶段，高中学生要参加国家教育成就水平（National Certificate of Educational Achievement，NCEA）考试，获取相应的学业等级。接受完十三年义务教育的学生可以根据 NCEA 成绩申请高等学校，继续接受高等教育或培训。

20 世纪 90 年代，新西兰对国家课程进行改革，并于 1993 年发布了《新西兰课程框架》（The New Zealand Curriculum Frame），对包括科学学习领域在内的国家课程进行了系统改革。为了保证学习目标的达成，1993 年，新西兰国家教育监测项目（National Education Monitoring Project，NEMP）正式形成，并于 1995 年开始对普通教育学生学业成就进行监测，其监测对象为四年级（小学教育的中间阶段）和八年级（小学教育结束）。2006 年，新西兰教育部发布的《新西兰课程咨询草案 2006》（The New Zealand Curriculum: Draft for Consultation 2006），用"核心素养"（Key Competencies）代替了原《新西兰课程框架》中的"基本技能"（Essential Skills），将核心素养融入新的课程体系，形成了新西兰基础教育阶段的课程总框架；2007 年，《新西兰课程》（The New Zealand Curriculum）正式颁布，并在 2010 年开始全面实施。2010 年，新西兰国家教育监测项目停止运行③，取而代之的是国家学生学业成就监测研究（National Monitoring Study of Student Achievement，NMSSA），该监测项目于 2012 年正式运行，第一年测试科学和英语写作。

一、新西兰国家学生学业成就监测研究项目概述

NMSSA 由新西兰教育研究委员会（New Zealand Council for Educational Research，NZCER）和奥塔哥大学（University of Otago）的教育评估研究单位（Educational Assessment

---

① 说明：本节部分内容选自论文"新西兰科学教育质量监测框架探析及启示"，来源期刊：外国中小学教育，2017 年第 2 期。

② New Zealand Ministry of Education.Education in New Zealand[EB/OL]. [2016-10-05]. http://www. education.govt. nz/home/ education-in-nz/.

③ Educational Assessment Research Unit University of Otago. NEMP[EB/OL].[2016-10-24]. http://nemp. otago. ac. nz/_ about. htm.

Research Unit，EARU）团队合作负责运行，该项目建立在 NEMP 相关研究基础之上，监测结果将与 NEMP 进行比对。

（一）监测目的

NMSSA 的监测目的是了解学生的学业成就水平，为相关决策提供信息。具体包括：提供新课程背景下学生的学业成就；确定影响学生学业成就的因素；评估学生在课程学习上的优势与不足；测量学生学业成就随时间的变化；为政策决策者、课程设计者和教育工作者提供高质量的丰富信息[①]。

（二）监测对象与内容

NMSSA 监测对象是四年级（8～9 岁）和八年级（12～13 岁）两个年级学生。监测内容覆盖了新西兰课程中的八大学习领域知识内容、五大核心素养和阅读与数学素养。在 2012 年开始的第一个循环中，每年只监测两个学习领域，且由于英语写作、阅读和听力是分开进行的，所以到 2016 年，正好完成一个循环。每年对应监测科目如表 2.3.1 所示。

表 2.3.1 NMSSA 历年监测科目[②]

评估年份	评估领域	
2012	● 英语：写作	● 科学
2013	● 数学	● 健康与体育
2014	● 英语：阅读	● 社会科学
2015	● 英语：听力与观察	● 艺术
2016	● 学习语言	● 技术

与 NEMP 相比，NMSSA 对毛利人学生、太平洋岛屿族裔学生给予了更多关注，并首次将特殊学生纳入到监测范围，对其学业需求进行评估。NMSSA 还涉及对相关学习领域任课教师的调查，调查他们对学科教学的态度和相关观点。

（三）监测方式

NMSSA 每年会随机选择 200 所学校参与监测项目，每个学校选择 20 名左右学生参与测试，每个年级的测试样本一般在 2000 左右[③]。根据 2012～2014 年的监测报告来看，

---

① Educational Assessment Research Unit&New Zealand Council for Educational Research.National Monitoring Study of Student Achievement：science[R].Wellington：New Zealand Ministry of Education，2013.

② Educational Assessment Research Unit&New Zealand Council for Educational Research.National Monitoring Study of Student Achievement2016[EB/OL]. [2016-10-24]. http：//nmssa. otago. ac. nz/files/NMSSA_2016. pdf.

③ Educational Assessment Research Unit&New Zealand Council for Educational Research.National Monitoring Study of Student Achievement：science[R]. Wellington：New Zealand Ministry of Education，2013：12.

评估方式主要有三种，分别是大规模纸笔测试，同时问卷调查学生的学习经历和背景；现场表现评估（包括个人独立评估与四人小组合作）；访谈任务（录像记录访谈过程）。对教师的调查采用问卷的形式开展。

（四）数据分析与报告

总体来看，NMSSA 主要使用项目反应理论模型处理数据。对访谈问卷的处理相对较为简单，主要采用百分制确定每种情况所占的比例。调查报告要提交给教育部并在次年向社会发布，内容一般包括对 NMSSA 的介绍、对当年测试方案的总体介绍、学生学业成就表现测试结果和相关附录。

二、科学教育质量监测框架

科学学习领域是新西兰课程八大学习领域之一。为了保证科学教育质量监测能够真实反映学生的学业成就与素养水平，NMSSA 小组与一个科学教育专家咨询小组进行协商讨论，共同制定了科学教育评估计划，在此基础上形成了 2012 年科学教育质量监测方案。表2.3.2 呈现了该方案的基本组成部分以及评估方式。该方案由四部分组成，分别是知识与交流科学观点、科学本质、科学学习领域学生的学习态度和学习机会、教师对学校科学教学的观点。其中前两部分意在评估学生的科学学业成就，后两部分意在收集学生和教师对科学教学的态度信息及相关背景信息。

表 2.3.2　2012 年科学教育质量监测方案[①]

组成部分	监测内容	评估方式
知识与交流科学观点	● 理解并使用四个具体知识分支的大概念； ● 使用视觉文本（写作、图示、图片）、数字文本（图表、表格）和混合文本（前两者结合）进行科学交流	群体管理评价：纸笔测试 时间：45 分钟
科学本质	● 参与和贡献（生物世界、地球与宇宙）； ● 调查（物质世界与物理世界）； ● 理解并使用四个具体知识分支的大概念； ● 使用视觉文本进行科学交流	个体评估：一对一访谈任务，个体和小组的表现性活动
科学学习领域学生的学习态度与学习机会	● 学生对自己的自我效能感和参与科学的看法； ● 学生对自己学习科学的机会和经历的看法	纸笔问卷调查
教师对学校科学教学的观点	● 教师对他们学校科学学习的看法； ● 教师作为科学教育工作者的自信心； ● 科学教师教学的外部专业支持	纸笔问卷调查

（一）知识与交流科学观点

知识与交流科学观点这一部分是以大范围纸笔测试的方式进行的，四年级和八年级

[①] Educational Assessment Research Unit&New Zealand Council for Educational Research.National Monitoring Study of Student Achievement：science[R]. Wellington：New Zealand Ministry of Education，2013.

学生，每个年级约 2000 名学生都要参加这一部分的测试①。表 2.3.3 是新西兰"知识与交流科学观点"部分八年级测评框架，可以看出，这部分主要要求学生能交流他们正在形成的关于自然世界的观点，能处理相关科学文本。首先将交流科学观点的方式进行分类，依据具体分类提出要求，比如图示（Diagrams）要求学生能构建、阅读简单的科学图示，进一步的要求为能完成并解释越来越复杂的图示；能识别标签和标题添加到图表（Graphs）中的额外信息；能认识到构建图示的目的是明晰目标概念；并将这些详细的要求与具体的科学知识要求相对应，为设计试题确立了良好的参考框架。

表 2.3.3 新西兰"知识与交流科学观点"部分八年级测评框架

科学要求	学生能交流他们正在形成的关于自然世界的观点，能处理相关科学文本	
子要求	学生将要能	学生将要知道
书面文本 学生能描述他们注意到的自然世界	使用丰富的词汇精确描述，包括一些科学词汇； 参与多个元素； 客观真实地写出他们观察到的东西； 按逻辑排列事件顺序	生命世界； 所有的生物都需要食物、水、空气、温暖和住所才能生存，有很多不同的方式可以满足这些需求；
学生可以构建简单的关于自然世界的解释	使用连词表示影响或原因（什么时候，因为，所以，虽然，然而，为了，尽管等）； 使用他们的经验来证明自己的观点，开始涉及一些科学解释	生物有应对环境变化的策略，包括来自人类和自然的变化； 地球上的生物经历了长期的发展与演化，不同地方的生物演化不同，科学家有区分生物的专业方法。
图示： 学生能构建、阅读简单的科学图示	完成并解释越来越复杂的图示； 识别标签和标题添加到图表中的额外信息； 认识到构建图示的目的是明晰目标概念	地球与宇宙； 地球上有水、空气、岩石、土和生命形式，这些是我们地球的资源；
表格： 学生能构建、获取简单表格中的数据信息	从越来越复杂的表格中获取数据； 确认总体模式； 使用数据标题； 从表格中得出结论； 将数据放入表格	水是一种有限的可循环资源，水循环影响我们的天气、地球上的景观与生活； 地球是巨大太阳系的一部分，太阳系还有太阳、其他行星和月亮。 物理世界； 太阳是地球上所有能量的原始来源。
图表： 学生能识别简单图表中的模式	理解不同种类的图表； 获取独立的数据点； 使用 X 和 Y 轴标题； 确认总体模式； 从一个图表中得出结论	热、光、生、运动和电是能量的基本形式，能量能从一种形式转化为另一种形式； 接触力（如摩擦力）和非接触力（如重力和磁力）影响物体的运动。 物质世界；
模型： 学生能讨论简单的科学模型	理解模型，比如水循环、太阳系、食物链； 描述模型的组件代表什么； 确认模型的不足	可以根据物质的物理与化学性质将物质以不同的方式分类； 物质是由微小的粒子组成的，随着热量的吸收或释放，会有不同的表现； 当材料被加热或与其他材料混合时所产生的变化可能是永久性的或可逆的

下面通过一道监测试题来分析"知识与交流科学观点"这部分试题的编制过程。

---

① Educational Assessment Research Unit&New Zealand Council for Educational Research.National Monitoring Study of Student Achievement：science[R]. Wellington：New Zealand Ministry of Education，2013.

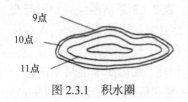

图 2.3.1　积水圈

水坑[①]：有同学注意到雨停后水泥坑里的积水圈会逐渐变小。为了探究积水消失的快慢，他们每隔一个小时标出积水的边缘，并在旁边标出当时的时间（图 2.3.1）。（a）请在图中标出他们最后一次画出的积水边缘所对应的时间；

（b）解释为什么积水圈会变小。

该试题选取的素材来自学生的生活，从所考查的知识点来看，是一种（汽化）蒸发现象，属于物理世界分支；从素养角度来看，①考查学生从图示中获取相关信息并完善图表的能力。②考查学生应用知识解释现象的能力。

可以看出，"知识与交流科学观点"部分的试题编制首先以科学课程为基础，总结概括了要考查的知识点和素养，然后提炼出相关的评估素材，最后将素材、知识点和素养很好地结合在一起编制出试题，进而形成试题库。

（二）科学本质

科学本质主要采用一对一和一对多的评估方式，评估任务分现场表现活动和访谈任务，现场表现即采用一对一或小组的方式对学生的现场表现进行评估，访谈任务一般在现场表现活动之后进行。许多任务同时针对四年级和八年级学生，参与该项评估的学生约为 700 人[②]。

科学本质部分主要评估学生对科学的理解、开展科学探究、进行科学交流以及参与合作的能力。表 2.3.4 为新西兰 2012 年"科学本质"部分的评估总体框架，可以看出，该部分主要依据评价目标和具体知识内容确定评价任务，包括要访谈和现场操作的任务；然后确定每个任务要考查的素养以及应用的具体领域的知识，形成一个整体框架；然后以每一项任务为单位，设计具体的测试题目。

表 2.3.4　新西兰 2012 年"科学本质"部分的评估总体框架

任务名字	理解	调查	交流	参与贡献	生命世界		地球宇宙	物理世界	物质世界
访谈									
镜子		√	√					√	
塑料外套	√			√					√
交往谈话	√				√				
调查		√		√					
空间	√		√				√		
现场表现									
沉与浮		√						√	
玩具船		√	√						√

① Educational Assessment Research Unit&New Zealand Council for Educational Research.National Monitoring Study of Student Achievement[EB/OL]. [2016-10-24]. http：//nmssa. otago. ac. nz/files/NMSSA_Ed_Gazette_2014_8pg.pdf.

② Educational Assessment Research Unit&New Zealand Council for Educational Research.National Monitoring Study of Student Achievement：science[R]. Wellington：New Zealand Ministry of Education，2013：19.

（三）学生的学习态度与学习机会

这部分的目的是调查学生学习的背景因素，主要以问卷调查方式展开。问卷包含三部分：学生对科学的态度、学习的机会、在家中说英语的机会。所有参与测试的学生都要填写这一问卷，且四年级和八年级学生的问卷相同。

"对科学的态度"测试主要调查学生对科学学习的态度，试题采用四级量表，要求学生对所陈述的问题进行等级判断。题干主要来自国内外关于科学态度的相关量表，也借鉴了 NEMP 的相关调查问卷。

"学习机会"部分主要调查学生参与相关科学学习活动的频率和程度，比如做实验、到户外学习相关科学知识的机会等。测试前要对问卷进行一定的试测和修改，调查报告以百分比形式呈现结果。

在家使用英语情况主要调查学生在家中说英语的机会多少。调查报告也是以百分比形式呈现结果。

（四）教师对学校科学教学的观点

这部分的主要目的是调查教师对学校科学教学的观点，以问卷调查的方式展开。调查内容包括科学教育工作者的自信心，科学教学活动的类型、教师为学生提供的学习经历以及教师自身专业发展的外部支持。

三、新西兰科学教育质量监测的特点

（一）重视对核心素养和科学本质的评价，采用多种方式开展评估

在《新西兰课程》中，核心素养是与学习领域知识和价值观并列的三大维度之一，因此，科学教育质量监测方案对核心素养及科学学习领域的具体素养——科学本质给予了高度重视，以多种方式评估核心素养和具体素养科学本质。在"知识与科学交流"部分，虽然以监测知识水平为主，但以"书面文本""图示""图表""表格"和"模型"为载体，将科学知识渗透在科学交流工具中，科学内容与科学交流结合，体现了对"使用语言、文本和符号"这一核心素养的监测，同时也渗透着对"思维"这一核心素养的评估，主要采用大规模的纸笔测试进行。在"科学本质"部分，则通过一对一访谈、个人或小组现场开展科学活动等多种方式对科学交流、参与贡献、应用科学知识等素养水平进行评估，体现了对素养监测的重视。

（二）重视对监测试题和问卷的质量管理及对监测工作人员的培训

监测试题和问卷的质量直接影响监测的效果。新西兰的监测试题在初步设计之后，要在学校进行测试，然后采用项目反应理论对试测数据进行分析，根据分析结果进行修改；问卷在设计后，也要选取少量的学生或教师作为样本进行预测试，对不合理的题目进行修改。题目的设计充分考虑学生的地域差异和文化背景，尽量避免出现民族地区学

生不熟悉的背景材料等,保证监测试题对所有学校的学生都公平。在开展监测工作之前,NMSSA 要对负责监测的教师和工作人员进行培训,包括何时提供何种器材、观察记录等。这说明 NMSSA 十分重视试题质量和监测管理质量。

（三）关注少数民族学生的教育质量

新西兰人主要是欧洲移民的后裔,另外大约 15% 的人口为原住民毛利族的后裔,此外,还有相当数量的亚裔和太平洋岛族裔[①]。由于语言、文化和价值观等多方面的因素,毛利学生及其他少数民族学生的表现在学校活动中常常不被认可,少数民族学生常常被边缘化。新西兰政府十分重视少数民族地区的教育质量,通过制定相关的政策充分挖掘毛利人学生的潜能,提高他们的学业成就。在 2012 年 NMSSA 首次科学教育质量监测中,毛利人和太平洋岛屿族裔学生被纳入测试范围,参加测试的四年级毛利人学生有 423 名,太平洋岛屿族裔学生 263 名,八年级毛利人学生 353 名,太平洋岛屿族裔学生 206 名[②]。样本选择充分考虑民族地区的特点,选择不同经济水平地区、不同教学水平的学校学生,通过科学教育质量监测试题测量少数民族学生的科学学业水平,并将其与新西兰欧裔学生学业成就进行对比分析,显示其优势与不足;通过背景测试了解学生对应的学校水平、在家中说英语的机会等基本信息。2012 年科学教育质量监测报告用两章的篇幅分别对这两个群体学生的学业成就进行了描述,包括语言、性别、学校水平、区域经济水平等方面。结果显示,毛利和太平洋亚裔学生对他们学校中重视民族文化、语言和身份认同十分认可,对学习科学的态度十分积极;但这两个群体的学业成就水平都明显低于欧裔学生学业成就水平,也低于新西兰课程所要求的学业水平;在四年级,43% 的毛利学生和 23% 的太平洋亚裔学生在国家平均水平以上,在八年级,只有不到 30% 的毛利学生和 19% 的太平洋亚裔学生在国际平均水平以上;性别差异在八年级并不具有明显的体现,但在四年级,女学生的表现比男学生的表现更加优异;在经济水平高的学校就读的毛利和太平洋亚裔学生的学业水平明显高于在中等以下经济水平学校的学生,经济水平高的学校有更多学生能达到国家平均水平以上。由此来看,学校所在地区的经济水平对民族地区学生的学业有重要影响。新西兰对少数民族学生科学学业水平的监测为社会了解民族教育质量、进一步制定政策提供了依据。

第四节　新加坡基础教育质量测评

新加坡是东南亚的一个岛国。该国位于马来半岛南端,其南面有新加坡海峡与印尼隔海相望,北面有柔佛海峡与马来西亚紧邻。2015 年,新加坡在 PISA 测试中取得第一,

① 中华人民共和国外交部. 新西兰国家概况. http://www. fmprc. gov. cn/web/gj hd q_676201/gj_676203/d yz_68 1240/12.06_68 1940/,206XO_681942/.

② Educational Assessment Research Unit&New Zealand Council for Educational Research.National Monitoring Study of Student Achievement：science[R]. Wellington：New Zealand Ministry of Education，2013.

引起了各方关注。这与新加坡有着明确的教育目标、完善的教育制度及质量监测体系是分不开的。

新加坡有着明确的教育目标，并且将其总的教育目标转换成清晰的阶段性目标。新加坡将教育划分为 3 个大的阶段，分别是小学阶段、中学阶段及中学后阶段；小学及中学阶段属于基础教育阶段。

新加坡没有独立于升学考试的教育质量检测体系；基础教育质量的测评通过其分流考试制度进行。新加坡共有四次分流考试，在分流的同时，对学生的学习状况进行评测。学校根据评测的成绩，安排学生进入不同程度的班级继续学习。这四次考试分别是，小学四年级分流考试，小学六年级离校考试 PISE，中学四年级 GCE N-Level 与 GCE O-level 考试，以及大学预科后的 GCE A-Level 考试。每一阶段中的每一门课程，都有与之相对应的大纲，大纲每年都会更新。GCE N-Level、GCE O-level、GCE A-Level 考试是新加坡政府与剑桥合作进行的考试，因而具有很高的信度和效度。

学科大纲既指导老师的教学，也指导学生的学习，同样也是考试的出题范围，因此各个科目的大纲对于老师、学生都非常重要。不同一阶段的同一科目会有若干份大纲，以满足不同层次学生的需求。每份大纲都有明确的学习目标、学习成果以及科目的测评要求。考试的设计满足学科的要求，例如在语言考试中会设计口语对话测试，或者在实验学科的考试（如物理、化学、生物）中会单独设计实验考试。以此对基础教育的质量进行精细的测评。

一、新加坡基础教育质量测评体系概述

（一）监测目的

新加坡基础教育检测的目的，①确保孩子能建立良好的自我意识、正确的道德观，同时学习必要的技能和知识，以应对未来的挑战。通过教育，使得孩子学会欣赏和珍惜身边的人、事、物，具备健全的思想和体魄，并对生活和终身学习充满热情。②新加坡希望通过教育提升体育、美术和音乐的教育质量，让学生接受全方位的教育。这有助于锻炼学生健全的体魄、提高他们的创意和表达能力；同时培养学生的个人、文化和社会的意识。新加坡政府希望通过教育质量的监测，使得每个新加坡人完成正规教育后，逐步拥有被预期的品质。

总之，新加坡政府希望受过教育的新加坡人都应当拥有良好的自我意识、道德品质、必要的知识技能，以面对未来的挑战。他应对他的家庭、社区、国家心怀责任；他会欣赏周围世界的美，拥有一个健康的身体和心灵，对生活充满热情。

新加坡基础教育监测的结果是政府进行教育改革，学校进行教学政策调整的重要依据；家长也可通过此检测了解孩子学习的动态。

（二）监测对象与内容

新加坡基础教育质量检测的对象主要是学生，具体包括小学阶段的学生，中学阶段

的学生。监测内容是其课程内容及考试内容。从小学一年级到四年级，所有学生学习同样的课程，重点是双语课程 EM（English and Mother Language），即英语和母语，母语包括汉语、马来语等；与此同时，辅之以其他课程，包括数学，科学等。

小学六年级离校考试 PLSE 的课程及考试科目主要分为三类：数学、科学以及语言类考试。语言类考试包括汉语、泰米尔语、马来语等。

中学课程较多，主要分为 N-level 与 O-level 课程及考试。课程与考试的设计主要围绕语言、人文与艺术、数学和科学四个主题，对不同程度的学生设计不同难度的课程以及考试。

（三）监测方式

新加坡并没有独立于升学考试系统的监测体系，主要通过分流考试对教育质量进行监测。新加坡基础教育实行分流制度，按照新加坡所划分的阶段，教育总共分为 3 个大的阶段，分别是小学阶段、中学阶段及中学后阶段。小学及中学阶段属于基础教育阶段。在新加坡小学需要 6～8 年，中学需要 4～5 年（类似于我国的初中），初级学院为 2 年（类似于我国的高中，这在新加坡教育规划中属于中学后阶段的一部分），大学 3～4 年，通常为 4 年。

在基础教育阶段，政府就开始了教育分流。在整个教育体制中，共有 4 次分流，分别是小学四年级分流、小学六年级毕业分流、中学四年级毕业（GCE O-LEVEL）分流、大学预科考试（GCE A-LEVEL）分流。教育质量监测通过 4 次考试来进行，在分流的同时，对学生的学习状况进行检测；基础教育阶段则关注前三次分流考试。

（四）数据分析与报告

数据的收集以及分析，主要针对不同阶段的考试。通过对学生成绩的收集以及分析以掌握基础教育现状。根据科目的不同，考试会有不同的设计，以满足评估的要求。如果是语言类的测试，如汉语、英语、马来语等，测试中会有专门针对口语对话的测试；如果是文学类学科，如英文文学、汉文文学等，则会有专门的写作测试；如测试的科目属于科学类学科，如化学、物理、生物，则会设计专门的实验测试。考试通过不同的形式考查学生不同的知识和能力，最后老师按比例算出总成绩并将成绩反馈给学生和家长。这个成绩不仅对学生升学有重大影响，也是政府评估教学质量的重要参考。

二、科学质量监测框架——以中学物理为例

新加坡学业水平检测通过几次分流考试进行，O-LEVEL 是中学毕业考试。新加坡基础教育检测分为小学及中学两个部分。在 O-LEVEL 中学考试中物理是理科检测非常重要的一部分。其他的学科（如生物、化学）的监测与物理类似，因此以 O-LEVEL 的物理检测为例。

（一）大纲简介

新加坡的 GCE-O LEVEL，GCE-N LEVEL，GCE-A LEVEL 考试，是新加坡政府与剑桥合作的考试。根据 2017 年新加坡官方的考试指南，大纲 5077 与 5064 是理科综合；大纲 5077 是物理与生物的综合，大纲 5076 是物理与化学的综合。大纲 5064 是单独的物理卷，针对个人考生；而大纲 5059 则针对在学校的考生。根据 2017 年的考试简介，4个大纲不可混用，只能选其一。[①]

下文的学科目标以及评估目标仅以 5064 和 5059 两个大纲为主对其进行介绍。所列举的题目来源于 2015 年的 5059 O-LEVEL 物理中考真题。

（二）学科目标及评估目标

O-LEVEL 物理教学大纲为学生提供了一种关于能量、物质，以及它们之间相互关系一体化的理解。它关注通过自然现象、应用模式、模型（包括数学模型）、原理、理论和法则，来解释宇宙的物理行为。大纲所提出的理论和概念属于物理学的一个分支，通常被称为经典物理学。现代物理学是在这些经典理论和概念的基础上发展起来的，并用来解释原子和亚原子能级的量子性质。[②]

学生应该根据不同的尺度来思考物理。经典的理论，如牛顿运动定律，适用于比原子更大的普通物理系统。更全面的理论，如量子理论，则需要在原子和亚原子尺度进行描述。根据设想，基于教学大纲的教学活动将使学生具有多样的学习体验，并获得科学知识与理解，同时培养相关的科学价值观与态度。对于物理学科 O-LEVEL 的具体目标如表 2.4.1 所示。

表 2.4.1　学科目标

1. 通过精心设计的实验和物理实践探究，为所有学生提供有足够价值的教学。无论他们是否继续学习科学，或者止步于这个水平，课程都能使他们获得足够的理解和知识	1.1 在技术的世界中成为有信心的公民，因科学的重要性而能够发展自己的兴趣
	1.2 认识到科学方法的有用性和局限性，并认识到它在其他学科和日常生活中的适用性
	1.3 在应用科学或者与科学相关的领域，有超越 O-LEVEL 的良好学习准备
2. 发展能力和技能	2.1 这些能力技能，与相关的科学研究、实践有关
	2.2 这些能力、技能，在日常生活中很有用
	2.3 这些能力、技能，鼓励高效安全的实践
	2.4 这些能力、技能，鼓励有效的沟通
3. 发展与科学相关的态度	3.1 关注精度和准确度
	3.2 客观性
	3.3 完整性

[①] Examination Instructions http：//www. seab. gov. sg/content/privateExamInstructions/2017InstructionsForPrivateCandidates. pdf.

[②] Physics ## http：//www. seab. gov. sg/content/syllabus/olevel/2017Syllabus/5064_2017. pdf.

续表

3. 发展与科学相关的态度	3.4 查询
	3.5 主动性
	3.6 创造性
4. 激发对当地和全球环境的兴趣和关心	
5. 提升意识	5.1 科学的研究和实践是合作与积累的活动，并受到社会、经济、技术、伦理和文化的影响和制约
	5.2 科学的应用对个人、社区以及环境，既有益的一面又有害的一面
	5.3 科学是超越国界的，如果正确、严格地使用科学的语言，它会是通用的
	5.4 作为一种辅助实验和解释实验理论结果的工具，信息技术的使用对通信非常重要

评估目标（表 2.4.2）是描述学生在课程结束后被考查的知识、技能和能力。它们反映了评估内容的各个方面。

表 2.4.2　评估目标

A. 知识的理解 学生应该能够证明有关的知识和理解	1. 科学现象、事实、规律、定义、概念、理论	备注：目标内容定义了事实性知识，考生可能需要回忆和解释这些知识
	2. 科学的词汇、术语、惯例	
	3. 科学设备和仪器，包括操作技术和安全部分	
	4. 科学量及其测定	
	5. 科学技术的应用对社会、经济和环境影响	
B. 处理信息和解决问题 学生应该能够用文字、符号、图形以及数字形式的演示是为了	1. 在各种来源中定位、选择、组织并呈现信息	备注：这些评估目标不能被精确地指定在主题内容中，因为测试这些技能的问题可能是基于学生不熟悉的信息。在回答这些问题时，考生必须使用在教学大纲中的原则和概念，并以合乎逻辑的、理性的方式演绎、使用
	2. 将信息从一种形式转换到另一种形式	
	3. 操纵数值和其他数据	
	4. 使用信息识别模式，报告趋势并举一反三	
	5. 对现象、模式和关系提出合理的解释	
	6. 做出预测并提出假设	
	7. 解决问题	

续表

C. 实验技能与调查 学生应该能够	1. 遵循一系列指令	
	2. 使用技术、设备和材料	
	3. 制作、记录、观察、测量并估计数值	
	4. 解释、评估观测与实验的结果	
	5. 制订计划做调查，选择技术、设备和 材料	
	6. 评估实验方法并提出改进建议	

（三）实践评估

从本质上讲，科学学科是实验性的。因此，评估学生的物理知识与理解应包括相关的实际操作与技能。该评估独立于笔试，作为一个正式的实践测试。实践评估的目的是评估学生的能力，这些在评估范围内的实验技能是可以在有限的时间内正式的测试中被实事求是地评估的。学生不仅要准备测量或确定物理量，还应该意识到，为了安全或准确性所需要采取的简单预防措施;这些问题不一定仅仅局限于课程内的内容。①根据大纲，教学以及试卷评测的内容及结构如表 2.4.3 所示。

表 2.4.3　大纲内容

Ⅰ 测量	1. 物理的量、单位以及测量
Ⅱ 牛顿定律	2. 运动学
	3. 力学
	4. 质量、重量和密度
	5. 力的翻转效应
	6. 压力
	7. 能、功与能量
Ⅲ 热物理	8. 物质的动力学模型
	9. 热能量的转移
	10. 温度
	11. 物质的热性能

---

① Physics ## http：//www.seab.gov.sg/content/syllabus/olevel/2017Syllabus/5064_2017.pdf.

续表

IV 波	12. 波的一般性质
	13. 光
	14. 电磁频谱
	15. 声音
V 电磁学	16. 静电
	17. 电流
	18. 直流电路
	19. 实际的电
	20. 磁
	21. 电磁
	22. 电磁感应

（四）试题的编制与例题

大纲 5064[①]：学生要完成卷 1、卷 2 以及卷 3。考试结构如表 2.4.4 所示，考试题型如表 2.4.5 所示，评估目标占比如表 2.4.6 所示。

表 2.4.4　考试结构

卷	题型	时间	分数	比重/%
1	多选	1 小时	40	30
2	结构以及简答	1 小时 45 分钟	80	50
3	实践测试	1 小时 30 分钟	30	20

表 2.4.5　考试题型

理论卷 1（1 小时，40 分）	由 40 道多选题组成
理论卷 2（1 小时 45 分钟，80 分）由两个部分组成	A 部分 50 分，由几道必答的结构问题组成
	B 部分 30 分，由 3 个问题组成。前两个问题是必答题，其中一个是基于数据的问题，要求学生用信息解释、估计或者解决问题。这个问题会占 8～12 分。最后一个问题将以一种或两种形式呈现，并占 10 分
卷 3 实践评估（1 小时 30 分钟，30 分）	由两个 45 分钟的实践性的实验问题组成（每个 15 分）。在一个或者两个试验中，学生可以提出改进的建议以及相关拓展，但不需要去执行

---

① Physics [EB/oL] http：//www. seab. gov. sg/content/syllabus/olevel/2017Syllabus/5064_2017. pdf.

表 2.4.6 评估目标占比

理论（卷1、卷2）	知识理解约占分数的45%，回忆性的部分约占15%
	处理信息解决问题约占分数的55%
实践（卷3）	卷3的设计是为了测试评估目标中的实验与调查技能。我们希望考生能够对其有所优化和拓展，这些优化和拓展不需要被做出来。根据优化和拓展的要素所打的分数可以占到实践总分的10%~20%

大纲 5059①：学生要完成卷1、卷2以及卷3。考试结构如表2.4.7所示，考试题型如表2.4.8所示。

表 2.4.7 考试结构

卷	题型	时间	分数	比重/%
1	多选	1小时	40	30
2	结构以及简答	1小时45分钟	80	50
3	基于学校的科学实验测评（SPA）	—	96	20

表 2.4.8 考试题型

理论卷1（1小时，40分）	由40道多选题组成
理论卷2（1小时45分钟，80分）由两个部分组成	A部分50分，由几道必答的结构问题组成
	B部分30分，由3个问题组成。前两个问题是必答题，其中一个是基于数据的问题，要求学生用信息解释、估计或者解决问题。这个问题会占8~12分。最后的问题会以一种或两种形式呈现，并占10分
卷3（96分）基于学校的科学实践测评（School-based Science Practical Assessment，SPA）此测评会测评课程C1-C6合适的部分。SPA将在适当的时候进行，并为候选人提供题目。科学实践技能测评被分为三个技能	技能1-执行和观察对于每一个考生来说，技能1与技能2只会被测试2次
	技能2-分析对于每一个考生来说，技能1与技能2只会被测试2次
	技能3-设计技能3只会被测试1次

① Physics（SPA）[EB/oL] http：//www.seab. gov. sg/content/syllabus/olevel/2017Syllabus/5059_2017. pdf.

实践测试中，对 3 组技能的占比和分数进行计算，每一个技能总的表现水平（技能1、技能 2、技能 3）是在技能内每一个组成部分表现水平的总和。每个实践技能占比以及分数如表 2.4.9 所示。评估目标占比如表 2.4.10 所示。

表 2.4.9　实践技能占比

技能	测试的编号（a）	每一个测试最高分数（b）	比重（c）	每一项的总成绩（$a \times b \times c$）	所占比重/%
1	2	6	4	$2 \times 6 \times 4 = 48$	50
2	2	4	3	$2 \times 4 \times 3 = 24$	25
3	1	4	6	$1 \times 4 \times 6 = 24$	25
SPA 的总分				96	

表 2.4.10　评估目标占比

理论（卷 1、卷 2）	知识理解约占分数的 45%，回忆性的部分约占 15%
	处理信息解决问题约占分数的 55%
实践（卷 3）	100% 考查调查以及实验技巧

由于大纲内容分为 5 个章节，而笔试试卷分为两卷。卷 1 为 40 道选择题，卷 2 为大题。因此，每个大的章节列举 1 道选择题作为例题。

Ⅰ测量选择题：地球和原子直径的正确量级是多少[①]？

A. 地球的直径 10Gm，原子的直径 0.1μm。

B. 地球的直径 10Gm，原子的直径 0.1nm。

C. 地球的直径 10Mm，原子的直径 0.1nm。

D. 地球的直径 10Mm，原子的直径 0.1μm

答案：C。地球的直径约为 12756km（舍入到最近的 1 万公里），即 10^4km 或者 10Mm。原子的直径约为 10^{-10}m，即 0.1nm。

Ⅱ牛顿定律选择题：一个盒子从高崖的顶端掉落。当盒子掉落时，空气阻力对其移动造成了明显的影响。图（1）、图（2）是位移-时间图；图（3）、图（4）是速度-时间图。哪一个图描述了盒子的运动[②]？

答案：B。随着盒子速度的增加，空气阻力也在增加。随着空气阻力的增加，加速

① Physics o-level yearly examination questions[M].15 Serangoon North Avenue 5：Educational Publishing Hose Pte Ltd. 2016，Oct/Nov2015 Paper1（2）.

② Physics o-level yearly examination questions[M]. 15 Serangoon North Avenue 5：Educational Publishing Hose Pte Ltd. 2016，Oct/Nov2015 Paper1（3）.

度减慢。这个过程被速度-时间图的梯度下降所描述（图4）。随着盒子速度的增加，位移也加速增加（图1）。

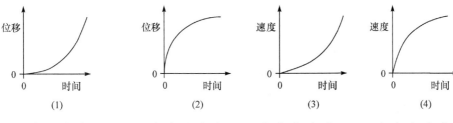

(1)　　　　　(2)　　　　　(3)　　　　　(4)

A.（1）和（3）　　B.（1）和（4）　　C.（2）和（3）　　D.（2）和（4）

Ⅲ热物理选择题：下面显示了四个相同的罐子与它们外表面的涂料，涂料不是黑漆就是抛光银。每个罐可以容纳相同体积的水，水的最初温度是80℃。在一个低温的房间中5分钟后，哪一个容器中水的温度最低[①]？

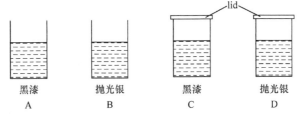

黑漆　　　抛光银　　　黑漆　　　抛光银
A　　　　B　　　　C　　　　D

答案：A。相比于抛光的银表面，暗淡黑色表面是一个更好的辐射源。带盖子的容器通过对流减缓热损失。因此，选项A的容器可以失去最多的热量，因而5分钟后，水的温度最低。

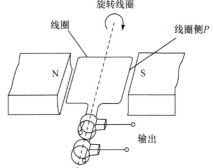

图2.4.1　电磁感应

Ⅳ波选择题：什么是波的振幅的定义[②]。

A.平衡位置的平均位移。

B.平衡位置的瞬时位移。

C.平衡位置的最大位移。

D.平衡位置的最小位移。

答案：C

Ⅴ电磁学选择题：当图2.4.1中的线圈转动时，会产生输出电压。线圈的一侧被标记为P，当线圈转动时，在什么时候输出电压为零[③]？

---

① Physics o-level yearly examination questions[M].15 Serangoon North Avenue 5：Educational Publishing Hose Pte Ltd. 2016，Oct/Nov2015 Paper1（6）.

② Physics o-level yearly examination questions[M]. 15 Serangoon North Avenue 5：Educational Publishing Hose Pte Ltd. 2016，Oct/Nov2015 Paper1（8）.

③ Physics o-level yearly examination questions[M].15 Serangoon North Avenue 5：Educational Publishing Hose Pte Ltd. 2016，Oct/Nov2015 Paper1（15）.

A 线圈方向为水平，P 点的位置只在近 N 极的位置。

B 线圈方向为水平，P 点的位置在近 N 极或者近 S 极的位置。

C 线圈方向为竖直，P 点的位置只在最顶端。

D 线圈方向为竖直，P 点的位置在顶端或者在底部。

答案：D。当线圈在竖直位置时，例如 P 边不是在顶部就是在底部，线圈没有一条边切割磁感线，因此没有电磁感应以及电压输出。

三、新加坡基础教育学业水平检测的特点

（一）国际视野

新加坡是一个微型国家，资源匮乏，国土面积极小且民族和种族多样，因此新加坡从国家和政府的层面就极为重视教育。

新加坡的官方语言设计为英语，从小学到中学到大学，所有的学生必须以学习英语为主；在此基础上，要求学生学习母语，如汉语、马来语、泰米尔语。考试的设计上采用与英国剑桥合作的 O-LEVEL 及 N-LEVEL 作为中考，将 A-LEVEL 作为高考。学生所考出的成绩，不仅可以用来申请新加坡的学校，也可以用来申请海外的诸如英国、美国、澳大利亚等国家的著名高校。在这样的教育体系下，新加坡的学生便更具备国际视野。由于一开始学习的语言就是英语，因而进入英语国家的大学学习，语言上不会有任何困难。

2015 年，新加坡在年全球 PISA 排名中取得第一，与国家和政府的大力支持以及不遗余力推进教育有着密切的关系。

（二）完善的制度设计

新加坡的分流制度是其教育体系中非常有特点的一部分。新加坡整个教育系统中有 4 次大的考试，将考试成绩作为分流依据，通过学生的成绩和表现给予其适当的教育。

如果学生非常优秀，则可以一直向上走，读最优秀的班级；当然，在这种班级中，学生能够接触到最优秀的老师以及极好的资源，但同时也面临着同样优秀同学的竞争以及最严格的要求。一般的学生则会被分配到一般的班级，上一般难度的课程；最差的学生也不会被放弃或者和排除在体系之外，学校一样会有与其相匹配的课程，并让其进入职业学校学习一门技能，以便可以在社会立足。这样，好的学生得到充分的发展，差的学生也能够接受足够的教育。

值得一提的是，在整个教育体制中，不仅有分流制度，而且还有回流制度。根据学生的表现，如果其在之后的表现非常突出，则会有机会读高级课程，若此学生在接下来的 O-LEVEL 或者 A-LEVEL 考试中取得优秀的成绩，则一样有机会去最好的高中或大学继续深造。

分流制度的设立，最大限度使得教育系统可以按照每一个人的情况给予不同的教育；

新加坡虽然主张精英教育，但是通过分流制度也培养出了非常多高素质的技术人才、企业中层以及优秀公民。

（三）目标设计具体可测

由于新加坡国家和政府对于教育的重视，新加坡教育的设计非常详细，每一个目标都非常清晰。比如：在整体的教育期望中，对小学、中学、大学预科（高中）都有着非常明确的目标；在每一个阶段，每一门学科的教学与考试中，都有极其明确的内容与目标。

在理科检测方面，新加坡的大纲设计非常详细，针对不同的部分有着不同的检测方式。例如物理的 O-LEVEL 试卷，就分为笔试与实践。而笔试卷中又分为两卷，一部分是 40 道单选题，另一部分是简答题与计算题。这些题目的设计以及实践测试都精准地对应了大纲中的知识点以及学习成果，以此确保教师的授课及学生的学习是有效的。

清晰的目标可以使得老师在教学的过程中更有针对性；学生在学习的过程中易于进行我自监测。这样就使得教学效果得到保障。

第五节　日本全国学力调查

日本对基础教育质量监测的项目是全国学力调查（National Assessment of Academic Ability）。该测评项目是由日本文部科学省委托国立教育政策研究所及企业具体实施的，调查的对象是小学六年级和初中三年级的学生；主要调查的内容是学生对《学习指导要领》规定的内容的掌握情况，以及学生在学习生活方面的信息；从 2007 年起，调查的时间是每年开学的 4 月份，从这个意义上讲，实际调查的是学生五年级末和初中二年级末的学习内容。

"学力"一般被视为"通过学校里的学习而获得的能力"或"以学业能力为表征的学力"[1]。在日本，"学力"的基本界定是：①儿童在学校的教学过程中作为学习教材的结果而掌握的知识、技能、熟练的总和；②儿童在学习活动中发展起来的学习能力[2]。《学习指导要领》已经规定了学生在学力方面的要求，全国学力调查的学力测试内容就是监测学生在所规定的学力方面的掌握情况。

一、日本全国学力调查项目的演进

第二次世界大战（以下简称"二战"）之后，日本为了提高基础教育质量，除了参加国际大型学生测评项目（如 PISA 和 TIMSS）外，还积极开展全国学力调查。日本全国

---

① 钟启泉. 日本"学力"概念的演进[J]. 教育发展研究，2014（08）：23.

② 东洋等. 授业改革事典（第 2 卷）[M]. 东京：第一法规，1982.

学力调查的发展大致可以分为三个阶段：建立时期、断续进行时期、恢复时期。下面将对这三个阶段的背景进行简要的说明。

（一）全国学力调查的建立

日本中小学学力抽样调查始于 1956 年。鉴于文部省会将学力调查结果向社会公布，慢慢地参加学力调查的学校逐渐增加，到 1960 年，参加学力调查的学校超过一半。1961年，为了解全国中小学生学力水平，通过帮助各地方政府和学校了解自身办学水平在全国的位置，从而改善自身的教育教学水平，日本文部省强制性地实施了全国统一的学力调查，这是日本二战后的首次全国学力调查。但是，这导致各地区和学校为了争夺名次，出现弄虚作假的行为，如香川县和爱媛县为争夺全国第一而展开了激烈的竞争，有的县还出现了教师在学力考试期间让学习较差的学生在家休假的事件。学力考试因导致过度竞争而遭到社会各界的批判和反对，如日本教师工会等组织认为这一考试是将能力本位的差别机制引入了教育，因此组织和发起了反对考试的抵制运动[①]。全国学力统一考试从1965 年起被中止，而抽样考试也在 1966 年之后停止。

（二）全国学力调查的断续进行

1982 年，日本最高法院宣判全国学力调查合法，此后，日本全国学力抽样调查得以逐渐恢复。1982 年，为了检查中小学生掌握《学习指导要领》所规定的知识内容的程度，日本文部省（2001 年改组为文部科学省）在全国开展了名为"教育课程实施状况调查"的抽样学力考试，初中考查的科目为：日语、数学、社会、理科和英语；小学考查的科目为：日语、数学、社会、理科和英语。这次抽样调查的样本量为小学五年级、六年级和初中一至三年级中各年级学生总数的 8%。

20 世纪 90 年代以来，日本逐步实施"宽松教育"的政策。例如，1995 年，日本中小学实行新的作息时间，从而减少课时；1998 年修订并于 2002 年正式实施的《学习指导要领》，一个重要变化就是减少中小学课时以及降低课时难度，与此同时，增设综合性学习课程。这导致人们担心课时减少、课程难度降低会降低学生的学力。各地便纷纷开展了以监测学力水平为目的的学力考试。虽然这些考试都是围绕学习指导要领中的要求进行命题的，但各地分别进行的考试无法使其与全国平均水平进行比较。为此，2002～2004 年，日本文部科学省每年委托国立教育政策研究所对中小学生的学力进行调查。此次调查的对象为小学五年级、六年级和初中初一至初三的部分学生，科目是日语、数学、社会、理科和英语（初中生）。除此之外，国立教育政策研究所还进行了"特定课题调查"，来了解学生的特定能力，如作文、汉字。

（三）全国学力调查的恢复

日本恢复全国学力调查的国际背景：一是日本学生在国际测评项目中成绩的下降，

---

① 李协京. 从日本全国学力考试看其中小学教育质量监测[J]. 外国教育研究，2008（10）：72.

使日本感受到了危机。在 PISA 中，虽然日本学生在 2000 年以来的三次考试中成绩都名列前茅，但整体排名却逐渐降低，而其他亚洲国家和地区，如韩国、中国香港和中国台湾则后来居上，成绩纷纷超过了日本；在 TIMSS 测评中，日本学生表现出下降的趋势。二是发达国家积极地采取提高教育质量的国家学力测评项目。自 1969 年以来，美国为调查基础教育阶段学生的学业成绩，在全国和部分州开展了相应的学力考试，2001 年制定的《不让一个孩子落后》法案更是明确要求所有的州每年都要通过学科考试来掌握学生的学业进展情况，并与全国考试的指标进行比较。从 1991 年起，英国实施了针对义务教育第二学年、第六学年、第九学年全体学生的学力考试。

日本恢复全国学力调查的国内背景是受到新自由主义教育的影响。在新自由主义的观念下，国家一方面放宽制度约束，给地方、学校和学生个人以更多的自主权，另一方面则加强对教育目标的制定、教师管理及教育评价等方面的监管力度。2005 年，中央教育审议会在咨询报告《创造新时代的义务教育》中指出："实施对儿童学生学习到达度的全国性调查是适宜的"。2006 年，文部科学省特设的专家研讨会提交了《全国学力调查的具体实施报告》。从 2007 起，日本恢复了全国学力调查，每年进行一次。

二、日本全国学力调查概述

本部分将简要介绍自 2007 年以来日本全国学力调查项目的基本内容，如调查目的、调查对象、调查内容、组织模式及运行过程。

（一）日本全国学力调查目的

日本全国学力调查的目的主要体现在三个方面：第一，通过各地区学生的学习成绩和学习状况来确保义务教育机会均等，并根据相关书籍调整教育政策、改善教育条件；第二，通过全国学力测评，建立一个持续的周期性的验证并改进教育；第三，学校和学生把握自己的学习成绩及状况，引导学生改进学习。

（二）日本全国学力调查对象

全国学力调查的对象为小学六年级和初中三年级的学生，因为全国学力调查的时间都安排在每学年开学的第一周，约四月份中下旬，所以实际上测试的内容是小学五年级末和初中二年级末的内容。样本范围是：2007 年、2008 年及 2009 年是普查；2010 年、2011 年及 2012 年采用抽样和自愿参加的形式进行；2013 年以后又重新实行全国普查。

（三）全国学力调查内容

全国学力调查的内容包括学力测试和学习状况调查问卷两个部分。其中，学力测试的内容是根据《学习指导要领》对知识和技能的要求来确定的。每个科目分为 A 卷和 B卷，A 卷为"知识"卷，主要考查基本知识和技能，B 卷为"活用"卷，主要考查学生在现实生活中对知识运用和问题解决的能力。表 2.5.1 统计了自 2007 年以来历年考核的科目。

表 2.5.1　自 2007 年以来历年测试内容一览表

			2007 年	2008 年	2009 年	2010 年	2011 年	2012 年	2013 年	2014 年	2015 年	2016 年
学力测试	小学	日语	√	√	√	√	√	√	√	√	√	√
		数学	√	√	√	√	√	√	√	√	√	√
		科学						√			√	
	初中	日语	√	√	√	√	√	√	√	√	√	√
		数学	√	√	√	√	√	√	√	√	√	√
		科学						√			√	
学习状况问卷	学生问卷		√	√	√	√	√	√	√	√	√	√
	学校问卷		√	√	√	√	√	√	√	√	√	√

从表中可以看出,日本全国学力调查的科目主要是日语和数学,其中 2012 年和 2015 年增加了科学科目。

学习状况调查问卷分为学生问卷和学校问卷,分别由学生和校长、教师填写。其中,学生问卷涉及的内容主要为学生的学习动机、学习方法、学习环境及生活习惯等;学校问卷主要涉及的内容为学校的教学方法、教育环境及学生的整体状况等。

（四）全国学力调查的组织模式

日本全国学力调查的主管行政部门是文部科学省,由地方教委、学校法人和国立大学法人协作共同完成,国立教育政策研究所和民间企业具体执行项目的运行。文部科学省的主要任务是总体上部署全国学力调查,如制定政策、选定调查科目、拨款、招标负责实施的民间企业等。国立教育政策研究所主要负责开发试题、分析结果、撰写调查报告等。中标的民间企业主要负责考务工作（如试卷的发放与回收）及评卷等工作。

三、日本理科全国学力调查简介

自 2007 年实施全国学力调查以来,日本分别于 2012 年和 2015 对理科进行过全国学力调查。本部分将对 2015 年理科全国学力调查进行介绍。

（一）概述

（1）调查对象及时间。小学六年级和初中三年级学生,调查时间为 2015 年 4 月 21 日。

（2）中学理科学力调查。问题结构的框架如表 2.5.2 所示,主要视点的说明如表 2.5.3 所示。

表 2.5.2　问题结构的框架

结构		评价的观点	主要的视点
知识	基础的·基本知识·技能	关于自然现象的知识和理解	知识
		观察和实验的技能	技能
活用（应用）	知识·技能的活用，为解决问题所必需的思考能力·判断能力和表达能力等	科学的思考和表现	适用
			分析·解释
			构想
			检讨·改善

表 2.5.3　主要视点的说明

框架	主要视点	说明
知识	知识	知识的问题，关于自然的现象、事物的基本知识和理解
	技能	技能的问题，观察·实验的操作，观察·实验的设计与实施，结果的记录与整理，关于对自然的事物·现象进行科学探究的基础技能
应用	适用	日常生活、特定的社会场合，解决基础和基本问题活用的知识技能
	分析·解释	活用基础的、基本的知识技能，观察·实验结果的分析与解释
	构想	活用基础的、基本的知识技能，自然的事物·现象中发现问题并选定一个课题，形成预设和假说，考虑观察·实验的条件，按计划进行观察和实验
	检讨·改善	观察和实验的计划和结果的考察，思考日常生活和社会各个场景中的关系，根据观察和实验的结果，对他人和自己的观点进行多方面检讨并进行改善

　　出题的范围是根据学习指导要领的目标及内容而定的，第一个领域是"物理领域"和"化学领域"，第二个领域是"生物领域"和"地学领域"，这两个领域出题占比均等。

　　另外，调查的时间是三年级的 4 月份，其结果作为二年级结束的内容。问题形式为选择题、简答题和记述式三种类型。

（二）中学理科试题的结构

　　2015 年中学理科全国学力调查共有 8 个大题，第 1 大题是化学领域的内容，第 2、第 3 大题是地学领域的内容，第 4、第 5、第 6 大题是物理领域的内容，第 7、第 8 大题是生物领域的内容，每一个领域包括的小题数量都是相等的，分别为 6 个小题。2015 年中学理科试题的基本情况如表 2.5.4 所示。

表 2.5.4　2015 年中学理科试题的基本情况

	框架		评价的观点			
	知识	活用	对自然的关心·态度	科学的思考·表现	观察·实验的技能	认知·理解自然
频次	6	18	0	18	2	4
百分比/%	25	75	0	75	8	17

从表 2.5.4 可以看出，中学理科主要测试"活用"方面的内容。从评价的观点来看，主要考查的是科学思考·表现方面，次之是认知·理解自然和观察·实验的技能方面。

小学科学试题共 4 个大题，每个大题下包含若干小题，2015 年试题包含 22 个小题。考查情况如表 2.5.5 所示。

表 2.5.5　2015 年小学科学试题的基本情况

	框架		评价的观点			
	知识	活用	对自然的关心·态度	科学的思考·表现	观察·实验的技能	认知·理解自然
频次	9	13	0	13	5	4
百分比/%	40	60	0	59	23	18

从表 2.5.5 可以看出，小学全国学力调查注重对"活用"的考查，在评价的观点方面，注重科学的思考·表现维度的测查。

中学物理领域的试题共有 3 个大题，分别波及光学、电学和声学的内容。

例 2.5.1　正辉先生看报纸，对"电磁感应技术的应用"感兴趣，并进行了实验。请根据材料和实验回答（1）、（2）两题。

材料：新闻报道·生活中的科学之"电磁感应技术的应用"。IC 卡，即使没有连接的电源，电流也能流动，那是因为里面装有线圈，利用了电磁感应（图 2.5.1 和图 2.5.2）。

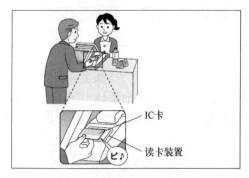

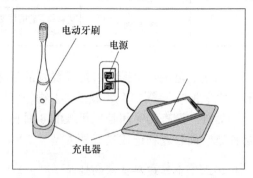

图 2.5.1　非接触 IC 卡支付　　　　　图 2.5.2　无线（无触点）充电

实验："电磁感应技术的应用"，请利用实验室的器材来说明。

方法一：线圈比作 IC 卡，磁铁比作刷卡装置，磁铁沿箭头方向运动（图 2.5.3）。

结果：电流表指针偏转。

方法二：如图 2.5.4 所示装置，电磁铁按箭头方向运动。

结果：电流表指针偏转。

方法三：如图 2.5.4 所示装置，电磁铁不运动，将开关闭合、断开。

结果：电流表指针偏转。

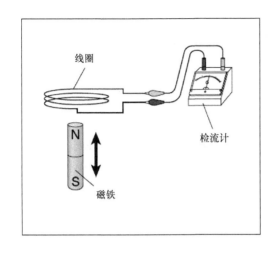

图 2.5.3　实验设备

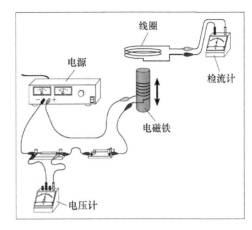

图 2.5.2　实验原理

问题：

（1）在图 2.5.4 中，为了避免整个电路中电流过大，连接了电阻。在电阻两端加入电压 5V，电路中的电流为 0.5A。请计算电阻的大小。请写出算式和答案。

（2）在方法三中，请用"磁场"的相关术语说明电流表指针偏转的理由。

分析，第一问考查的是基本知识的内容，评价的观点是认识和理解自然事物；第二问考查的是"活用"，评价的观点是科学的思考和表现。

四、日本全国学力调查项目的特点

（一）全国学力调查信息公开

日本全国学力调查虽然为了保护学校及学生的隐私，避免学校恶性排名竞争，从而不公布学生成绩的调查结果，但是调查结束后，调查的工具是公开的，包括公布测试题、答案、测试题详解及调查报告。与此同时，管理者、教师、学生、家长等都可以查看历年的学力调查的工具，这些数据一方面可以为教育管理部门决策提供证据，另一方面可以帮助教师改进自己的教学。

（二）调查结果的指导作用强

在测试题的详解中，不仅报告了各小题的考测范围、考查的能力，而且还分析了各小题对应的《学习指导要领》内容，更重要的是还报道了各小题的正确率，这为教师对该部分内容的学情分析提供了全国的数据，对教师了解教学中学生理解的难点的把握很有帮助，有助于教师在备课、授课及作业的布置中有针对性地突破教学难点。

（三）注重测查学生在实际生活中应用知识、解决问题的能力

从 2015 年的两份测试题的分析可知，初中的"活用"内容的测试占 75%，小学的"应用"内容的测试占 60%。日本全国学力调查的说明中指出，"活用"领域的问题是侧

重知识技能在现实生活中各种场合的实际应用能力，这说明日本的全国学力调查更加注重学生在实际生活中应用知识、解决问题的能力的培养。与此同时，日本的全国学力调查还根据学生的认知发展水平，在侧重应用能力考查的同时，与中学生应用能力的测查相比，小学的应用能力的测查比重相对较小。

（四）注重工具性学科的调查

日本从 2007 年恢复全国学力调查开始，日语（相当于我国的语文）和数学这两门工具性学科是每年必须调查的科目，而像科学这样的应用性学科只有在 2012 年和 2015 年进行过调查，也就是不是每次都调查，这说明日本的学力调查注重工具性学科的调查。与此同时，随着国际测评项目对科学科目测评的重视，相信日本的全国学力调查的科学科目会借鉴国际测评项目，定期进行测评。

第三章　我国基础教育教学质量监测的现状与问题

第一节　我国基础教育教学质量监测概况

中国由于特殊的历史文化背景，基础教育起步较晚，从 1978 年改革开放以来中国的基础教育才步入了一个崭新的发展时期。随后几年中共中央发布了多项关于教育体制改革的规定以及教育法等，使中国的基础教育走上了法制的轨道。至 2000 年中国基本普及了九年义务教育，全民的素质得到了大范围的提高。九年义务教育普及后，学生的学业水平以及素质得到了逐步提高，但是由于我国地域辽阔，沿海地区与中西部地区办学条件不一，学生素质教育状况不一，且大部分学校教育仍处于应试教育的模式中，不利于人才的培养与发展。因此，教育的质量问题成为教育界关注的焦点问题，并且中国意识到要发展国家经济与科技离不开人才的建设，为了国家长远发展，不仅需要量的满足还需要质的突破。因此，中国积极借鉴港澳台以及国外先进的基础教育监测理念，积极推进基础教育教学质量监测项目的研究。

一、我国基础教育教学质量监测研究受到的关注度

笔者以"基础教育教学质量监测"为关键词，通过搜索知网等学术网站得到 1979～2016 年期间对我国基础教育教学质量监测投入的基金项目情况、教育教学质量监测相关学术研究论文发表情况以及报纸对基础教育教学质量监测的关注情况。

1. 对我国基础教育教学质量监测投入的基金项目统计

从表 3.1.1 可以看到国家教育部基金项目、国家自然科学基金项目、国家社会科学基金项目、省市基金项目以及科技部国家科技计划项目均为基础教育教学质量监测相关研究提供了大力支持。在基础教育教学质量监测基金项目的支持下，2007 年我国基础教育

表 3.1.1　基础教育教学质量监测-基金项目统计

序号	名称	数量
1	国家教育部基金项目	83
2	国家自然科学基金项目	73
3	国家社会科学基金项目	48
4	省市基金项目	46
5	科技部国家科技计划项目	26
6	其他基金项目	3

质量监测中心成立（以下简称"中心"），全国各省市也纷纷建立省级教育教学质量监测中心；在各项基础教育教学质量监测基金项目的支持及中心的积极推动下，我国各教育研究机构顺利开展了基础教育质量监测的各项研究工作。

2. 基础教育教学质量监测相关学术研究论文发表情况

1979～2017 年的基础教育教学质量监测论文发表数量趋势如图 3.1.1 所示。

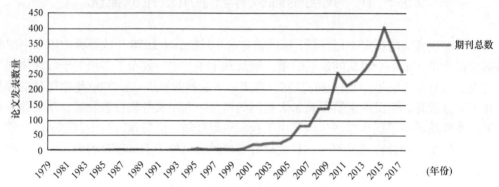

图 3.1.1　1979～2017 年的基础教育教学质量监测论文发表数量趋势图

从趋势图中可以看到，教育学者对基础教育教学质量的关注度大约从 1986 年开始增加，截至 2016 年 12 月论文发表数量总体呈上升趋势。

1986 年《义务教育法》的颁布与实施推动了学术界对基础教育质量的关注，从 1986～1994 年期间的基础教育教学的相关文章关注内容可以得到，大部分研究学者更加关注基础教育教学的"量"，例如推动全国基础教育工作的实施策略、加强基础教育资金投入；仅有少部分研究学者除关注全国基础教育的"量"外，还提出需要同时关注基础教育的"质"。

随着基础教育在我国的飞速发展，当数量达到一定程度的时候，人们对基础教育实施的"质"加大关注。1994～1995 年国家教委基础教育司与联合国儿童基金会为了把素质教育落到实处，加快我国部分贫困地区普及九年义务教育的步伐，提高全国基础教育教学质量，设立了"制定小学语文、数学学习标准及建立教学质量监测机制"项目。灵武市教育局教研室、吴忠市教研室等多个省市教研室提出要把素质教育落到实处就需要设立基础教育教学质量监测机制。

1996 年卢专文学者对小学数学学习质量监测体系进行了研究，明确指出提高义务教育教学质量并有效地对教学质量进行监测是目前我国基础教育亟待解决的问题，并针对该问题提出了建立监测体系的具体方法与步骤[①]。1997 年广州市人民政府教育督导室蔡婉学者意识到基础教育教学质量的重要意义，提出建立义务教育质量监测系统的构想，同时积极组织建立教育质量监测研究机构，大力推动广州市基础教育教学质量监测的相

---

① 卢专文. 小学数学学习质量监测体系的研究[J]. 湖南教育, 1996（11）：31-33.

关研究工作；同年国家教委督导司陈德珍提出，要使中小学摆脱"应试教育"的束缚，就必须建立学校督导评估制度和基础教育质量的监测制度，由此国家教委加大了对基础教育教学质量监测的研究工作。

1999 年教育部制定了《面向 21 世纪教育振兴行动计划》，这一计划为 21 世纪实施教育改革提供了施工蓝图，也使得更多的教育研究学者关注中国的基础教育教学质量。2000 年前后国际教育机构以及非教育机构纷纷开始实施国家内部以及多个国家参与的基础教育质量监测项目，这些项目的开展以及研究成果为全球基础教育的成果交流带来了新思路，同时也帮助各国建立国家基础教育质量年鉴。其中 2003 年 PISA 的测试结果引起了全球的轰动，对我国基础教育的实施也产生了较大的影响，我国各教育研究机构加大了对基础教育教学质量监测的研究工作，自 2003 年后我国对基础教育教学质量监测的论文发表数量持续稳步上涨，各项研究均提出要提高我国的基础教育教学质量需要构建中国特色的基础教育教学质量监测体系。

2007 年为进一步推进全面实施素质教育，提高基础教育质量，在新疆建设兵团教育局、北京大学、清华大学、北京师范大学、东北师范大学、华东师范大学、华中师范大学、西南大学、陕西师范大学等的推动下，经中央编办批复同意建立教育部基础教育教学质量监测中心。随着我国基础教育教学质量监测中心的成立，为了使全国基础教育教学质量监测更好地实施，各大高校积极开展相关研究工作，各省市也相继成立了省市基础教育教学质量监控中心，如上海市教育科学研究院、北京市义务教育教学质量监控中心、江苏省基础教育教学质量监测中心，在教育部基础教育质量监测中心以及各省级基础教育质量监测中心的积极推动下，各省市基础教育教学质量监测工作顺利展开。各教育质量监测中心分工合作，通过对基础教育教学质量监测的国际比较进行研究，以借鉴国外的先进监测理念，通过对本省市教育教学现状的研究并结合基础教育教学质量监测思想，2007 年我国基础教育部分学科的监测工作初步完成，为全面深入开展全国性基础教育教学质量监测，2007 年教育部决定在陕西、湖北、浙江三省进行全国基础教育教学质量监测试点，对学生数学学习质量和身心健康状况进行监测[①]。

自 2006 年上海向 PISA 提出申请并成为中国大陆第一个正式参加 PISA 的地区后，2009 年、2012 年、2015 年 PISA 均在我国选择了部分省市进行测试，2009 年首次参加测试的上海 15 岁在校生在阅读素养、数学素养以及科学素养三项测评结果的世界排名均为第一，该项测试结果引起了世界范围的震惊与关注，各国纷纷对我国的基础教育教学情况进行研究，积极组织研究学者到我国进行交流考察。这一举措极大地推动了我国基础教育教学质量监测的研究工作。各教育质量监测研究机构通过对参与 PISA 测试的其他国家以及我国参与测评地区的基础教育政策、资金投入、实施策略、教育组织形式、教育评价形式等展开深入的研究，并结合我国其他省市的基础教育现状对我国基础教育质量监测指标体系建立提供参考思路，为基础教育改革提出相关的建议等。

---

① 王友文. 教育部基础教育教学质量监测中心成立：对学生学习质量、健康状况等进行监测[N]. 中国教育报，2007，12（01）：01.

2015 年 4 月国务院教育督导委员会办公室印发《国家义务教育教学质量监测方案》，规定我国基础教育教学质量监测的基本要求，同年 6 月，我国基础教育教学质量监测中心正式在全国范围内对数学和体育实施测试。

3. 报纸对基础教育教学质量监测的关注情况

通过图 3.1.2 所示曲线的走势可以得出，随着我国基础教育教学质量监测体系的组建完善以及实施，报纸对基础教育教学质量监测的关注度逐年上升。从报纸上发表的与"教育质量监测"相关的文章数量来看，报纸对我国基础教育教学质量监测的关注从 2007 年我国基础教育教学质量监测中心成立开始，主要报道关于我国基础教育质量现状、我国基础教育质量监测工作进展情况等，省市地方报纸主要关注本省基础教育教学质量监测机构的成立以及研究工作的开展情况。

图 3.1.2　　1979～2017 年的报纸发表基础教育教学质量监测文章数量趋势图

二、我国基础教育教学质量监测的实施

我国基础教育教学质量监测的根本目的是监控全国基础教育教学现状，发现基础教育在实施过程中的问题，改进基础教育教学质量，为国家制定教育政策提供参考性的意见。因此，我国基础教育质量监测工作的具体实施过程中，其组织机构及形式、监测体系研制、监测实施机制、监测数据搜集与分析等方面都要依据我国的相关文件并符合我国的基本国情。

1. 相关文件支持

为了积极推进教育质量监测的相关工作，2010 年教育部颁布《国家中长期教育改革和发展规划纲要（2010—2020）》（以下简称《纲要》），《纲要》指出"提高义务教育质量，建立国家义务教育质量基本标准和监测制度"；2013 年教育部颁布《关于推进中小学教育质量综合评价改革的意见》（以下称《意见》），《意见》重点强调了基础教育教学质量监测的重要意义，指出"要大力推进中小学教育质量综合评价改革，建立健全中小学教育质量综合评价体系"，强调了基础教育教学质量监测对我国基础教育顺利实施的重要意义。

2014 年，国家颁布了《深化教育督导改革转变教育管理方式的意见》，强调我国基础教育教学质量监测工作的深入开展迫在眉睫，我国需尽快完善基础教育教学质量监测的指标体系。2015 年 9 月为全面贯彻落实《纲要》精神，充分发挥教育统计工作对教育管理、科学决策及服务社会的重要作用，教育部组织专家对 1991 年发布的《中国教育监测与评价统计指标体系（试行）》进行修订，并颁发了《中国教育监测与评价统计指标体系》。同年，为了建立义务教育质量监测制度，促进义务教育质量提升和素质教育实施，国务院教育督导委员会办公室出台《国家义务教育质量监测方案》（以下简称《方案》），详细说明了监测的原则、学科、对象、周期、内容等。

从颁布的与基础教育教学质量监测相关的文件可以看出，我国对基础教育教学质量越来越重视。因此，准确把握基础教育教学质量监测的根本目的，积极组织并有效地开展教育质量监测工作十分重要。

2. 组织机构及形式

教育教学质量监测项目是一个将抽象的内容可操作化、持续时间长、持续范围广、需要搜集全国范围内的大量的数据的项目，因此教育质量监测工作专业涉及广、专业技术要求高。对比分析国际众多教育教学质量监测组织机构及其形式，结合我国基本国情，我国基础教育质量监测中心的组织机构构成呈现多元化，组成成分不仅依托于权威的教育质量研究机构、教育测量与评价部门、数据统计与分析机构，还依靠社会团体；为了方便在各省市开展教育质量监测的相关工作，省级基础教育教学质量监测机构大部分由教育行政管理机构及其下属的事业单位组成。由于教育教学质量监测的目的有别于传统的考试，因此需要的研发力量和团队的人员组成都应是相关领域的专家，我国基础教育质量监测中心的核心成员由全国各大高校相关领域的知名专家、相关课程领域的课程专家、学科带头人、特高级教师等组成。

从组织形式上看，以教育部基础教育质量监测中心（以下简称"中心"）为领导核心，积极组织各部门对全国基础教育质量监测工作的具体实施与开展，培养省级基础教育质量监测人才，指导省级基础教育质量监测研究工作，加强各省市及各部门之间的交流，同时搜集并整理全国基础教育质量监测研究工作的成果，积极向上级部门汇报并制定教育质量监测工作简报，以向社会群众汇报工作进展；省级基础教育质量监测机构的基本职能是配合中心的各项指示对我国基础教育教学进行宏观监测，所得监测成果为国家制定教育政策提供支持与服务。

3. 监测体系的建构

我国教育质量监测体系的研发过程严格按照标准化程序进行，经过"监测框架的编制、指标体系的论证、测试题目的征集、封闭命题与审核、反复预试及工具修订"等十多个核心环节。研发的各学科基础教育质量监测指标体系均经过大量专家反复进行信度和效度的检验。为积极促进基础教育教学质量监测体系的构建工作，在研制过程中，"中心"多次组织召开各学科领域的教育质量监测培训会议、交流讨论会议，同时积极与国外教育质量监测机构沟通交流，吸引国外专家到访中国，并在"中心"以及部分高校开设基础教育质量监测相关课程、建立学术讨论小组等，国外专家学者的经验交流为我国质量监测体系的研制工作提供了大量的技术支持与指导。

监测框架的制定不仅要考虑学生在多大程度上达到了课程标准的要求，同时还要将学生的各方面能力、情感态度与价值观等加入指标体系当中。在监测内容方面更关注学生的整体发展状况，有别于传统的考试，教学质量监测既对照课程标准测试学生各学科学习的达成度，也对学生的身心健康状况、创新精神、实践能力、艺术素养等进行测试，还包括对影响我国义务教育教学质量的相关因素的调查，即通过调查我国教育教学质量中的学生、学校、教师、家庭、宏观社会环境因素，并将这些因素与教育教学质量做关联性分析，得到对当前教育教学质量影响最大的因素，并结合调查结果给出相应的改进教育教学质量的建议，测评结果也为教育决策提供依据。因此，在制定《国家义务教育质量监测方案》中规定的六项基本监测内容的框架时，主要依据的是教育部颁发的各个学科的课程标准，参照国外先进教学质量监测体系的监测内容及影响因素框架，并依据我国国情制定符合我国教育实际情况的监测指标体系。

4. 监测机制

在组织方式上，我国义务教育质量监测采用"抽取部分学生完成多份测试卷"的方式进行测试。科学精密的抽样设计可以保证样本能较为准确地反映区域的总体情况，且能大大降低监测组织成本，因此在全国范围内进行测试时，每个省（市）抽取部分学生进行测试；"多份测试卷"是因为教育质量监测要对照学科课程标准的每一项要求，对学生群体进行全面、深入、细致的考查，这就要求测查的内容覆盖面广，监测工具的题目量非常大，因此完整的测试内容无法由单个学生全部完成，需要将所有的测试题目按照现代测量技术的要求及方法被有计划、有目的地分配到不同份试卷中，组合后的每套试卷组成结构类似，测试内容的侧重点不相同，每位参加监测的学生只要随机完成其中一份即可；大量研究和实践表明，运用这种组卷技术可以减轻学生答题数量同时达到测试维度覆盖面广的效果，所获得的被测学生总体学业水平状况比传统测试方法下通过个体测试成绩平均数所得到的学生总体学业水平现状要更加准确、客观、稳定。

5. 监测数据处理与反馈机制

目前我国已经初步建立国家基础教育各级监测数据采集制度，以规范和统一的标准来收集分析基础教育监测数据，形成中央层面宏观设计、各省统筹协调、县域层面具体实施执行的基础教育监测数据采集体系，这样的体系使得命令执行效率更快、采集数据更高效。

在反馈机制上，教育部基础教育教学质量监测中心采取"个别反馈、分级报告、互不交叉"的监测报告机制，根据在基础教育监测中发现的问题，分期分批向相关部门呈送政策的咨询报告和简报，为中央和教育部制定教育政策提供重要的参考依据。委派专家到监测现场，以"集中解读，分散答疑"的方式对监测结果进行解读反馈，并将监测结果应用于教育教学的改进实践中，充分体现监测改进和导向供能[①]。

研究特别强调传统的教育教学的根本目的在于根据分数的排名选拔优秀人才，并且用分数对教师的教育教学水平进行单一化的评价，基础教育教学质量监测结果仅服务于改进当地教育教学质量，为制定教育政策提供参考依据。因此教学质量监测是对学生进行全面的评估，评估结果不允许对学生、教师、学校、地区等进行比较，因此整个监测过程中的数据及反馈结果等保密工作必须做好。

第二节　我国基础教育教学质量监测项目分析

一、基础教育教学质量监测项目概述[②]

我国基础教育教学质量监测项目是一项由我国义务教育教学质量监测中心（以下简称"中心"）组织开展的全国义务教育质量监测项目（National Assessment of Educational Quality，NAEQ）。该项目的法律依据为《中华人民共和国义务教育法》第五章第三十四条"教育教学工作应当符合教育规律和学生身心发展的特点，面向全体学生，教书育人，将德育、智育、体育、美育等有机统一在教育教学活动中，注重培养学生独立思考能力、创新能力和实践能力，促进学生全面发展[③]"，监测框架的研究与设计的根本依据为《全日制义务教育课程标准》。2007 年，在北京师范大学、华东师范大学、清华大学等高校的支持下，教育部级教育质量监测中心成立，"中心"的成立也标志着我国基础教育质量监测项目的正式启动。此后在"中心"及全国各省专家的努力下，教育部于 2015 年颁布了《中国教育监测与评价统计指标体系》，依照颁布的监测指标体系，同年教育部讨论并通过了《国家义务教育质量监测方案》（以下简称《方案》），《方案》对我国基础教育教学质量监测框架、监测周期、监测流程以及反馈机制进行了详细说明[④]。

我国基础教育教学质量监测框架包含了监测评价内容及监测关键指标，如表 3.2.1 所示。

表 3.2.1　我国基础教育教学质量监测框架

评价内容	品德发展水平	学业发展水平	身心发展水平	兴趣特长养成	学业负担状况
关键指标	行为习惯 公民素养 人和品质 理想信念	知识技能 学科思想方法 实践能力 创新意识	身体形态机能 健康生活方式 审美修养 情绪行为调控 人际沟通	好奇心求知欲 爱好特长 潜能发展	学习时间 课业质量 课业难度 学习压力

① 董奇. 基础教育教学质量监测体现中国特色和创新[N]. 光明日报，2012. 10. 5.

② 张烁. 国务院教育督导委员会印发《国家义务教育质量监测方案》[J]. 师资建设：双月刊，2015（2）：73-74.

③ 佚名.《中华人民共和国义务教育法》[J]. 校长阅刊，2006：6-9.

④ 张烁. 国务院教育督导委员会印发《国家义务教育质量监测方案》[J]. 师资建设：双月刊，2015（2）：73-74.

从表中可以看出，我国义务教育教学质量监测框架充分体现了教育培养"完人"的目的，评价内容丰富，包含品德发展水平、学业水平发展、身心发展水平、兴趣特长养成、学业负担状况。从关键指标可以看到传统考试测试的知识技能仅占学业发展水平中的一小部分，测评指标更多对学生的德育、美育、体育以及心理健康进行了测试。丰富的测评内容可以通过测评结果有针对性地改进基础教育，使学生在义务教育阶段身心健康全面发展。

《方案》规定义务教育质量监测根据框架以学科为单位实施监测，监测学科为数学、语文、科学、体育、艺术、德育。《方案》规定我国义务教育质量监测的一个周期为三年，每年监测两个学科领域，具体安排如表 3.2.2 所示。

表 3.2.2　我国义务教育质量监测学科安排

第一年	第二年	第三年
数学	语文	科学
体育	艺术	德育

依据义务教育课程标准对各学段各学科的划分情况，考虑学生认知和学习能力发展的阶段性特征，《方案》规定监测对象为义务教育阶段四年级和八年级学生；为了保证质量监测的客观性，《方案》规定监测以省（市、自治州）为单位分别采用抽样法选取调查对象；为了保证监测的顺利实施，《方案》指出教育部应积极组织培训省级监测人才，充分落实和完善教育质量监测的相关文件学习。

《方案》指出我国义务教育质量监测结果由省级监测中心统一搜集并将数据反馈到教育部基础教育质量监测中心统一处理与分析，教育部基础教育教学质量监测中心采取"个别反馈、分级报告、互不交叉"的监测报告机制，根据在基础教育监测中所发现问题的归口，分期、分批向相关负责部门呈送政策咨询报告和简报，为中央和教育部制定教育政策提供重要的参考依据。后期"中心"将委派专家到监测实践现场，以"集中解读、分散答疑"的方式对监测结果进行解读和反馈，并将监测结果应用于教育教学的改进实践中，充分体现监测的改进和导向功能。

二、全国义务教育质量监测项目进展现状[①]

自 2007 年教育部质量监测中心（以下简称"中心"）成立以来，充分吸收前期的研究成果及经验教训，积极组织开展全国义务教育质量监测指标体系以及测评工具的研发工作，同时在全国各省（市、自治州）展开教育教学质量试点监测工作，以更好地了解各省市基础教育现状，同时通过反馈结果对制定的指标体系以及测评工具进行信效度检验，使测评工具能更准确地反映全国义务教育教学质量现状。

2007 年教育部质量监测中心在浙江等三省市进行数学、德育以及相关因素的试点监

---

① 义务教育教学质量监测中心网站[EB/OL]: https://www.eachina.org.cn/eac/dcdt/ff8080812a ebfe4f012b148f86b100ac. htm, 2017.03.05.

测工作，监测样本包含了三省 15 个县区，295 所学校，295 名教师以及 14009 名学生，监测工作取得了较大的成功，为后续进一步研究打下了坚实的基础。

2008 年 1 月 20 日"中小学数学学习质量监测标准"专家研讨会在教育部质量监测中心召开，会议就"质量监测标准与课程标准的关系""制定质量监测标准时应注意的问题"，以及"如何对外公布质量监测标准"等有关数学学习质量监测标准的重要内容展开了热烈的讨论。此后，小学语文、艺术、科学等学科相继开展质量监测体系建构工作。同年，数学、德育以及相关因素监测试点工作继续在上海等 8 省（市）进行，语文、科学学习质量试点监测工作在山西省、辽宁省、重庆市三省（市）开展。

2009 年 5 月初学生科学学习质量监测工具的专家组独立命题结束，为了明确试题筛选和组卷的程序与原则，保证试卷的质量，"中心"组织专家组成员在北京师范大学展开试卷编制研讨会，会议对各命题团队提交的部分试题进行了评阅，对选题和组卷面临的主要问题进行了讨论，就科学监测选题原则和程序达成了基本共识。

2010 年"中心"组织召开了多次不同规模的相关因素监测工具研讨会，会议主要讨论了对我国义务教育质量影响因素进行监测的主题及内容框架，并在此基础上组织相关领域的专家团队，初步研发了相关因素的监测指标体系和测评工具。同年，语文、科学学习教育质量监测测试数据采集工作在四川、云南、天津、湖南、浙江、安徽、辽宁、海南等八省（市）同步顺利完成。

随后在"中心"的推动及省级教育质量监测中心的支持下，全国义务教育数据采集及初测工作均取得了圆满成功，这一结果为进一步顺利实施全国义务教育质量监测工作提供了基本保障。

2015 年为保障监测工作顺利实施，国务院教育督导委员会办公室委托教育部基础教育教学质量监测中心颁发了《2015 国家义务教育质量监测组织工作手册》《2015 国家义务教育质量监测现场操作手册》以及纸笔测试和体育现场测试操作规程及视频材料，指导省级义务教育质量监测中心更好地进行监测对象的抽样、完善监测工具、制定监测流程方案及紧急处理预案等。截至 2015 年 6 月 18 日，我国义务教育质量监测前期准备工作全部顺利完成，各省教育行政和督导部门成立了由分管领导挂帅，督导部门牵头，多部门协作联动的实施工作领导小组，制定了本地的实施工作方案，组建了视导员队伍，开展了实施业务培训；国家和省级教育督导部门对各样本县的测前准备工作进行了多轮巡查与指导，并制定了完善的应急处置方案和安全预案；责任督学全程参与和监督，各部门和相关人员认真按照现场测试的程序与规范操作。

我国基础教育教学质量监测工作取得了较大的进展，不仅组建了专业性强的专家队伍进行监测工作的指导和监测工具的开发，并且积极与国外教育教学质量监测项目的专家进行交流讨论，研发出了多学科、多领域的我国基础教育教学质量监测指标体系，同时在全国各地建立了基础教育教学质量监测中心，积极培养各省市教育质量监测人才，为顺利实施全国基础教育教学质量监测工作打下了坚实的基础。同时，"中心"建立了良好的监测结果反馈机制，使基础教育教学质量监测的目的更加明确，"指挥棒"效果更加明显。

三、教育部基础教育教学质量监测中心简报分析

《基础教育教学质量监测信息简报》（以下简称《信息简报》）由教育部基础教育质量监测中心编辑并发布在其官方网站上，第一期《信息简报》的出版时间是 2010 年 5 月，此后按高校上课时间为分界线，高校正常上课期间（每年的 3～6 月，9～12 月）每月出版一期，暑假和寒假各出版一期，平均每个完整的年份出版 7～10 期。根据出版规律判断，截至 2015 年 4 月《信息简报》共出版 50 多期，由于部分信息简报下载缺失，以下研究涉及可查阅《信息简报》1～16 期、19 期、22 期、24 期、28 期和 29 期、31 期、33 期和 44 期、53～56 期，其中有部分是连续的会议专刊，如 6～8 期、22 期、33 期是监测纪实专刊，31 期是监测高级讲习班专刊。

《信息简报》的报道内容主要包含三个版块，分别是国际视野、国内聚焦、工作动态（监测动态）。从第 9 期开始，增设"专题"版块，它包含两部分内容，国际上的专题研究及我国基础教育监测的专题研究，可将"专题"版块的内容分别归类于"国际视野"及"国内聚焦"版块。2012 年起发布的简报增加了"监测知识"版块，主要介绍教育质量监测的原理、方法等内容，本研究将其归入"工作动态"版块；从第 42 期简报开始，偶尔设置"好书推荐"版块，主要介绍关于教育质量及教育质量监测类的书籍，以下研究将其纳入"工作动态"版块进行分析。

以下分别从"国际视野""国内聚焦""工作动态"三个版块对《基础教育教学质量监测信息简报》进行介绍。

1. "国际视野"版块研究

"国际视野"版块主要包含两种类型的内容，一是介绍国际上比较著名的基础教育质量评价项目，如 PISA、TIMSS、NAEP；二是介绍国际教育研究新动态，包含 PISA、TIMSS、NAEP 等国外教育质量测评项目的动态，联合国教科文组织、世界银行、美国、芬兰、法国等的教育研究新动态。《信息简报》中第 2 期、第 4 期只包含第一类，第 3 期、第 5 期、第 9 期、第 10 期、第 13 期包含两种类型的内容，其余期刊只包含第二类。《信息简报》中出现两种类型的信息条数及在分类里所占百分比如表 3.2.3 所示。

表 3.2.3　"国际视野"信息分类汇总

类别	国际著名基础教育测评项目介绍	国际基础教育动态
信息条数	7	83
所占百分比/%	7.78	92.22

第一类"国际著名基础教育测评项目介绍"主要分布在第 2～5 期、第 9 期、第 10 期以及第 13 期，例如第 2 期介绍"国际学生评估项目 PISA"，第 3 期介绍"国际数学和科学趋势研究 TIMSS"，第 4 期介绍"美国国家教育进步评价 NAEP"，第 5 期介绍"国际阅读素养进步研究 PIRLS"，第 9 期介绍"非洲法语国家联盟教育系统分析项目 PASEC"，第 10 期介绍"南非东非教育质量监测 SACMEQ"，第 13 期介绍"拉丁美洲教育质量评价实验室 LLECE"。

除了以上期刊之外，其余期刊都属于第二类"国际教育研究动态"，包含国际上著名的评价项目的新动态、国际组织（如联合国教科文组织、世界银行）及国家（如美国、英国、法国）的教育相关的新动态。《信息简报》中第二类包含内容的信息条数及在分类里所占百分比如表3.2.4所示，由于世界银行、英国、法国等相关的教育新动态较少，将其归到"其他"类别中。

表3.2.4　"国际基础教育动态"信息分类汇总表

类别	OECD/PISA	IEA/TIMSS	NAEP	美国基础教育	联合国基础教育	其他
信息条数	49	6	6	5	8	9
所占百分比/%	59.04	7.23	7.23	6.02	9.64	10.84

由表3.2.4看出，在《信息简报》的第二类中关于PISA及其发起组织OECD的报道最多，占第二类总条数的59.04%。关于PISA及其发起组织OECD的内容包含OECD组织从学生未来必须具备的能力角度出发，分析PISA测评的结果、对比同一国家的测评结果走势以及世界不同国家之间的测评结果差异，得到经济合作组织对教育质量的改进期望以及该组织发布的关于教育质量监测的部分内容。PISA在我国《信息简报》中占比远远超过其他内容，其原因在于PISA是世界范围内的测试，我国部分省（市）已经参与其中，因此教育质量监测中心更为关注PISA的研究新动态，同时PISA是由非教育机构发起的教育质量监测，主要测评学生未来职业能力，这一测评目的与我国对知识的应用能力相似，因此对我国的基础教育质量监测的研究产生了较大的影响。

除PISA外，《信息简报》报道联合国的教育研究新动态占比最高，主要关注教育公平、全民教育、儿童的教育等内容；《信息简报》中关于国际银行的报道集中于其出台的政策加大了对经济弱势国家的教育贷款力度，保证教育的质量，为经济弱势国家的教育质量改进带来了经济帮助；《信息简报》中报道的关于国家的主要内容为各国对本国教育质量情况的调研结果与分析。

综上可以看出，我国密切关注国外教育研究新动态及世界各大教育质量监测项目，积极学习其先进教育理念、监测经验及先进的监测技术。

2. "国内聚焦"版块研究

"国内聚焦"版块主要报道我国基础教育及教育质量监测的情况，包含我国基础教育教学质量监测的宏观实施过程，基础教育质量监测准备及拓展工作等，整体上可以将内容分为三大类：教育政策、相关会议、其他。《信息简报》中出现三类的信息条数及在分类里所占百分比如表3.2.5所示。

表3.2.5　"国内聚焦"信息分类汇总表

类别	教育政策	相关会议	其他
信息条数	10	62	9
所占百分比/%	12.35	76.54	11.11

由表 3.2.5 可知,《信息简报》对"相关会议"的报道信息条数占比例最大,为 76.54%,关于"教育政策"和"其他"的报道条数相差不大。

相关会议包含教育均衡相关会议、教育质量相关会议、测评原理相关会议、基础教育体系相关会议、教育督导相关会议等,《信息简报》对"相关会议"的报道信息内容分类及所占百分比如表 3.2.6 所示。

表 3.2.6　"相关会议"的报道信息内容分类汇总表

类别	教育均衡	教育质量	测评原理	基础教育体系	教育督导	其他会议
信息条数	19	15	7	9	7	5
所占百分比/%	30.65	24.19	11.29	14.52	11.29	8.06

由表 3.2.6 可以看出,《信息简报》中与会议相关的报道中,关于教育均衡相关会议、教育质量相关会议所占的比重最大,分别为 30.65%、24.19%。这反映了我国在研究基础教育质量监测工具时时刻把握当前教育热点问题"教育质量"与"教育公平",只有紧紧把握当前教育热点,才能更好地制定适合当前的教育质量监测工具;同时我国积极关注与教育质量监测相关的理论研究,并通过教育督导制度使我国基础教育质量监测工作顺利展开。

根据《信息简报》对我国基础教育的报道,可以得出我国基础教育现阶段在师资力量(如免费师范生)、教育投入(如划定教育投入占总 GDP 的 4%)和相关政策(《国家中长期人才发展规划纲要(2010—2020 年)》)等方面做出了许多努力。

国家连续颁布教育质量监测相关文件以指引教育质量监测的研究方向,逐年增加的教育质量监测会议也体现了我国教育质量监测工作正紧锣密布地顺利展开;国家领导人习近平、胡锦涛等都特别强调"全面落实国家教育改革和发展规划纲要";中共中央在召开与教育有关的会议时,多次强调"创新驱动,实施科教兴国和人才强国战略的根本就是要积极提高我国基础教育的教学质量,促进学生的全面发展";教育部部长袁贵仁在发表讲话中表示"要全面推动我国教育事业实现科学发展"。

教育质量相关的会议包含全国教育工作会议、全民教育会议等,教育质量监测相关会议包含科学教育评测国际高层研讨会、全国义务均衡发展高峰论坛、中欧基础教育论坛、教育督导与评价国际论坛、中学校长大会、提高教育质量国际论坛等。

关于我国教育质量的相关会议的召开促使我国各省(市)积极配合教育部基础教育质量监测中心的工作,2011 年为进一步加强质量标准、建设完善质量监测体系,北京市基础教育相关部门宣布计划三年内推出"中小学生科学素质标准";同年安徽出台义务教育均衡发展状况监测方案,上海确定于 2012 年底全部实现上海市教育整体基本均衡发展,义务教育课程标准实验教材修订工作正式启动,《中国少年儿童十年发展状况研究报告》发布。

2012 年,全国上下重点推进教育的公平与均衡发展,全国政协委员针对"公平和质量是教育发展的时代追求"进行了说明,教育部"均衡发展义务教育巡讲活动"正式启动；国务院教育监督委员会成立，聘请了 171 位国家督学担任委员会成员；中法教育评估研讨会举行，就教育质量监测制度、监测机制完善等进行了探讨；我国基础教育教学质量监测各学科指标体系相关研讨会多次召开。

2013 年，教育改革工作继续，教育部启动了县域义务教育均衡发展督导评估工作，中小学责任督学挂牌督导制度，教育部实施启动了义务教育阶段农村校长助力工程，为了提高教学质量瓶颈，教育部将对学生进行"减负"研究。

2014 年，两会期间，李克强总理提出要促进教育优先发展、公平发展；上海在全国优先实现了县域义务教育均衡发展；中国教育报报道山东招远二十多年"100%指标到校"，保持了教育的均衡发展；教育部强调加强学生的体质建设和教育课程教材的改革，继续深化教育改革；2014 年我国国家财政性教育经费支出达 4.28%，达到了既定4%的目标；习近平总书记在北京师范大学考察时号召全国广大教师做党和人民满意的好教师；为落实习近平书记指示，培养党和人民的好教师，教育部启动了"卓越教师培养计划"。

2015 年，教育部正式发布《中小学生守则（2015 年修订）》；人社部、教育部联合印发指导意见，全面推开中小学教师职称制度改革；全国各大省（市）积极响应中央号召，针对"好教师"开展了各种活动；国家继续关注教育质量和公平的问题，提出对留守儿童的关注。

综上，"国内聚焦"版块聚焦国内基础教育教学质量监测的基本理论和前期必备工作，为教育质量监测的研究工作指明方向，使我国基础教育教学质量监测指标体系不断完善。

3. "监测动态"版块研究

"监测动态"版块聚焦国内的监测工作及部分国外的相关监测动态，与"国内聚焦"板块相比侧重于操作过程，相当于细致的教育监测工作记录，例如教育监测开了什么会议，会议完成了哪一步的工作；开展国际会议的主题是什么、有哪些国家参加等。根据《信息简报》的报道内容大致可以将其分为基础教育教学质量监测会议和基础教育监测现状总结会议两类。《信息简报》与之有关的信息条数及在分类里所占百分比如表3.2.7所示。

表 3.2.7　"监测动态"信息分类汇总表

类别	基础教育教学质量监测会议	基础教育监测现状总结会议
信息条数	87	15
所占百分比/%	85.29	14.71

根据《信息简报》中关于"基础教育教学质量监测会议"的报道内容又可以将其分为监测选题、质量监测、监测结果（报告）、监测工具/指标、监测培训、视察访问等类型。《信息简报》中"基础教育教学质量监测会议"相关的分类及在分类里所占百分比如表 3.2.8 所示。

表 3.2.8　基础教育教学质量监测会议分类汇总表

类别	监测选题	质量监测	监测结果	监测工具/指标	监测培训	视察访问	监测项目	监测督导	监测均衡
信息条数	2	29	13	17	8	12	2	2	2
所占百分比/%	2.30	33.33	14.94	19.54	9.20	13.80	2.30	2.30	2.30

综上可知，"监测动态"版块报道了我国基础教育质量监测工作进行的每一步，表现出了基础教育质量监测工作的任务繁重以及教育质量监测研究专家们的努力研究成果，同时也体现了我国基础教育质量监测工作进展顺利。

第三节　我国省市基础教育教学质量监测案例分析

省级基础教育监测项目是我国大范围开展全国基础教育教学质量监测的保障，也是各省（市、自治区）建立学生学习资料库的有效途径，各省（市、自治区）不仅可以根据自身的情况进行本土化的测评，实时把控本省的教育质量现状，推进地方教育质量的提升，同时也可以将测评结果反馈给上层各级教育部门，为教育部门深入研究学生学业成就情况提供参考，有助于教育部门调控教育方针与政策的制度。

一、北京市基础教育教学质量监控

为了深入贯彻党对教育的基本指示，提高北京市教育教学质量，自 2003 年起北京教育科学研究院基础教育教学研究中心便开始承担北京市义务教育教学质量监控评价系统的项目。北京市义务教育教学质量监测评价系统充分借鉴了国际优秀教育教学质量监测案例，以《全日制义务教育国家课程标准（实验稿）》为依据，根据北京市教育教学的实际情况积极组织专业人员进行研究，相继颁布了《北京市课堂教学评价方案》、《北京市简历义务教育教学质量年报制度的意见》、《北京市 2005 年度义务教育教学质量监控与评价手册（讨论稿）》等一系列文件，文件规定了北京市义务教育教学监测的学科、监测时间、监测方式、统计汇总以及报告形式等北京市义务教育教学质量监测工作的各项细则。《北京市 2005 年度义务教育教学质量监控与评价手册（讨论稿）》指出，北京市义务教育阶段教育教学质量监测的目的是通过监控与评价的实施，科学地评价北京市义务教育教学质量的现状，充分促进北京市义务教育教学，为政府及教育行政部门决策提供依据，为学校全面实施素质教育提供参考；北京市义务教育教学质量监测的学科为语文、数学、英语、音乐；监测主要采用标准参照测验，通过测验法和问卷调查法对抽样学校进行定量研究，通过个案研究法、教学视导法、教师教学叙事研究法等对北京市及其区县具有代表性的对象进行质性研究，定量研究与定性研究相结合，更准确地监测北京市及其区县的教育教学质量现状；监测结果为北京市各级教育行政部门提供了大量诊断信息，也为国家义务教育质量监测提供了参考，同时便于北京市各级各类学校了解北京市教学质量现状，积极改进教育教学，从而促进北京市教育教学更好的发展。

二、广州市教育质量监测项目

2005 年广州市教育局教研室根据广州市教育局《关于加强中小学生学业质量监测的通知》(穗教基教〔2003〕13 号)的精神，制定《广州市基础教育学生学业质量监测体系实施方案》(以下简称《广州市方案》)。《广州市方案》的主要目的是建构广州市中小学生质量监测体系，以配合新课程的实施，满足事业发展的需求，提高教学质量管理的科学化水平，促进开展教学评价以及考试改革。广州市教育质量监测框架严格按照我国教学大纲进行，关注学生知识与技能、过程与方法、情感态度与价值观，并通过对小学科学、语文、数学、英语等科目进行监测，以监测学生是否都满足新课程标准的要求。同时《广州市方案》还强调发展性评价的重要性，认为发展性评价注重学生在学习过程中的发展，可以从中监测学生的全面发展状况以及未来能力趋势，并能监测学生差异状况及相关发展因素。广州市中小学生学业质量监测体系实行市、区（县级市）、学校三级管理模式，同时建立全市中小学生学业质量抽样监测制度，以便对教学进行有效调控，充分发挥教育教学质量监测的评价功能。广州市中小学生学业质量监测分为两种形式，第一种是目标参照的水平性评价，一般采用纸笔测试，依据教学大纲或课程标准全面考查学科学习目标的达成情况；第二种是专项抽查，一般采用非纸笔形式或者纸笔与非纸笔测试相结合的形式进行，通过口语交际、实验操作、研究型学习等形式对学生的学习档案进行抽查。

三、上海市基础教育监测中心①

2009 年上海市教育委员会教学研究室为进一步推动全面实施素质教育教学质量，特成立"上海市教育委员会基础教育教学质量监测中心"(以下"简称上基监测中心")。"上基监测中心"的主要职责是制定上海基础教育质量标准并开发上海市基础教育教学质量监测工具，促进实施上海市教育教学质量监测工作并为上海市各区县开展基础教育教学质量监测工作提供技术支持和业务指导。2011 年"上基监测中心"经过研究，通过上海市教育委员会的认可，发布《上海市中小学生学业质量绿色指标（试行）》(以下简称《绿色指标》)。《绿色指标》严格基于国家课程标准、针对教学内容进行设计。《绿色指标》规定上海市教育教学质量监测主要采用纸笔测验的形式进行，监测试卷包括学生学业质量监测试卷以及教育教学影响因素背景问卷，学生学业质量监测科目为小学阶段语文和数学，中学阶段语文、数学、英语和科学，学生学业质量监测试卷设计框架不仅包含学科基础知识、基本技能，还包括学生的基本能力素养，例如搜集处理信息的能力、自主获取知识的能力、交流与合作的能力、创新精神与实践能力；背景问卷由学生背景问卷、教师背景问卷和校长背景问卷组成，主要对学生学习背景信息、教师教学相关情况及学

---

① 上海市教育委员会办公室关于成立基础教育教学质量监测中心的通知(上教委办(2009)21 号)[EB/OL]．http://www. fsou. com/html/text/lar/171174/17117447. html，2016. 10. 15.

校管理相关内容等进行调查①。上海市教育教学质量监测由区（镇或片）为单位进行组织评估，并将测试结果分析反馈到样本学校及教育各级部门，以直接对上海市的教育教学进行指导，发挥教育质量监测"指挥棒"的作用，从而从真正意义上促进基础教育教学的积极推进。

四、台湾地区义务教育质量监测体系②

台湾地区十分注重对本地区的中小学教育（台湾地区中小学教育又称九年教育，与大陆九年义务教育等同）进行评价，其教育部门相关规定的教育权限，其中第六项规定"教育统计、评鉴与政策研究"。1993 年 5 月 19 日，台湾地区教育主管部门委托"台湾教育研究院"针对《中小学学生学习成就建立常态性之资料库》建立台湾学生学习成就评量资料库，也叫台湾地区学生学习成就评量（Taiwan Assessment of Student Achievement，TASA）之建置规划。TASA 项目建立的主要目的是建立台湾中小学、高中及高职学生学习成就长期资料库，以追踪、分析学生在学习上的变迁之趋势，进而检视目前课程与教学实施成效，了解台湾教育的独特面与缺点等。1993～1995 年，"台湾教育研究院"委托台湾地区各大高校进行相关测评框架和试题的研制。从 1997 年起，"台湾教育研究院"除了组织全省学生参加国际 PISA 质量监测外，还组织学生参加本土化的质量监测。TASA 主要对台湾小学四年级和六年级，初中八年级，高中二年级以及高职二年级的学生的汉语、英语、数学、自然和社会五门学科进行监测，其监测框架主要依据《中小学九年一贯课程纲要》《能力指标》及《高中（职）课程纲要内涵》进行设计，不仅注重学生的知识水平的评价，还注重学生能力水平的评价，采用纸笔测验以及计算机上机测验的形式对学生进行测试，测试中通过对试题难、中、易的分类，将学生能力分为基础以下、基础级、精熟级与进阶级四类；通过问卷对学生的基本学习情况、教师教学现状、学校资源等内容进行调查；最后通过测试题目分析以及相关因素分析综合得到样本学校的教育教学质量情况，通过评估结果报告、试题分析报告以及技术手册报告三种形式对研究对象进行内部反馈或公开发布。

五、香港地区基本能力评价③

香港地区基本能力评价（Basic Competency Assessments，BCA）由学生评价（Student Assessment，SA）和全港性系统评价（Territory-wide System Assessment，TSA）两部分构成。SA 和 TSA 均对中文、英文、数学三个学科进行测试，其测试框架均根据《香港课程指引》制定，SA 是网上评价系统，由学校自主选择测试，主要目的是测试一年级到九年级的学生在语文、英语、数学三个科目的学习现状，计算机直接进行结果分析，及时将学生个人分析报告以及班级分析报告反馈到学校，促进学校教学的及时改进。TSA

---

① 中国新闻网[EB/OL]．http：//www. chinanews. com/edu/2012/04-05/3797259. shtml，2016. 10. 15.

② 台湾教育研究院[EB/OL]. http：//www. naer. edu. tw/files/11-1000-1408. php? Lang=zh-tw，2016. 10. 15.

③ 香港考试与评核局官方网站[EB/OL].http：//www. hkeaa. edu. hk/tc/sa_tsa/introduction/，2016. 10. 15.

是标准参照测验，常以纸笔测验和网上进行听力阅读测验的形式进行，要求全港所有学校的三年级和九年级的学生每年必须参与测试，六年级的学生单数年必须参加测试，双数年自愿选择参与测试。TSA 测试报告包括样本学校报告、题目分析报告、补充报告、学生基本能力报告四类，报告分别反馈到学校、社会、当地教育部门，以便于学校和教育各级部门监测全港三年级、六年级以及九年级的学生是否达到教育教学要求，并根据监测结果进行相应的教育策略、教育政策方针的制定与改进。2000 年，香港地区教育统筹委员会针对香港地区教育教学现状进行改革，制定《香港地区教育制度改革建议》，该建议提出要在全港范围内实施教育教学监测制度，针对不同学习阶段进行中文、英文、数学三个学科的基本能力的评价，并由此促进教育教学改革。2001 年香港考试与评核局针对三年级、六年级、九年级的三个学科基本能力评价的体系①。2004 年香港地区基础教育质量监测在全港小学三年级展开测评，并于 2005 年推展至小学六年级，到 2006 年评估推展至中学三年级。之后每年香港均会选择不同地区的小学、中学进行不同科目的教学质量监测。我国义务教育质量监测案例如表 3.3.1 所示。

表 3.3.1 我国义务教育质量监测案例

	国家级	北京市	广州市	上海市	香港地区	台湾省
组织单位	教育部	北京市教委	广州市教委	上海市教委	香港地区教育统筹委员会	台湾省教育主管部门
目的	对全国及各省市基础教育教学质量进行客观评价，为学校改进教学策略提供参考，为国家制定教育方针政策提供参考依据					
测评方式	纸笔测试及现场工具测试，部分市级还采用了教学录像及档案袋法					
学科领域	语文、数学、科学、体育、艺术、德育	基础教育阶段涉及所有科目	义务教育阶段各科	语文、数学、英语、科学	中文、英语、数学	汉语、英语、数学、自然和社会
周期	三年，每年监测两个学科	每年	每年	每年	每年	三年，每年测查一个学习阶段
对象	四年级、八年级	五年级、八年级	一个学科在不同学段只选择一个年级抽测，不同学科适当错开年级	四年级、九年级	三年级、六年级、九年级	四年级、六年级、八年级、高中二年级、高职二年级

第四节 我国基础教育教学质量监测的问题探析

由于我国长期处于社会主义初级阶段的基本社会性质以及我国民族数量多，义务教育普及速度慢，教育教学质量很难得到保证。为了解决我国基础教育教学质量这一教育

---

① 胡进. 香港中小学全港性系统评估概况与启示——兼与北京市义务教育教学质量监控评价系统比较[J]. 上海教育科研，2011（6）：46-50.

难题，我国基础教育教学质量监测工作正逐步扩大测试范围并规范测试体制，但由于我国基础教育教学质量监测起步较晚，仍存在大量问题。

目前我国基础教育教学质量监测机构仍然不够成熟，虽然已经建立起部分地区的教育教学质量监测中心，但是全国范围内的监测站还在陆续建立当中，监测中心的责任制度还有待完善。虽然我国已经依托于各个教育监测中心初步建立起基础教育教学质量监测体系，但由于我国基础教育的课程标准在不断更新，我国到目前为止还没有建立起完整的国家基础教育质量标准，因此统一的教育质量监测体系需要根据每次的监测结果逐步完善。例如，对学生综合实践活动的水平和能力的评价框架及细则的完善；通过监测实施过程中遇到的问题与解决方案，对教育质量监测实施手册进行改进。

我国的基础教育起步较晚，信息化普及更晚，因此全国范围内的监测数据采集以及处理系统还没有完善。虽然有学者已经指出"我国已经初步建立了国家基础教育各级监测数据采集制度，以规范和统一的标准来收集和分析基础教育监测数据，形成了中央层面宏观设计、各省统筹协调、先域层面具体实施执行的基础教育监测数据采集制度体系"，但同许多国家相比，我国的信息数据采集硬件设施还没有跟上，从中央到地方都还没有制定监测者、被监测者、监测实施过程等一系列的责任制度。同时，由于我国是中央集中管制，地方执行的形式与教育本身实行的形式相同，因此还没有实现实施与评价机构的脱离，可能会存在数据不真实的现象。由此社会群体也会有相同的疑问，因此各级机关机构需要做好教育教学质量监测的普及说明工作，以减少社会质疑的声音。

因此，我国教育教学质量还需在探索中积极改进，以探索更具公平性和科学性的教育教学质量监测体系，为探索全面评价学生的发展水平的方法做出贡献。同时扩大监测范围，建立覆盖全国范围的教育质量监测网，为建设全国学生教学质量发展档案袋打下坚实的基础。

第四章　民族地区教学质量监测现状与分析

由于民族地区偏远的地理位置、独特的语言环境、不同的文化传统和风俗习惯等各方面的特殊性，与国内非民族地区相比，其教育质量也必然有着一定的不容忽视的独特性，开展民族地区教育质量监测就不能不考虑和面对这种独特性。

第一节　民族地区教育的独特性

绝大多数民族地区教育情况与非民族地区存在着很大的差距。教育部民族教育司司长阿布都认为："中西部教学的差距主要在哪里？双语教学和理科教育是其中的关键因素。"[①]2013年教育部民族教育司在年度工作要点中也明确指出要重点加强民族地区理科教学："以理科教学为突破口，全面提高民族地区基础教育学校教学质量"。[②]《全国民族族教育科研规划（2014—2020年）》中同样强调民族地区具有其特殊性，需要特别重视其教育质量的监测，在监测时需要考虑其民族以及地区的特殊性[③]。

民族地区所处的地理区域、经济状况、传统文化、风俗习惯、语言环境和当前政治环境的特殊性造成了民族地区教育的独特性，需要对现行的民族地区的教学质量的监测有一个更好的认识，对其中存在的问题给出一个相对优质的解决策略。

我国是一个多民族多文化的国家，在漫长的历史发展过程中，不仅形成了相对集中的民族聚居区，而且形成了特色迥异的自然环境、历史进程、社会关系和世俗文化，许多少数民族拥有自己的语言和文字。各方面的差异，事实上已经使得民族地区的教育呈现出与内地教育不同的特性。

一、教育环境的独特性

教育环境的独特性，包括自然环境的独特性和人文环境的独特性。

1. 自然环境的独特性

第一，独特的自然环境引发独特的教育形式和教育问题。从自然环境方面来看，少

---

① 王珍. 专家呼吁：大力培养民族地区理科人才［N］. 中国民族报，2012-6-26：2.

② 教育部. 教育部民族司 2013 年工作重点[EB/OL]. [2015-12-1]. http：//www. moe. edu. cn/publicfiles/business/htmlfiles/moe/A09_ndgzyd/201302/147691. html.

③ 教育部. 全国民族教育科研规划（2014—2020 年）[EB/OL]. [2016-10-31]. http：//www. moe. edu. cn/publicfiles/business/htmlfiles/moe/s5972/201411/178341. html.

数民族聚居地区占全国面积一半以上，主要是高原、山地、草场和林区，所以少数民族中有很大一部分人从事畜牧业，这和汉族主要从事农业形成不同的经济类型。中国的五大牧区均在少数民族地区，从事游牧业的人几乎都是少数民族。我国少数民族地区大都分布在祖国的边疆地区，如内蒙古自治区、新疆维吾尔自治区、西藏自治区、广西壮族自治区等，我国少数民族有许多是跨境民族或分布在祖国的边疆地区，在中国漫长的边境线上有 30 多个少数民族跨境而居；我国有些少数民族分布在自然条件恶劣、资源匮乏的地区，如宁夏回族自治区的回族等；有的少数民族还散杂居于国内其他自然条件相对较差的地区，如湖北武陵山区的土家族等。这些民族地区共同的特点是地广人稀、自然生态脆弱、条件艰苦，办学面临着更为艰巨的任务，学校的布局调整、办学条件的改善等各方面都受到很大的制约，难免遭遇重重困难，使得民族地区的基础教育面临的问题也具有明显的独特性。例如，为了适应牧区孩子的特殊情况，民族地区不得不采取马背小学、帐篷小学这些独特的教育形式，这些教育形式所面临的问题集中反映在学生的入学率、巩固率、升学率等方面，而这些问题长期难解并一直是民族教育中存在的问题，当然与自然环境恶劣、交通不便、寄宿制办学等有着十分密切的关系①。

　　第二，独特的自然环境成就了民族地区特有的课程资源。课程资源有广义和狭义之分，广义的课程资源是指课程开发中一切可资利用的、有助于实现教育目的、达成课程目标的经验、知识、观念、人力、物力、财力、环境等因素，包括生命与非生命的、物质与非物质的、显性与隐性的各种因素；狭义的课程资源则是那些能够直接进入课程领域，服从并服务于课程教学的因素，包括学校的教材、教具、仪器设备等有形的物质资源，也包括教师的能力水平、学生已有知识和经验、家长的支持态度等无形的资源②。总的来说，课程资源可以分为有形的物质课程资源和无形的人文课程资源。少数民族地区的地质、生物、气象等方面都属于有形的物质课程资源。地质方面，少数民族地区大多处于边疆地区，山川奇伟、风光旖旎，地质地貌复杂多样，山地、高原、丘陵、湖泊、沙漠、隔壁、绿洲、冰山等自然风貌雄奇迷人。气象方面，西北地区干旱少雨，昼夜温差大；西南地区为山地立体气候区，从海拔几百米至几千米的陡坡上真可谓是"十里不同天"；东北地区夏季高温多雨，冬季寒冷干燥。生物方面，东北的针叶林，四川大熊猫，西藏藏羚羊、牦牛等。少数民族地区的特殊的环境造成了其特殊的资源性，为少数民族教育中课程资源的开发提供了很多的独特素材。

　　第三，独特的自然环境需要强化环保意识的培养。民族地区大都地处偏远，经济落后，但地下资源丰富，在经济时代，民族地区不可避免地面临着生态环境保护与自然资源开发的双重矛盾。因此在公民素养中，环境保护意识成为不可或缺、亟待养成的基本要素。

---

① 王鉴.西北民族地区多元文化与教育问题研究[J]. 当代教育与文化，2009（1）：10-13.

② 马正学. 西北少数民族地区校本课程开发研究[D]. 西北师范大学博士学位论文，2004.

2. 人文环境的独特性

第一，自然环境的差异造成人文环境的不同。由于少数民族地区迥异的自然资源和偏远的地理位置，民族地区的少数民族文化与内地汉家文化有很大的差别，这主要反映在宗教、习俗、语言等方面。例如，新疆的维吾尔族拥有自己的语言和文字——维文，属于突厥语系，与汉语截然不同。由于环境的差异，维吾尔族的生活习俗、音乐与绘画等艺术风格也都完全不同于内地汉民族及其他民族。

第二，独特的人文环境引发独特的教育需求。由于人文环境的巨大差异，民族融合的教育成为一些民族地区教育的重要内容。我国的少数民族的历史和汉族一样悠久，在漫长的历史长河中，少数民族同样形成了相对完整的文化体系并且保存到今天，这些文化既是少数民族赖以生存的精神食粮，又是中华民族文化中不可或缺的宝贵财富。中华民族文化体系中包括了少数民族文化的丰富内容。面对当前的形势，我们既要寻求在中华大民族文化统一意义上的民族融合，又要考虑在多元文化教育理念下对民族文化的保护。在教育领域，可以说民族文化是一个需要充分考虑的独特因素，这不仅是由民族教育与民族文化的关系决定的，更是由民族成员的情感和价值决定的。在民族教育事业的发展中，民族语言和民族文化成为十分重要的政策焦点。正因为这样，我国历来重视民族教育与民族文化的关系问题，并把民族教育作为传承民族文化的重要途径，把民族文化作为民族教育的重要内容，如今民族教育更是承载民族团结和祖国统一意志的重要手段。这一切不仅使得民族地区的教育内容更加丰富，同时也因此使得民族地区基础教育的教育方式、课程结构（包括课时分配）等面临全面的调整，使得民族地区教育负担更重。

第三，独特的人文环境也是一种独特的课程资源。与汉家文化和风俗习惯相比较，很多民族都表现出很大的不同，这也成为民族地区基础教育独特的课程资源，也可以说是属于少数民族地区教育的无形的人文课程资源。例如，民族地区特有的生产生活知识和经验、风格独特的绘画和音乐、地方性体育和游戏项目等，都可以被引用到学科教学和学业测试中来。

二、教育政策的独特性

从历史方面来讲，中华民族是一个多元一体的不可分割的整体，"我国民族的现状是几千年的历史过程所形成的，它的主流是由许许多多分散孤立存在的民族单位，经过接触、混杂、联结和融合，同时也有分裂与消亡，形成一个你来我去、我来你去，我中有你、你中有我，而又各具个性的多元统一体。在这一过程中，我国汉族主要聚居在农业地区，除了西北和西南外，可以说凡是宜耕的平原几乎全是汉族的聚居区。同时在少数民族地区的交通要道和商业据点一般都有汉族人长期定居。这样汉族人就大量深入到少数民族聚居地区，形成一个点线结合、东密西疏的网络，这个网络正是多元一体格局的骨架。"[1]在这样一个格局中，首先需要坚持国家教育事业的统一发展，其次考虑各民族地区教育的特殊性要求，也就是说，民族教育既要"全面贯彻党的教育方针"，[2]又要考虑各少数民族传统教育的独特发展。

从社会发展水平来看，在中华人民共和国成立前，各民族发展所处的社会阶段水平各不相同，汉族地区基本上是从一个半殖民地半封建的社会进入社会主义社会的，而少数民族地区的情况却相对滞后，有些民族是从农奴社会直接进入社会主义社会的，还有些少数民族地区是从相当于原始社会后期的发展水平进入社会主义社会的。社会发展起点的不同，使得少数民族地区教育的整体水平偏低。

从地域发展方面来讲，大部分少数民族都居住在边疆甚至边境地区，而且基本上居住在山林、高原、沙漠和草原地区，地理位置的限制、交通不便等原因，也造成多数民族地区的经济和教育落后于汉族地区。

考虑到这些特殊性，我国在政策制定上对少数民族予以倾斜和扶持，表现在发展民族教育事业方面，长期以来采取的是"重点扶持""优先发展"的政策，通过高考降分录取、公共教育资源向民族地区倾斜以及中央财政加大对民族教育的支持力度，全面提高少数民族和民族地区教育发展水平。这些举措对提高少数民族入学率、升学率等确实起到了很大的作用。

由于一些地区是少数民族聚集区，如新疆南疆地区少数民族人口占到 91.11%[3]，这里的日常交流语言主要是维吾尔语。中小学校虽然一直都在进行国家通用语言教学，但由于缺乏语言交流环境，除了课堂教学以外，主要还是用少数民族语言交流。加上地理上的原因，使得偏远地区特别是农牧区少数民族与内地发达地区的交流很少，造成少数民族地区中小学校与内地发达地区中小学校交流较少。基础教育整体水平较内地基础教育水平要低很多。

另外，从恢复高考以来，国家对少数民族考生一直都有"加分政策"，这项对少数民族予以照顾性"扶持"和"优先"政策的实施，客观上也增加了一些少数民族学生的惰性，致使其对学习的认知和能力需求降低要求。相对而言，少数民族教师的整体素质和水平比内地发达地区的教师素质和水平要低。这些都是导致民族地区学生的整体学业水平比内地发达地区的整体水平低的重要原因。

三、教育模式的独特性

少数民族地区的中小学教育大体上分两类：一类与内地的中小学教育完全相同，学生主要是汉族学生，为了方便叙述，我们姑且称之为汉族教育；另一类就是俗称的少数民族教育或简称民族教育，学生主要是少数民族学生。为了积极发展民族教育，支持民

① 费孝通. 中华民族多元一体格局理论[J]. 北京大学学报，1989（4）.

② 教育部. 国家中长期教育改革和发展规划纲要（2010—2020 年）[EB/OL]. [2016-10-31]. http：//www. edu. cn/liang_ji
_780/20100120/t20100120_441195. shtml.

③ 王娟. 新疆南疆地区少数民族地区村域经济调查研究[D]. 塔里木大学硕士学位论文，2015：14.

族中小学学校的建设发展，国家开始在少数民族地区民族学校推行"双语"教学模式，并斥巨资设专项培训"双语"师资。

"双语教学"目前主要有三种教学模式，即"民族语授课加授汉语""汉语授课加授民族语""以民族语授课为主逐步过渡到以汉语授课为主"①。

实施双语教学，主要是基于这样一些考虑：

第一，国家改革开放后，少数民族也要实现自身发展，要参与更大范围的社会流动，如升学、就业、打工、经商、去沿海地区投资等。为了缩短民族地区和汉族地区的经济差距，促进社会流动，减少语言障碍，应民族地区发展的需要和少数民族自身发展的需要，在民族地区要大力推广民汉双语教学②。

第二，就个体而言，少数民族在学习好本民族语言的基础上，只有通过掌握熟练的汉语，才能够跨越文化上的障碍，融入国家先进的主流文化当中，具备顺利进入现代化社会的主观条件，获得个人在社会上更大的发展空间，也才有可能在现代化过程中最快地与汉族处于同一水平。

第三，终止恶性循环，促进民族进步。实施双语教学和双语教师培训，打开了横亘在民汉教师之间的语言障碍，使得民汉教师之间的业务交流和研讨成为可能，为提高少数民族师资水平和教学水平起到了重要的作用，也为不同民族之间的沟通理解打开了方便之门。

在我国的 55 个少数民族中，除了回族、满族和土家族三个民族通用汉语外，其他少数民族使用的少数民族文字共有 39 种②。在当前国际大背景下，只有国家的政治、经济、文化和社会一体化进程得到保证，国家的统一才能够得以巩固。在民族地区特殊的地理环境和经济环境下，双语教学成为在少数民族地区教育中必不可少的一种教学模式。同时双语教学也是我国民族地区教育中一个重要特点。事实上，在中华人民共和国成立以来，一直都存在着少数民族接受汉语教学的教育实践，事实证明，对提高教育质量确实有效。然而作为一种教育模式进行全面推广，特别是在师资水平问题比较严重的情况下，"双语教学"这种教育模式的独特性成为民族地区教育问题的焦点。

四、教育对象的独特性

在少数民族地区，大多数少数民族教育水平远远滞后于汉族教育，这也是不争的事实。这些年，围绕少数民族教育教学的相关问题，特别是与少数民族学生学习相关的问题，许多少数民族地区师范院校的研究生开展了大量的调查和分析。虽然各地的情况不尽相同，但也反映出了一些共同的、根本性的特点，与非少数民族地区差异比较大。除了学科知识的认知欠缺之外，还有一些比较突出的特点，选择与理科教学密切相关的几个重要方面阐述如下。

① 禹萌萌，王彪. 浅谈西部民族地区教育发展[N]. 青年与社会，2014-1（1）：173.

② 中国民族宗教网. 民族地区为何要实施民汉双语教育[EB/OL]. [2016-11-08]. http：//www. mzb. com. cn/html/Home/report/140722362-1. htm.

第一，大部分少数民族地区的少数民族学生，喜欢观察直观的现象或图像、视频等，并进行简单的过程分析，但不喜欢复杂的理性思维，对图像的兴趣只是停留在感性的层面。例如，新疆师范大学 2017 届研究生在新疆和田地区某中学对八年级 130 名、九年级 100 名少数民族学生开展了问卷调查，选取部分调查结果如图 4.1.1～图 4.1.4 所示[①]。

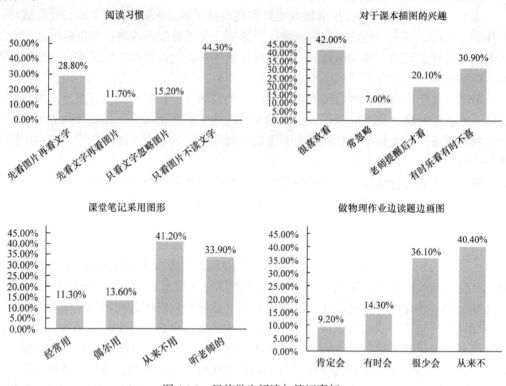

图 4.1.1　民族学生阅读与笔记喜好

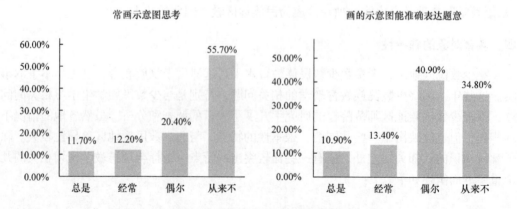

图 4.1.2　民族学生应用图像情况

① 冯建瑞. 运用图形表征克服物理双语教学中语言障碍的研究[D]. 新疆师范大学硕士学位论文，2017.

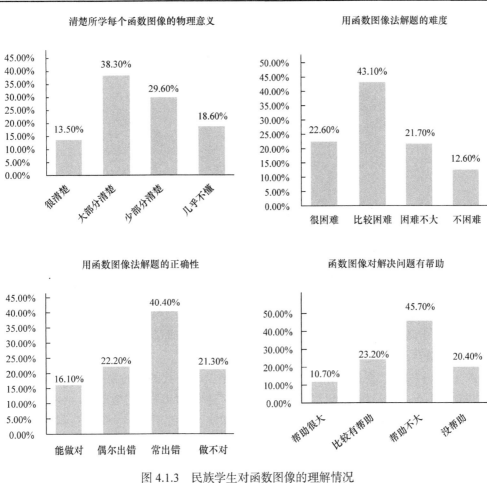

图 4.1.3　民族学生对函数图像的理解情况

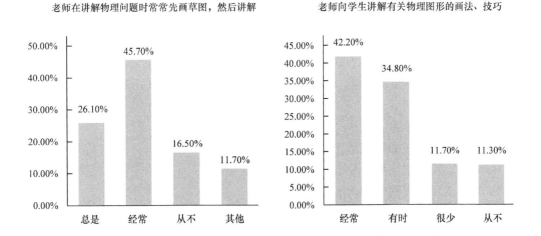

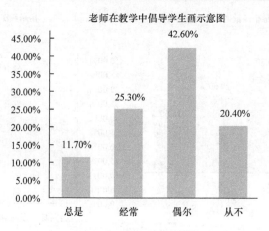

图 4.1.4　　民族学生用图情况

　　图 4.1.1 中数据显示学生在浏览报纸、杂志时，大都偏向阅读图片而非文字，对于阅读课本中的插图，学生的关注度也还是比较高的，其比例与日常阅读中的表现比较一致，但在做课堂笔记时和做物理作业时，多数学生却不会借助图形式。

　　图 4.1.2 中两组数据显示，上述问题主要是学生在物理学习中大多不会通过画示意图进行思考，对自己画示意图能准确表达题意没有信心。

　　图 4.1.3 中四组数据显示，大部分学生觉得清楚了函数图像的物理意义，但对用图像解题却颇感困难，而且出错率比较高，甚至认为对解决问题没有帮助。

　　从上述数据可以看出，学生对图片的兴趣和注意远大于文字，但是在示意图和函数图像层面进行理解以及思维加工的学生，优秀者也仅有 10%，而完全不感兴趣、没有成就者将近 2/3。而从图 4.1.4 的调查情况来看，问题恐怕主要还不在教师。

　　第二，学生喜欢实验，但更喜欢看有趣的实验或动手做简单的实验。

　　大量的教学实践和调查都表明，少数民族学生非常喜欢实验，然而更进一步的调查表明，这种兴趣水平感性成分比较多，大部分学生对实验过程中的理性思维以及复杂的操作过程兴趣不大，违规操作的现象比较普遍，导致实验教学的效果并不理想。例如，新疆师范大学 2016 届研究生在新疆吐鲁番市城、乡四所学校，对八年级和九年级少数民族学生发放了 387 份有效问卷，就少数民族学生对实验的态度展开调查，选取部分调查结果如下[①]。

　　1. 你喜欢什么样的实验方式？（可多选）

　　A. 教师在讲台上做的演示实验（57%）

　　B. 学生在实验室内做的分组实验（22%）

　　C. 课本上没有提到的创新实验（49%）

　　D. 自己设计自己动手做的实验（37%）

　　E. 生活中各种小制作（52%）

---

①　喀迪尔·亚库普. 少数民族学生物理实验技能的培养方法探究[D]. 新疆师范大学硕士学位论文，2016.

2. 你对物理实验感兴趣的原因是什么？（可多选）

A. 物理实验很有趣，能做我们没有做过的（62%）

B. 无论老师或自己做实验都觉得很自由（53%）

C. 实验室学到的能在生活中用得到（17%）

D. 能学到书上学不到的知识（29%）

E. 其他（5%）

3. 你有时候讨厌物理实验原因是什么？（可多选）

A. 用汉语讲听不进去，实验手册也看不懂，只能模仿老师做法，很苦（54%）

B. 不需要我动手做实验，理解就行（26%）

C. 实验操作看上去简单，实际上实验过程太繁杂（50%）

D. 实验课教师教得不好（6%）

E. 让做实验就模仿别人做了，也不知道做的是什么意思（35%）

4. 课前老师没有进行物理实验规律解释的情况下，你自己看物理实验手册中的实验操作步骤，对整体实验思路你能否完全理解？

A. 能（11%）　　　　　　　　　　B. 大部分能（35%）

C. 一小部分能（40%）　　　　　　D. 不能（15%）

5. 在物理课实验堂上，你学到的东西对你有用吗？

A. 能更好理解物理现象，也能开发思维能力（28%）

B. 试卷上遇到实验操作题才有用（31%）

C. 培养动手能力，生活上也能用得到（17%）

D. 实验跟我没有关系，考试拿到分就行了（24%）

6. 在物理分组实验课上，你的时间够不够用？

A. 几乎所有实验操作、报告册都能完成（11%）

B. 做实验，刚完成一半就时间到了（29%）

C. 实验操作能完成，但不知道怎么写实验手册（39%）

D. 不做实验，完成报告册就行了（21%）

7. 在实验室分组实验，有时候没能完成的原因是什么？（可多选）

A. 实验手册看了也不太明白，且实验操作完全用汉语讲就听不懂（36%）

B. 实验器材缺乏，我们轮流换用或借用其他组的器材，浪费时间（16%）

C. 部分器材调半天了也不好用，器材质量太差，容易出毛病，耗时太多（19%）

D. 每次在操作过程出现的小问题，不能靠自己迅速排除，就头疼或失望，就放弃（29%）

针对教师进行问卷调查，结果如下：

8. 实验室内进行实验教学的最大难点在哪里？（可多选）

A. 进入实验室学生不好管理，容易分散注意力，总想玩一会儿（50%）

B. 学生不按步骤做，操作不规范，破坏性太强，容易损坏实验器材（80%）

C. 学生几乎同时叫我去纠正，学生自主探索、解决问题能力差（95%）

D. 实验操作容易教，可学生不能在实验手册上填写、分析、并总结出规律（80%）

9. 您认为，学生在实验室内进行实验时，遇到的最大问题在哪里？（可多选）

A. 进入实验室，不知道做什么，看手册也看不懂怎么做（30%）

B. 经常不能处理实验过程出现的问题，只能等靠老师的帮助来处理（95%）

C. 实验操作完成了，但不知道怎么记录实验数据，分析或总结（65%）

D. 探究实验不能探究，不会自己设计实验，不知自己要什么器材，需要什么数据（95%）

E. 学生不会用实验器材，不会自主选择器材或怎么进行调节（55%）

第三，运用汉语学习存在较大的语言障碍。

新疆师范大学 2014 届研究生在乌鲁木齐市某中学内初班师生中开展了问卷调查和访谈，其中一则与教师访谈的记录如下。

问：内初班民考民学生还有哪些方面比较薄弱？

答：一遇见文字型题目，就比较害怕，比较排斥，每次都是最后一个做文字比较多的题目。不能完整、整洁的解答问题，要么就是空着不做。

另外一条与学生访谈的记录如下。

问：你们学习当中还存在哪些问题？

学生甲：害怕做文字多的题目，不喜欢做实验题，计算题的文字说明不会写。

学生乙：由于各科目的作业太多，我反应比较慢，做作业所花费的时间比较长。

学生丙：物理不要讲得太快，讲快了不懂有什么用，大家都没有信心学了。对知识点不能正确掌握，作业错的多，我们就不想订正了，不订正作业还不如不做作业。

学生丁：上课听不懂容易成为我的思想包袱，就不想听后面的东西了。觉得老师应该慢慢地讲解，各学科的作业量需要协调。

这些访谈以及大量的调查都指出了，在以汉语进行学科教学的实践中，少数民族学生遇到的最大的障碍是语言障碍，并已严重地影响到学生学习的方方面面。

第二节　民族地区教育质量监测现状

由于历史、自然等原因，少数民族地区的经济社会发展滞后，教育基础薄弱，民族素质不高。同时，教育落后又导致经济发展滞后，教育对经济发展的贡献有限，难以带动民族地区经济、社会、文化的整体提升，由此陷入教育与经济相互影响的恶性循环中。显然，要破解这一对矛盾难题仍然必须从教育本身入手，要充分发挥出教育的先导性、前瞻性作用。实施国家基础教育质量监测的目的在于了解基础教育阶段学生的学习和身心健康的状况，掌握影响学生发展的相关因素，准确报告基础教育质量的现状，为教育决策提供科学依据；对引导教师、学校和家长、社会树立正确的教育质量观，促进少年儿童综合素质的提升和身心的健康发展具有重要意义。

2007 年，教育部依托北京师范大学成立了教育部基础教育质量监测中心，监测中心的成立应该被视为我国的基础教育质量的起始点。2010 年，教育部颁发的《国家中长期教育改革和发展规划纲要（2010—2020 年）》写到"建立了国家义务教育质量基本标准和监测制度"①。2013 年，教育部出台了《教育部关于推进中小学教育质量综合评价改革的意见》，并颁布《中小学教育质量综合评价指标框架（试行）》（以下简称《框架》），同年确定了上海市等 30 个地区成为国家中小学教育质量综合评价改革试验区。2015 年 4 月，国务院教育督导委员会办公室印发《国家义务教育质量监测方案》，标志着我国义务教育质量监测制度的建立②。这次评价从 6 月开始首次对数学和体育课程展开测试。根据《国家义务教育质量监测方案》，2017 年 6 月将开始科学和德育的测试。

由于民族地区偏远的地理位置、独特的语言环境、不同的文化传统和风俗习惯等特殊性，其教育质量的状况也有着其独特的方面。在民族地区的理科教育应该给予更多的重视。教育部民族教育司司长认为："中西部教学的差距主要在哪里?双语教学和理科教育是其中的关键因素。"③因而 2013 年教育部民族教育司在年度工作要点中指出要重点加强民族地区理科教学，明确提出，"以理科教学为突破口，全面提高民族地区基础教育学校教学质量"。

各少数民族地区的基础教育质量监测在国内的总体监测体系发展过程中起步较晚，相对于浙江、上海等经济、教育发达省（市）存在着不能忽视的差距。但是，我们也看到了少数民族地区在国家的支持下，教育监测从无到有、从有到繁的发展。以下将分别对民族聚集的几个边疆省份的教育监测现状进行叙述。

一、新疆维吾尔自治区教育质量监测状况

2010 年，中央新疆工作座谈会把新疆维吾尔自治区的少数民族教育提升至战略高度，给予高度重视和政策支持。在《国家中长期教育改革和发展规划纲要（2010—2020）》和《关于推进新疆双语教育工作的实施意见》等文件的指导下，一批双语教育项目快速推进。在双语教育推进过程中，教育质量已经成为自治区各级政府、教育主管部门和学生家长所关心的问题。

2011 年，新疆维吾尔自治区教育厅发布的《新疆维吾尔自治区少数民族学前和中小学双语教育发展规划（2010—2020 年）》中着重指出，"加强双语教育工作成效评估和监控体系建设""建立双语教育督导评估制度和监督问责机制"④。同年，自治区安排专项资金开展新疆双语教育质量监测工作，监测在 7 个地（州）的小学四年级和六年级学生中进行，汉语成为该年的主要监测科目。

① 教育部. 国家中长期教育改革和发展规划纲要（2010—2020 年）[EB/OL]. [2016-10-31]. http：//www. edu. cn/liang_ji_780/20100120/t20100120_441195. shtml.

② 教育部基础教育质量监测中心. 教育部：2015 年起开展义务教育质量监测工作[EB/OL]. [2016-10-31]http：//www. jyb. cn/basc/xw/201504/t20150416_619185. html.

③ 王珍. 专家呼吁：大力培养民族地区理科人才［N］. 中国民族报，2012-6-26：2.

④ 新疆维吾尔自治区教育厅. 新疆维吾尔自治区少数民族学前和中小学双语教育发展规划（2010-2020 年）[R]. 新疆，2011.

　　2012 年新疆维吾尔自治区教育厅印发《新疆维吾尔自治区双语教育质量监测工作方案（2012—2015 年）》（以下简称《方案》）的文件。文件中指出："建立健全双语教育质量监测评价体系，是改进双语教育教学工作，提高双语教育教学质量，实现培养民汉兼通人才目标的重要举措。"[①]并且在方案中列出了 2012～2015 年的教育质量监测的工作计划（表 4.2.1）。

表 4.2.1　　新疆维吾尔自治区 2012～2015 年教育质量监测工作计划

年份	工作计划
2012	双语幼儿园。开展双语幼儿园保教质量监测试点工作。监测范围和对象为南疆地区双语幼儿园的大班幼儿。 小学汉语学科。继续推进小学阶段汉语教学质量监测，监测对象为小学五年级、六年级的少数民族普通班和双语班学生，监测范围为全疆 15 个地（州、市），抽样人数设计为 3 万人。 小学数学学科。开展小学阶段数学教学质量监测试点工作，监测对象为小学六年级少数民族普通班和双语班学生，监测范围为喀什地区、阿克苏地区、和田地区、克州、吐鲁番地区、伊犁哈萨克自治州、塔城地区、昌吉回族自治州等 8 个地（州）的 58 个县（市），抽样人数设计为 1 万人
2013	双语幼儿园。继续实施双语幼儿园保教质量监测，并适当扩大监测范围。 汉语学科。继续在全疆开展小学阶段六年级汉语学科质量监测。 少数民族语文学科。启动小学阶段维吾尔语文和哈萨克语文两个学科的监测，监测对象为小学六年级的少数民族双语班和普通班学生
2014	继续实施小学阶段汉语、数学学科的质量监测工作，推广小学少数民族语文学科质量监测，进一步做好双语幼儿园保教质量监测工作，全年监测人数设计为 6 万人左右
2015	在小学阶段双语教学质量监测的基础上，启动初中阶段部分学科的监测，并建立起初中和小学监测学段轮换制度，将年度抽样人数保持在 6 万人左右

　　2012 年 6 月 15 日，全疆 15 个地（州）89 个样本县市 9778 名小学五年级和 14798 名六年级学生参加了学科测试和问卷调查，2316 名汉语课教师和 762 所学校的校长参加了问卷调查[②]。

　　此后的三年中参加教育质量监测的学校和人数不断增加。2015 年，全自治区 15 个地州所属 94 个县市（区）的 25351 名学生参加了学科测试和问卷调查，7344 名教师和 611 所学校的校长填写了调查问卷[③]。

二、西藏自治区教育监测状况

　　2011 年，教育部对义务教育阶段相关年级学生英语学习质量和体育健康状况抽样监测工作中，西藏自治区拉萨市城关区、谢通门县、昂仁县、普兰县等 4 个县（区）作为样本县被纳入监测范围。此次监测工作更突显了国家基础教育质量监测工作的意义、目标要求、主要任务和工作流程，也让我们意识到"普九"之后西藏的基础教育尤其需要

① 新疆维吾尔自治区教育厅. 新疆维吾尔自治区双语教育质量监测工作方案（2012-2015 年）[R]. 新疆，2012.
② 新疆维吾尔自治区双语教学质量监测中心. 新疆双语教育质量监测报告 2012（小学阶段汉语、数学学科）[R]. 新疆，2013.
③ 新疆维吾尔自治区双语教学质量监测中心. 新疆双语教育质量监测报告 2015（小学阶段）[R]. 新疆，2016.

尽快开展质量监测工作，以求全面把握全区基础教育的质量状况，科学诊断全区基础教育存在的主要问题及原因，为做好"普九"之后的"巩固提高"工作提供科学依据和有力支撑[①]。

2016 年的西藏自治区教育督导委员会会议暨第四届自治区督学换届会议上强调，提高教学质量，狠抓薄弱环节，进一步加强评估监测工作，并且要逐步组建西藏自治区教育评估院和自治区教育质量监测中心。

三、青海省教育质量监测状况

青海省是中国少数民族主要聚集地之一，《青海中长期教育改革和发展规划纲要（2010—2020 年）》中提到："教育观念相对落后，内容方法较为陈旧，学校管理水平总体不高，中小学生课业负担过重，不能适应素质教育要求；教育体制机制不活，学校办学活力不足，总体办学质量不高。"在这份文件中也提到了在基础教育阶段"完善学生综合素质评价体系，建立义务教育整体水平和学校教学质量的动态监测机制，继续实施义务教育复查和公告制度"。[②]

2011 年 3 月，教育部办公厅下发的通知中，将青海省纳入 2011 年国家基础教育质量监测样本省区。青海省西宁市城东区、海东地区化隆回族自治县、海南藏族自治州贵德县和海西蒙古族藏族自治州乌兰县等县（市、区）被教育部确定为青海省的监测样本县。

随着青海省教育监测的深入化，监测样本县市也将监测数据应用到教育实践中来，出台了各自的教育教学监测计划。以青海省海东市为例，海东市制定的《海东市提升教育教学质量六年行动计划（2016—2021 年）》（以下简称《计划》）中规定"各县（区）教学质量监测总成绩由过程性监测成绩与阶段性监测成绩组成。其中过程性监测指对学生素质发展、教师队伍成长与管理、教学管理等方面的要求及评价；阶段性监测指各县（区）高考成绩、中考成绩、小学教学质量监测成绩[③]。

四、广西壮族自治区教育质量监测状况

广西壮族自治区在"十一五"期间实现了"两基"的目标，全面实现城乡免费义务教育，但是广西实现"两基"达标水平不高。并且随着城镇化的快速发展，在城市和县城不同程度地出现了义务教育入学难问题和大班问题。对于广西基础教育存在的问题，广西教育厅下发的《关于进一步提高我区义务教育巩固率的工作方案》中提出了"建立义务教育质量监控机制。建立全区统一的教育质量监测标准，引导学校树立科学的教育

---

① 江长洲. 西藏基础教育急迫需要质量监测[J]. 西藏教育，2011，12（4）：4，5.

② 青海省教育厅. 青海中长期教育改革和发展规划纲要（2010—2020 年）[R]，青海，2010.

③ 青海新闻网. 海东市为教育质量监测定"杠杠" [EB/OL]. [2017-01-16]. http：//www. qhbtv. com/xw/ shengneiyaowen/ 2016-06-07/454151. html.

质量观,把工作重心放到办好每一所学校和关注每一个学生健康成长上来"。①

2015 年广西根据教育部义务教育质量监测中心的抽样,将柳北县、柳江县、全州县、合浦县、钦南区、平南县、博白县、田东县、富川瑶族自治县、宜州市天等县等 12 个县(市、区)定为监测样本县,对样本县内的 2014~2015 学年度的四年级和八年级的学生进行数学、体育与健康的监测。

五、云南省教育监测状况

近年来,云南省教育发展水平明显提高,现代教育体系已经不断完善。2010 年 12 月,教育部正式认定云南省实现"两基"目标。截至 2010 年底,全省基础教育中小学学龄儿童入学率达 99.71%,初中学龄人口入学率达 90.66%,高中阶段教学毛入学率达 65%,已经全面完成了基本普及九年义务教育。但是云南省整体教育水平仍落后全国,教育质量还亟待提高,全省人均受教育年限为 7 年,与全国平均水平相差 1.5 年左右,义务教育发展不均衡②。因此,为了更好地了解评估基础教育的发展现状,《云南省中长期教育改革规划纲要(2010~2020 年)》中提出要"建立并完善由教育行政主管部门、政府教育督导机构、教育科研部门、社会中介机构、学生家长和社会各界人士共同参与的现代教育评估体系,使学生成长状况、教师教学水平、学校教育质量得到全面、客观、公正、符合社会发展趋势的评估和激励"。

2010 年,云南省教育评估院、云南省基础教育质量监测中心正式成立,并开展了基础教育质量监测与评估工作。例如,玉龙县开展了小学五年级数学学业水平监测与评估;昆明市盘龙区开展了小学五年级数学、语文学业水平监测与评估;昆明市西山区开展了小学数学、语文学业水平监测与评估;玉龙县开展了全县小学五年级数学、语文,初中二年级数学语文,高中一年级数学和语文学业水平监测与评估等。云南省基础教育学业水平监测与评估体系已初步建立,但监测与评估重在操作领域,对建立健全该体系还需进行深入的理论研究。

2010 年,教育部基础教育质量监测中心在全国八个省、直辖市开展了监测,云南省也是试点省份之一。云南省共有 12 个县参与了这个全国性的基础教育质量监测。该次监测共抽查了 144 所小学的 3930 名四年级的学生、72 所初中的 4119 名八年级学生,同时监测对象还包括 213 名校长、1250 名语文教师和科学教师。从本次监测结果可以看出,云南省基础教育学生学业水平较低,学生在受教育过程、受教育结果和教育质量方面差距较大。

2011 年,云南省在昆明市盘龙区、西山区、玉龙县开展了基础教育质量监测与评估工作。监测样本为 3 个县(区),学生 8226 人、教师 408 人、校长 102 人、学校 102 所。监测学科为小学、初中、高中三个不同学段的语文、数学。

---

① 广西壮族自治区教育厅. 关于进一步提高我区义务教育巩固率的工作方案[EB/OL]. [2017-01-16]. http://www.gxedu. gov. cn/Item/12942. aspx.

② 李慧勤. 为了共同的期盼——云南省中长期教育改革与发展研究[M]. 云南:云南人民出版社,2011.

2012 年 3 月，教育部全面启动国家基础教育质量监测工作，云南省西山区、盐津县、双柏县、开远市、富宁县、祥云县、巍山县、云龙县、施甸县、耿马县 10 个县（市、区）被国家随机抽取为教育质量监测样本县。各样本县顺利圆满地完成了对 10 个县（市、区）、132 所小学（四年级）、62 所初中（八年级）的 7548 名学生进行的数学、科学学习质量和影响学生这两个学科学习质量的因素的监测和调查工作；同时，还对抽测学生所在学校的 1200 余名校长及教师进行了问卷调查。

从上述来看，各少数民族聚集的省份公布的教育质量监测的信息显示，教育质量监测的实施还处在初级阶段的收集大数据的时期，对于这些收集起来的数据对教育的实施的指导还处于摸索的过程中。

第三节　民族地区教育质量监测案例分析

以新疆为例，新疆各地初中教学质量监测采用的样本主要是学业水平考试即中考试卷，采取逐题分析的大数据统计方法。问题是，这样的分析结果是否能够反映初中教学的质量呢？

众所周知，课程标准既是教材编写的依据，也是教师教学的根本性参考，也是评价教学的依据。那么基于中考成绩分析的评价是否能够作为初中教学质量的评价依据，就取决于学业水平考试与课程标准的一致性如何。

阿地力·吐尔逊借鉴美国 SEC 分析方法，对新疆维吾尔自治区 2010～2012 年的初中物理学业水平考试与物理课程标准之间的一致性进行了分析，引述如下[①]。

一、分析方法简介

阿地力·吐尔逊利用 1999 年帕特和史密森（Porter & Smithson）开发的实施课程的调查分析模式（Surveys of Enacted Curriculum model，SEC 分析模式），从内容主题和认知水平两个维度对试卷与课程标准的一致性以量化和内容分析等方法进行分析。SEC 分析模式有以下几个优点[②]：

（1）用于分析学习内容和认知要求之间。使用同样的"描述符号"来分析课程之间的任何适当的两类之间的分析。

（2）一致性指标在 0 至 1 之间。如果是 1，那么表示完全一致，如果是 0，那么表示两者之间不存在一致性。

（3）SEC 分析模式的适用性强。

（4）SEC 分析模式具有独特一致性指标 P 的计算公式。Porter 一致性指标 P 被定

① 阿地力. 吐尔逊. 新疆初中物理学业水平考试与物理课程标准的一致性研究[D]. 新疆师范大学硕士学位论文，指导教师金美芳.

② 李嫩. 化学课程标准与上海中考化学试题的一致性研究[D]. 上海师范大学硕士学位论文，2010.

义为[1]

$$P = 1 - \frac{\sum_{i=1}^{n} |(X_i - Y_i)|}{2}。$$

其中，n 表示的是二维分析表中所有单元格的总数，i 代表表格中单元格序号（i 的范围是 0～n）。例如，二维分析表规格为 5×4，那么共有 20 个单元格，即 n=20。X 表示物理课程标准二维分析表（即表 4.3.3），而 Y 表示物理中考试卷二维分析表，即表 4.3.5、表 4.3.7、表 4.3.9。X_i 表示的是物理课程标准二维分类比率表（即表 4.3.4）中的第 i 个单元格内容，Y_i 表示的是物理试卷二维分类比率表（即表 4.3.6、表 4.3.8、表 4.3.10 中）的第 i 个单元格内容。X_i 和 Y_i 都是比率为 0～1 的数值。第 i 个单元格课程标准和中考试卷之间的差异，可以计算为（X_i–Y_i），然后计算这些差异的绝对值的总和，再来计算 P 值。

研究方法确定后，根据所选择的一致性分析方法的特征，对试卷与课程标准从内容主题和认知水平两方面进行编码。

二、对试卷与课程标准编码

SEC 一致性分析模式的编码是以"内容主题"和"认知水平"两个维度进行并分析试卷与课程标准的一致性程度的。编码过程是：①确定描述学习内容主题和认知要求的同一语言："描述符"，即对课程标准和试卷在内容主题和认知水平方面采取的描述符要一致；②描述学习内容主题与认知要求在教学实施中的表现水平。

由于我国与美国的国情不同，因而在新一轮课程改革中颁布的课程标准也有所区别。美国的课程标准规定内容较为详细，而且有配套的评价标准，但我国课程标准与之相比较为抽象，因此在分析课程标准与学业评价吻合性问题上存在一定难度[2]。所以，本研究中在分析课程标准与学业评价一致性关系时，需要对 SEC 分析模式所定的二维表进行改造。

1. 内容主题的编码

对课程标准内容主题编码时，该研究在内容主题的选择上参考了 TIMSS2011[3]对初中物理内容主题的划分以及国内同类研究，选取了"物质、能量、运动和力、声和光、电和磁"编码对象。我国物理课程标准指定的内容主题有物质、运动和相互作用、能量等一级主题，它们相应包含 14 个二级主题。（我国课程标准指定的内容主题如表 4.3.1 所示）[4]。之所以选择以上的内容主题，是因为有以下几个依据：①一致性分析模式的创始人韦伯指出，测试项目不包含多于一个具体的主题是常见的，而且一个项目包含的具体主题越

① Porter A C. Measuring the Content of Instruction: uses In Research and Practice[J]. Educational Researcher, 2002, 31（7）: 3-14.

② 李嫩. 化学课程标准与上海中考化学试题的一致性研究[D]. 上海师范大学, 2010.

③ TIMSS2011[EB/OL]. 72-75http://timss.be.edu/timss2011/frameworks.html, 2011. 04. 11.

④ 中华人民共和国教育部制订. 全日制义务教育物理课程标准（实验稿）[S]. 北京: 北京师范大学出版社, 2001.

多，不管编码者是多么有经验，一致性研究依然不可信；②为了让考试更好地指导教学，有必要把注意力集中在更广的主题和更大的概念而不是孤立和具体的主题上。③分析课程标准和考试之间的一致性关系，需要适用的更普遍的内容分类是必要的[①]。

对课程标准内容主题选定后，根据 SEC 分析模式的特点及要求，试卷也选取相同的内容主题作为试卷二维表的内容主题编码对象。

表 4.3.1　全日制义务教育物理课程标准"内容主题"部分

一级主题	二级主题
1. 物质	1.1 物质的形态和变化
	1.2 物质的属性
	1.3 物质的结构与物体的尺度
	1.4 新材料及其应用
2. 运动和相互作用	2.1 多种多样的运动形式
	2.2 机械运动和力
	2.3 声和光
	2.4 电和磁
3. 能量	3.1 能量、能量的转化和转移
	3.2 机械能
	3.3 内能
	3.4 电磁能
	3.5 能量守恒
	3.6 能源与可持续发展

2. 认知水平的编码

SEC 分析模式认知水平的分类以布鲁姆的认知分类为根据制定"目标要求"，我国的课程标准基本是从三维角度来诠释"课程目标"的目标水平的，两者之间颇为相似但不完全一致。比较之下，我国三维目标中"知识与技能"对应着认知性与技能性领域，"过程与方法"对应认知性领域（如果把心智技能与动作技能区别开来，且过程与方法仅包括心智技能的话），而"情感态度价值观"则对应体验性目标领域。而描述学生学习水平的"目标要求"则分别按照认知性、技能性、体验性目标来界定。这样看来，"课程目标"与"目标要求"分别所对应的领域并不一致，"课程目标"并非严格按照"认知、技

① 陈宁. 一致性研究——初中物理内容标准与中考之间的关系[D]. 南京师范大学硕士学位论文，2011.

能、态度"知识领域分类标准[①]。物理课程标准"认知维度"分类表如表 4.3.2 所示。

表 4.3.2　物理课程标准"认知维度"分类表

水平	各水平的含义	所用的行为动词
了解	再认或回忆知识；识别、辨认事实或证据；举出例子；描述对象的基本特征	了解、知道、描述、说出
认识	位于"了解"与"理解"之间	认识
掌握	是指以某学习内容为重点，联系其相关内容，解决新情景下的一般问题，是对知识的较深入认识。 独立完成操作；进行调整或改进；尝试与已有技能建立联系等	会测量、能估测、会选用、会应用
理解	把握内在逻辑联系；与已有知识建立联系；进行解释、推断、区分、扩展；提供证据；收集、整理信息等	区别、说明、解释、估计、理解、分类、计算

3. 课程标准编码

《物理课程标准》中内容标准由两个部分组成：①科学探究；②科学内容。考虑到在《物理课程标准》和物理试卷中，科学探究既是学生的学习目标，又是重要的教学方式之一，而且科学探究是围绕某一个知识点、某个内容进行的，因此本研究中在内容主题的划分时只量化内容标准里的科学内容部分各个知识点。需要说明的是，一条具体目标可能会出现两个或两个以上不同水平的行为动词，因此在对具体标准进行编码时，首先以一句为单元，按照动词水平进行拆分，根据动词的等级确定目标等级，在一句目标中出现两个行为动词的"目标等级"选取以行为动词的最高级别为准。比如，物质的结构与物体的尺度一条标准为"了解原子的核式模型。了解人类探索微观世界的历程，并认识这种探索将不断深入"。这个标准出现"了解"和"认识"两个行为动词，课程标准里"认识"的级别高于"了解"，因此这个标准中的认知水平为"认识"，并在对应的单元格里计数为"1"，有同样的认知水平累加。

具体而言[②]：

（1）能用语言、文字或图表描述常见物质的物理特征。能从生活和社会应用的角度，对物质进行分类。

分析：首先这句话所反映的内容属于"物质"这一主题，第一句话里有"描述"一词，所以它属于"了解"水平；第二句话里有"分类"一词，所以它属于"理解"水平。

（2）能用实例解释机械运动及其相对性。

分析：首先这句话所反映的内容属于"运动和力"这一主题，句子当中有"解释"一词，所以属于"理解"水平。

（3）通过实验探究，初步认识声产生和传播的条件，了解乐音的特性，了解现代技术中与声有关的应用，知道防治噪声的途径。

分析：首先这句话所反映的内容属于"声和光"这一主题。第一句有"认识"，第二句有"了解"一词，第三句有"了解"一词，第四句有"知道"一词，所以分别对应"认

---

① 张雨强，秦凤. 认知目标分类研究新进展及其对学业成就评价的启示[J]. 当代教育科学，2011（2）：30

② 中华人民共和国教育部制订. 全日制义务教育物理课程标准（实验稿）[S]. 北京：北京师范大学出版社，2001.

识""了解""了解""了解"水平。

（4）会使用电流表和电压表。

分析：首先这句话所反映的内容属于"电和磁"这一主题。有"会使用"一词，所以属于"掌握"水平。

（5）从能量转化的角度认识燃料的热值。

分析：首先这句话所反映的内容属于"能量"这一主题。有"认识"一词，所以属于"认识"水平。

为了便于计算两个表一致性差异值，在所有项目分类完成后（表 4.3.3），将课程标准二维分类表每个单元格的值与总体目标数相除，得到一个显示比率值的和为 1 的统计表（表 4.3.4）。2010—2012 年中考试卷物理部分二维分类比率和统计情况，具体见表 4.3.5～表 4.3.10。

表 4.3.3　全日制义务教育物理课程标准其内容标准二维分类统计表

内容＼程度	了解	认识	掌握	理解	合计
物质	17	1	2	13	33
能量	17	6	0	13	36
运动和力	12	4	4	11	31
声和光	11	2	0	1	14
电和磁	8	0	3	3	14
合计	65	13	9	41	128

表 4.3.4　全日制义务教育物理课程标准其内容标准二维分类比率表

内容＼程度	了解	认识	掌握	理解	合计
物质	0.133	0.008	0.016	0.101	0.258
能量	0.133	0.047	0	0.101	0.281
运动和力	0.094	0.031	0.031	0.086	0.242
声和光	0.086	0.016	0	0.008	0.110
电和磁	0.063	0	0.023	0.023	0.109
合计	0.509	0.102	0.070	0.321	1

表 4.3.5　2010 年中考试卷物理部分二维分类统计表

内容＼程度	了解	认识	掌握	理解	合计
物质	0	0	4	6	10
能量	1	0	3	17	21
运动和力	2	0	8	15	25
声和光	4	0	3	4	11
电和磁	5	0	6	12	23
合计	12	0	24	54	90

表 4.3.6　2010 年中考试卷物理部分二维分类比率表

内容＼程度	了解	认识	掌握	理解	合计
物质	0	0	0.045	0.067	0.112
能量	0.011	0	0.033	0.189	0.233
运动和力	0.022	0	0.089	0.167	0.278
声和光	0.044	0	0.033	0.044	0.121
电和磁	0.056	0	0.067	0.133	0.256
合计	0.133	0	0.267	0.600	1

表 4.3.7　2011 年中考试卷物理部分二维分类统计表

内容＼程度	了解	认识	掌握	理解	合计
物质	2	0	3	4	9
能量	2	0	0	16	18
运动和力	7	0	3	16	26
声和光	4	0	4	3	11
电和磁	3	0	6	17	26
合计	18	0	16	56	90

表 4.3.8　2011 年中考试卷物理部分二维分类比率表

内容＼程度	了解	认识	掌握	理解	合计
物质	0.022	0	0.033	0.045	0.100
能量	0.022	0	0	0.178	0.200
运动和力	0.078	0	0.033	0.178	0.289
声和光	0.045	0	0.044	0.033	0.122
电和磁	0.033	0	0.067	0.189	0.289
合计	0.200	0	0.177	0.623	1

表 4.3.9　2012 年中考试卷物理部分二维分类统计表

内容＼程度	了解	认识	掌握	理解	合计
物质	0	0	4	6	10
能量	0	0	0	17	17
运动和力	0	0	6	21	27
声和光	6	0	3	0	9
电和磁	4	0	6	17	27
合计	10	0	19	61	90

表 4.3.10　　2012 年中考试卷物理部分二维分类比率表

程度\内容	了解	认识	掌握	理解	合计
物质	0	0	0.044	0.067	0.111
能量	0	0	0	0.189	0.189
运动和力	0	0	0.067	0.233	0.300
声和光	0.067	0	0.033	0	0.100
电和磁	0.044	0	0.067	0.189	0.300
合计	0.111	0	0.211	0.678	1

4. 试卷编码

依据试卷的每一道题考查的知识点，按其参考答案所设定的分值以及在"物理课程标准"编码时使用的编码标准，从试卷每一道题所反映的内容和对学生能力水平（即认知水平）的考查度进行编码。

分析试题所涉及的内容及认知水平符合所制定分析表中哪个要求，若对应就按照分值计入单元格中。下面以 2011 年试卷的部分题目的分析过程来说明其具体的编码过程[①]。

例 4.3.1[②]　生活中许多物体可以发光，下列物体不属于光源的是（　　）。

A. 水母　　　B. 萤火虫　　　C. 月亮　　　D. 霓虹灯

分析：这是一道光学知识的题。对于是否发光的物体在课本中有图片及相应的说明，考查学生是否能识别光源与非光源的能力，因此在统计时把这道题的分值归入为"声和光"与"了解"所对应的单元格里。

例 4.3.2[②]　如图 4.3.1 所示，棒球运动员将棒球投掷出去（忽略空气阻力），请画出棒球在空中飞行时的受力示意图。

分析：本题目是考查学生通过联系相关知识并结合原有的技能完成其题目所要求的内容。根据"掌握"的含义，与此题类似试题的分值均被计入"运动和力"与"掌握"所对应的单元格里。

图 4.3.1　棒球投掷图

例 4.3.3[②]　如图 4.3.2 所示，某同学将漂浮在水面的饮料罐缓慢按入水中，当饮料罐全部浸没在水中后，继续向下压一段距离。此过程中，饮料罐所受的浮力随时间的变化图像可能是（　　）。

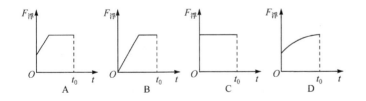

图 4.3.2　饮料罐按入水中示意图

---

① 阿地力·吐尔逊，金美芳. 2011 年新疆中考物理试题与物理课程标准一致性分析[J]. 喀什师范学院学报，2012（11）：15.

② 新疆 2011 年中考物理试题。

分析：本题目是让学生根据给定的图片所提供的信息建构其意义，并得出相应的结论，与布鲁姆和课程标准对"理解"含义中的"推断"认知水平吻合，因此该类题的分值均统计在"理解"认知水平里。

三、初中物理学业水平考试与物理课程标准之间的一致性分析

1. 一致性指标 P 的计算

按照 Porter 一致性计算公式，将课程标准的比率表与每一年中考物理试卷比率表中的数据代入其公式中，经过计算得出的物理内容标准与自治区统一命题的新疆初中物理三年中考试卷的 Porter 一致性指标如表 4.3.11 所示。

表 4.3.11　新疆初中物理三年中考试卷与课程标准一致性指标表

试卷年份	2010	2011	2012
一致性指标	0.519	0.548	0.501

2. 试题与课程标准的一致性分析

Porter 一致性指标达到什么值，才能说两个二维表具有统计意义上显著的一致性，这是需要回答的重要问题。从统计学角度看，要确定中考试卷与物理内容标准之间是否具备统计学意义上显著的一致性，需将计算求得的一致性指标与对应的临界值比较才能得出此问题的答案[①]。相关研究结果表明，对于 5×4 的矩阵，为了使在 0.05 水平上达到显著性一致，一致性指标 P 要达到 0.9100[②]。

从表 4.3.11 可以很容易看出，2010～2012 年的中考物理试卷与物理内容标准的一致性值，即为 0.501～0.548，三年的平均值为 0.524，这些一致性指标都低于临界值 0.9100。可见，2010 年、2011 年和 2012 年三年的一致性指标 P 在统计学上都是没有意义的，说明三年的物理中考试卷和物理课程标准之间不存在统计学意义上显著的一致性。

为了更直观、具体地说明中考物理试卷与物理课程标准的一致性关系，将横向内容主题、纵向认知水平进行一致性程度分析，所统计出来的数据以图形的方式呈现。

1) 试卷与课程标准"内容维度"上一致性比较

如图 4.3.3 所示，图中每个主题的柱形从左到右对应的是物理课程标准、2010～2012年试卷。物理课程标准中"能量"这个主题在所有内容主题里占的比值最大为 28%，其次是"物质"和"运动和力"为 26%、24%；"声和光"和"电和磁"的比值最小都为11%。在三年物理试卷中"能量""运动和力""电和磁"有一定的变化趋势，其中"电和磁"和"运动和力"的考查度分别为 26%、29%、30% 和 28%、29%、30%，与物理课程标准相比考查度逐年增大；对"能量"的考查度分别为 23%、20%、19%，反而逐年减小；与课程标准相比，"声和光"的考查度相差不大，"物质"主题在三年试卷中考查

---

① 王焕霞. 高中物理内容标准和学业水平考试的一致性研究[D]. 西南大学博士学位论文，2012.

② Fulmer G W. Estimating critical values for strength of alignment among curriculum, assessments, and instruction [J]. Journal of Educational and Behavioral Statistics，2011，36（6）：394.

度较低而且保持稳定。"能量""运动和力""电和磁"等内容主题的变化可以说是导致物理课程标准与三年试卷的一致性程度较低的原因之一。

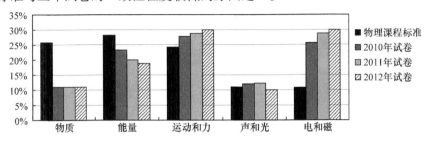

图 4.3.3　物理课程标准与三年试卷内容主题比较

2）试卷与课程标准"认知维度"上一致性比较

图 4.3.4 与图 4.3.3 相似，每个认知水平柱形从左到右表示的是物理课程标准和 2010~2012 年试卷。图中反映出来的结果是：在物理课程标准中作为最低认知水平的"了解"水平占的比值最大为 51%，我国是教育集权型国家，全国实行统一的《课程标准》，规定了学生必须达到最低学业要求[①]，因此，"了解"水平占的比值大也是必然现象；其次是"理解"为 32%，"认识"水平为 10%，其中"掌握"水平占的比值最小，为 7%。三年的试卷中"理解"水平占的比值最大，三年分别为 60%、62%、68%，且比值逐年增大；其次是"掌握"水平，分别为 27%、26%、21%，比物理课程标准高出很多，物理课程标准里对"认识"水平有所要求，但三年的试卷里没有体现。

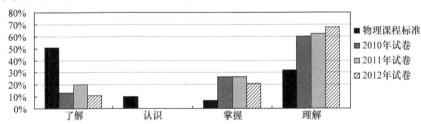

图 4.3.4　物理课程标准与三年中考物理试卷认知水平比较

3）研究结论

根据物理课程标准与三年的中考物理试卷在内容主题和认知水平上的一致性情况比较分析得出：2010~2012 年的新疆中考物理试卷与物理课程标准之间不具备统计学意义上显著的一致性。这不一致性程度主要表现为两者在内容主题和认知水平上的侧重点不同，内容主题考查度不均衡，认知水平要求逐年提升。

显然，中考情况的分析不能够反映初中教学质量，因此也就起不到监测的作用。

---

① 范双立，刘学智. 美国"成功分析模式"的诠释与启示——学业评价与课程标准一致性的视角[J]. 比较教育研究，2010（8）：77-80.

第五章 民族地区理科教学质量监测框架建构探析

第一节 民族地区教学质量监测内涵界定

教育发展不均衡是我国基础教育目前面临的重要问题，而这一问题在民族地区的教育发展中尤为凸显，不仅因为民族地区往往地处偏远，而且民族地区自身的文化传统、风俗习惯等也影响着其对教育的理解和认识，因而对民族地区进行教学质量监测就显得尤为必要了。本节将对这一研究的内涵及相关概念加以界定，以为后续的研究奠定基础，厘定研究框架。

1. 民族地区

由于我国地域广袤，各民族分布不一，目前学术界对"民族地区"所涵盖的范围并未形成一致的认识，主要存在以下几种观点：第一种观点认为民族地区，即少数民族地区，从行政区域的范围划定，即一般的民族自治地方是"建立在实行民族区自治地方的具有自治权力和地位的地方行政单位"[①]。在具体设置上，自治区相当于省级自治地方，自治州相当于市级自治地方，自治县相当于县级自治地方。目前，我国主要有 5 个自治区、30 个自治州和 120 个自治县。第二种观点认为民族地区是广义上的民族地区，除了上述民族自治地方外，还应包括云南省、贵州省和青海省，其理由在于这些省份少数民族人口比重较大，少数民族个数较多。第三种观点认为民族地区主要指西部民族地区，其范围主要涉及 2001 年 8 月国务院发布的《国务院关于实施西部大开发若干政策措施的通知》中明确规定的民族地区范围，即"包括重庆市、四川省、贵州省、云南省、西藏自治区、陕西省、甘肃省、宁夏回族自治区、青海省、新疆维吾尔自治区、内蒙古自治区和广西壮族自治区"[②]。本研究中民族地区主要采用第三种观点，即西部民族地区，简称民族地区，研究过程中将采取分层抽样的方法，以地区和民族作为分层依据，即先将民族地区所涉及的学校按地区划类，在此基础上再按照民族划分种类，以尽可能有代表性的调查不同地区不同民族的教学质量。

2. 教学质量

在教育领域里，"教学质量"一词应用甚广，如学校教学质量、教师教学质量、教育教学质量等，而与这一名词连用的多是动词"提高"。那么什么是"教学质量"？有学者

---

① 田艳. 民族自治地方经济管理自治权研究[M]. 北京：中央民族大学出版社，2012：121.

② 国务院. 国务院关于实施西部大开发若干政策措施的通知[EB\OL]. http：//www. gov. cn/gongbao/content/2001/content_60854. htm，2016-11-2.

认为教学质量是"教学过程及其效果所具有的，能用以鉴别其是否符合规定要求的一切特性和特征的总和"[①]，即将"教学质量"作为一种"符合规定要求"的外在表征，提高教学质量也就是要使教学"符合规定要求"。但对于"规定要求"的内涵，该学者并未言明。另有学者认为教学质量就是"指教师教与学生学满足既定教学目标的程度"[②]。这一概念从侧面回答了"规定要求"就是"教学目标"。不同的国家在不同的教育发展阶段对各种不同的科目设置了不同的教学目标。在我国现阶段教学目标是在课程标准中体现出来的，各个学科的课程标准明确规定了学生在学科知识、技能和态度、情感等维度所应达到的目标。另外，教学质量实质上包含两个方面的内容：教师教的质量和学生学的质量，而教师教的质量通过学生学的质量得以彰显。为了便于监测，将教学质量进行操作化定义为学生在学习一定科目内容后所能达到的相应科目课程标准要求的程度。

3. 民族地区教学质量监测

监测一般指长时间的对某一物体或事件进行实时的观测从而掌握其变化动态。教育教学是一项"慢"工程，其效果往往需要在较长时间内才能显现出来，因而对教育教学质量进行监测就显得尤为必要了。教学质量监测即对学生所能达到的课程标准要求的程度进行长期的观察和测量，以了解和把握教学质量的变化趋势和动态。教学质量监测并不是仅仅局限于对学生个人的学习效果进行观察和测量，而是通过对学生群体的监测间接了解教师、学校乃至地区的教学情况。教学质量监测是对教学质量进行纵向比较和分析，是对教师、学校乃至地区的教学进行的增值性评价。而相对于民族地区特殊的地理位置、文化传统、风俗习俗，对其教学质量进行监测则更具现实意义。同时民族地区教学质量监测除对学生的学习效果进行观察和测量外，不仅要了解这一地区的教学质量总体状况的发展变化，而且要更深入地分析这些发展变化背后的影响因素，尤其是关涉民族地区特殊性的因素。而如何能够对影响教学质量的民族特殊性因素进行监测，则是本研究的难点和重点。因而本研究将首先构建民族地区教学质量监测内容框架，设计教学质量监测问卷，在了解其教学质量发展动态和变化趋势的基础上，进一步深入分析其背后的影响因素。

第二节　民族地区理科教学质量监测内容框架研究

中华人民共和国全国人民代表大会（简称全国人大）在2006年6月修订的《义务教育法》中以法律的形式提出了"促进义务教育均衡发展"，2010年教育部随即发文《关于贯彻落实科学发展观进一步推进义务教育均衡发展的意见》，同年在《国家中长期教育改革和发展规划纲要（2010—2020年）》（以下简称《纲要》）中进一步提出"推进义务教

① 冒荣. 高等学校管理学[M]. 南京：南京大学出版社，1997.

② 张卓. 高等教学质量保障系统研究[J]. 中国高等教学评估，1998（04）：24-26.

育均衡发展"，强调"建立国家义务教育质量基本标准和监测制度"①。这些政策、法规的颁布使民族地区的教育因其地理位置、语言、文化传统、风俗习惯等的特殊性得到日益关注。同时在《纲要》中明确提出"重视和支持民族教育事业""全面提高少数民族和民族地区教育发展水平"。而民族地区的理科教育尤其应该得到重视。教育部民族教育司司长认为，"中西部教学的差距主要在哪里？双语教学和理科教育是其中的关键因素。"②因而 2013 年教育部民族教育司在年度工作要点中指出要重点加强民族地区理科教学，明确提出要"以理科教学为突破口，全面提高民族地区基础教育学校教学质量"③。《全国民族教育科研规划（2014—2020 年）》中同样强调民族地区具有其特殊性，需要特别重视其教育质量的监测，在监测时需要考虑其民族以及地区的特殊性④。

本课题组即在此背景下为更深入而切实地了解民族地区理科教育教学现状，对民族地区中小学理科教学质量展开调查和监测，以此为促进教育均衡发展和民族地区理科教育质量提升提供参考。

一、现有教育教学质量监测体系比较分析

目前比较有影响力的教育教学质量评价项目有：经济合作与发展组织（OECD）发起并组织的 PISA，国际教育成就评价协会（IEA）发起并组织的 TIMSS & PIRLS⑤（Progress in International Reading Literacy Study，国际阅读素养进步研究），美国国家评估管理委员会和教育部下属的国家教育统计中心共同完成的 NAEP（National Assessment of Educational Progress）。同时我国北京师范大学受教育部委托成立的基础教育质量监测中心开展的 NAEQ（National Assessment of Educational Quality）也正在实施中。这四大评价项目因组织机构及评价目的不同，其定位、取向、评价框架各有所偏重，其中理科教学的评价差异亦体现其中。

（一）PISA 的三维评价框架

PISA 是由非教育机构（或称教育外机构）组织开展的，其目的旨在评价处于义务教育结束阶段的 15 岁学生是否掌握了进入当代社会所应具备的基本知识和技能，以帮

---

① 教育部. 国家中长期教育改革和发展规划纲要（2010—2020 年）[EB/OL]. http：//www. moe. gov. cn/publicfiles/business/ htmlfiles/moe/moe_177/201407/171904.html，2015-3-13.

② 王珍. 专家呼吁：大力培养民族地区理科人才[N]. 中国民族报，2012-6-26：2.

③ 教育部. 教育部民族司 2013 年工作重点[EB/OL]. http：//www. moe. edu. cn/publicfiles/business/ htmlfiles/moe/A09_ndgzyd/201302/147691. html，2015-12-11.

④ 教育部. 全国民族教育科研规划（2014—2020 年）[EB/OL].. http：//www. moe. edu. cn/ publicfiles/business/htmlfiles/moe/s5972/201411/178341. html，2015-12-11.

⑤ PIRLS 主要关注学生阅读素养的评价，与本课题组理科教学质量评价研究关系不大，因而后续不对此做进一步介绍。

助各参与国家和地区提高其教育系统的质量、效率，促进均衡发展[①]。由此 PISA 关注的是学生将其所学知识和技能在真实情境中运用的能力，关注学生是否具备进入社会所必需的素养，并据此为各国家和地区的教育政策制定和教育改革提供国际参照和成功经验。

PISA2015 科学领域的测试是以科学素养为中心展开的，其涵义指作为反思型公民应具备的理解科学相关问题、形成科学概念的能力。在测评框架上主要从情境、知识、能力和态度四个维度展开。其中知识维度主要包括物质系统、生命系统以及地球和太空系统，其与能力维度是密切相关的，每一种知识类型贯穿于每一种能力中，并划分了低、中、高三个层次的知识深度（Depth Of Knowledge，DOK），即三个不同的认知水平，如图 5.2.1 所示[②]。

能力 知识	科学地解释现象原因	评价、设计科学探究	科学地解读数据和依据
内容性知识			
程序性知识			
认知性知识			

图 5.2.1　PISA2015 科学领域评价框架之认知要求

PISA2015 是面向社会需求以学科素养为中心构建其评价框架，而学科素养集中体现为学科核心能力，对学科核心能力的测评则通过具体的学科内容在具体情境中的应用的形式进行。在评价中同时辅以学生、家庭、学校三方问卷调查，以便更精确地了解影响学生测试成绩的因素。由此可见，PISA 是对 15 岁学生进行的社会取向的学科素养测试，旨在为各国家和地区的教育改革提供依据和参照。

（二）TIMSS 的二维评价框架

TIMSS 是针对四年级和八年级学生的数学和科学开展的测试，其目的在于帮助各参与国家和地区以多种方式探索教育问题，包括在全球背景下监控教学成绩变化趋势；为教育发展设定目标和标准；促进课程改革；通过测评数据的研究和分析促进教与学；以及其他相关研究[③]。TIMSS 是为了清晰地反映各参与国家和地区的课程设置与实施现状，对特定年龄阶段学生所应掌握的学科知识和能力而开展的测试。

TIMSS2015 科学领域的评价框架尽可能体现各参与国家和地区的科学课程、标准以及框架，同时在参考美国《K-12 科学教育框架》（国家研究委员会，2012）、新加坡的《小学与初中科学大纲》（新加坡教育部，2007）以及香港地区的《小学和初中科学课程指南》

---

① OECD. About PISA [EB/OL]. http：//www. oecd. org/pisa/aboutpisa/PISA-trifold-brochure-2014. pdf，2015-3-13.

② OECD. Draft PISA 2015 Science Framewor [EB/OL]. http：//www. oecd. org/pisa/pisaproducts/ Draft%20PISA%202015% 20Science%20Framework%20. pdf，2015-3-14.

③ IEA. About TIMSS & PIRLS [EB/OL]. http：//timss. bc. edu/home/pdf/TP-about.pdf，2015-3-15.

（香港特别行政区教育局，2002）等当前国际科学和科学教育的最新研究成果后，对 TIMSS2011 评价框架进行了调整。2015 年的评价框架主要仍从内容和认知两个维度进行构建，具体如表 5.2.1 所示。

表 5.2.1　TIMSS2015 科学领域评价框架

认知维度	内容维度						
	四年级			八年级			
	生命科学	物理科学	地球科学	生物	化学	物理	地球科学
了解							
应用							
推理							

另外，随着许多国家和地区在科学课程、标准以及框架中对科学实践和科学探究的重视，TIMSS2015 增加对科学实践（Science Practice）的评价，主要指日常生活和学校学习所获得的技能，这些技能是学生开展系统的科学探究所必备的，是所有科学学科的基础[①]。TIMSS2015 认为科学实践主要包括五个方面的实践：基于观察提出问题、搜集证据、处理数据、解决研究问题、论证。但科学实践并不单独进行测试，而是贯穿于认知维度和内容维度之中。

TIMSS 与 PISA 不同，在参考各参与国家和地区的课程、标准和框架后，以课程标准为核心构建，围绕课程内容的认知程度展开，考查学生是否掌握课程标准中要求的知识和技能，是否达到了预期的课程培养目标。同时，为促进科学课程的教与学，提供更多国家课程改革的参考信息，TIMSS 还开发了五个情境问卷（国家和社区、家庭、学校、课堂以及学生特征和学习态度）加以辅助[①]。由此可见，TIMSS 是对四年级和八年级学生开展的课程取向的学业成就测试，旨在为各参与国家和地区的课程改革提供参考。

（三）NAEP 的二维评价框架

NAEP 是美国国内最大规模地对学生各学科领域的知识和技能开展的持续性评价，主要包括数学、阅读、科学、写作、艺术、公民、经济、地理、美国历史以及 2014 年新增的技术和工程素养，评价对象为四年级、八年级以及十二年级的学生，其目的是更全面地了解美国小学、初中和高中的教育教学现状，评价各州教育教学质量及其进展，同时便于政策制定者、校长、教师和家长更清晰和理性地参与有关学校教育的讨论。

科学领域是 NAEP 非定期开展的测试，目前最新评价框架于 2009 年编制，并将在 2015 年继续使用，以便持续比较学生在科学领域的成就。NAEP 科学领域框架是在国家科学课程标准和评价的基础上兼顾各州科学课程标准而设计的，为了保持其年轻一代在

---

① Lee R. Jones，Gerald Wheeler，Victoria A.S. Centurino.TIMSS2015 science framework [EB/OL]. http：//timss. bc. edu/ timss 2015/ downloads/T15_FW_Chap2. pdf，2015-3-15.

科学和技术领域的国际竞争力，同时参考了其他国际教育质量评价体系，如 TIMSS 和 PISA。其主要从科学内容和科学实践维度进行构建，具体如表 5.2.2 所示，同时将其测评结果划分为三个等级：基础（Basic）、熟练（Proficient）、高级（Advanced）[①]。另外，针对不同年龄阶段的学生其测试内容各有所侧重。

表 5.2.2　NAEP2011 科学领域评价框架

科学实践	科学内容		
	物质科学	生命科学	地球与太空科学
识别科学原则			
利用科学原则			
应用科学探究			
利用技术设计			

NAEP 是以国家课程标准为基础在美国国内开展的评价，其评价框架以课程标准为依据，重在测评学生各学科领域的知识和技能掌握情况，以横向了解各州的教育教学现状。在纵向上，为能够持续地观察各州某一课程领域的发展变化趋势，其评价框架保持相对稳定，仅作微调。同时 NAEP 也开发了三方调查问卷（学生、教师和学校），以帮助各州改进课程和教学。总之，NAEP 是发展取向的学业成就水平测试，旨在了解各州的教育发展变化现状。

（四）NAEQ 的综合评价框架

我国的国家教育质量监测起步较晚，自 2007 年开始启动，2013 年出台《教育部关于推进中小学教育质量综合评价改革的意见》（以下简称《意见》），并颁布《中小学教育质量综合评价指标框架（试行）》（以下简称《框架》），同年确定了上海市等 30 个地区成为国家中小学教育质量综合评价改革实验区。2015 年 4 月国务院教育督导委员会办公室印发《国家义务教育质量监测方案》，标志着我国义务教育质量监测制度的建立[②]。这次评价从 6 月份开始首次对数学和体育课程展开测评。

《意见》中明确指出："由于教育内外部多方面的原因，单纯以学生学业考试成绩和学校升学率评价中小学教育质量的倾向还没有得到根本扭转……要解决这些突出问题，适应经济社会和教育事业发展的新形势新要求，必须大力推进中小学教育质量综合评价改革"[③]。由此可见，我国的教育质量监测体系旨在立足于教育现实，实现从分数评价向

---

① What Does the NAEP Mathematics Assessment Measure? [EB/OL]. http://nces.ed.gov/ nationsreportcard/ mathematics/ whatmeasure. asp，2015-3-16.

② 教育部基础教育质量监测中心. 教育部：2015 年起开展义务教育质量监测工作[EB/OL]. http://www. eachina. org. cn/ eac/dcdt/ff8080814cbf7296014cc2b4a6f40004.htm，2015-4-17.

③ 教育部. 教育部关于推进中小学教育质量综合评价改革的意见[EB/OL]. http://www. moe. gov. cn/ publicfiles/ business/htmlfiles/moe/s7628/201306/xxgk_153185. html，2015-3-17.

人的全面发展的评价转变。《框架》通过品德发展水平、学业发展水平、身心发展水平、兴趣特长养成、学业负担状况等 5 个维度 20 个关键指标建立了一套"绿色评价"体系，以期达到这一目的，解决教育中的实际问题。可以说，"质量综合评价指标框架解决了有无的问题，但是否科学合理，还需在实践中不断探索完善"[1]。总之，这一评价框架是问题解决取向的发展水平评价，旨在改变我国"唯分数"的评价取向，促进学生的全面发展。

综上所述，四个教育教学质量评价项目在组织机构、目的、取向、定位以及评价框架的差异如表 5.2.3 所示。

表 5.2.3　PISA、TIMSS、NAEP、NAEQ 评价框架比较（以科学为例）

	PISA	TIMSS	NAEP	NAEQ
评价机构	非教育机构	教育机构	教育机构	教育机构
评价目的	为教育改革提供依据和参照	为课程改革提供参考	了解教育发展变化现状	改变"唯分数"的评价取向，促进学生的全面发展
评价取向	社会	课程	发展	问题解决
评价定位	学科素养	学业成就	学业成就	发展水平
评价框架	情境、知识、能力、态度、DOK	内容、认知	实践、内容，三等级	品德发展水平、学业发展水平、身心发展水平、兴趣特长养成、学业负担状况

二、民族地区教学质量监测体系框架

民族地区理科教学质量监测是基于课程标准的学业成就测试，其目的是了解民族地区理科教学现状，分析教学质量的影响因素，监测民族地区的教学发展变化，为国家的教育决策提供参考。与 PISA、TIMSS 的评价目的不同，两者都是在国际视野下为各参与国家和地区的教育和课程改革提供依据和参照，PISA 是社会取向的学科素养评价，TIMSS 虽然也是基于课程标准的学业成就评价，但其目的决定了其是对国际范围内某一特定年龄阶段的学生所应掌握的知识和技能的评价，而非着眼于对现状的了解。民族地区理科教学质量与 NAEP 虽同为国家层面的评价，但国情不同，美国除有国家课程标准外，各州亦开发课程标准，其评价更注重各州纵向的教育发展变化情况；我国只有国家课程标准，各省市地区之间较容易开展比较和评价。NAEQ 是我国全国范围的教育质量评价，其关注学生全面发展的评价，其评价范围更为广泛，因而民族地区中小学理科教学质量监测体系应具体围绕学生是否达到预期的教学目标即课程标准的要求进行构建。

在《小学科学课程标准》（2015 版）中明确提出：小学科学课程是以培养科学素养为宗旨的科学启蒙课程。而在《初中科学课程标准》（2011 版）中同样提出：初中科学课程是以对科学本质的认识为基础，以提高学生科学素养为宗旨的综合课程。在中学物理、化学、生物的课程标准中皆提出以提高学生科学素养为宗旨。可见，科学素养的培养是我国实施理科课程的核心目标。以此为基点，课题组构建了民族地区理科教学质量

---

① 郑富芝. 评价改革：开弓没有回头箭[N]. 中国教育报，2014-3-4；6.

的监测体系，这与 PISA 有相通之处。

基于以上比较分析，依据国家理科课程标准，本研究构建了我国民族地区理科教学质量监测体系，分别从科学概念、科学思维、科学探究和科学态度等方面设计不同的横向维度，分别从任务复杂度和情境新颖度等方面对以上四个维度划分高、中、低三个纵向水平，下面将分别对其进行讨论。

（一）教学质量监测体系之科学概念

概念一般有两种理解：一是心理学意义上的概念，即人脑对外界客观事物的主观加工的思维方式，或称心理图式，是个体的、主观性的；二是逻辑学意义上的概念，认为概念是独立于个体而存在的，是能够反映客观事物本质特征的一类知识。科学概念一般指第二种解释，即指反映科学本质特征的知识，在科学教育领域中即指科学课程中有明确定义的概念。但在科学概念学习中，则往往指第一种解释。可见两者相互联系，密不可分。"科学课程中的概念处于逻辑关系中，是学生思维的内容，可以引发学生的思维过程。这一过程是学生将自己的主观经验与概念的本质属性融合起来，最终结果是重新建构科学概念的意义，并且对物质世界产生作用。"[①]另外，学生在学习科学概念之前已形成日常概念或称前科学概念，尤其是民族地区，受民族宗教和文化的影响其日常概念对科学概念的形成有一定的阻碍作用。例如，苗族人认为雷电是神灵的发怒，而雷电这一概念的本质是因为云层累积的正负电荷剧烈中和所产生的电光、雷声、热量。因而在对民族地区理科教学质量进行监测时应关注其民族环境下形成的日常概念。

科学概念是科学素养形成的重要表征之一，其在理科课程教学中的具体外在表现可形象表述为：接受理科教育的学生在完成相关科目学习后能从与学科相关的角度去思考问题，即形成科学概念的学生能够摆脱日常概念的限制，利用已学过的知识去主动认识并解释自然现象。PISA、TIMSS 和 NAEP 的科学评价框架框架中都以科学知识或内容为载体对科学概念加以监测，如 PISA 的"科学的解释现象原因"，TIMSS 的科学实践以及 NAEP 的"识别科学原则""应用科学原则"，可见科学概念之重要，三者均为将其作为独立维度进行深入剖析。

关于科学概念的分类，劳森（Lawson）等依据概念的抽象程度，将科学概念分为描述性的、假设性的以及理论性的[②]，这一分类从概念自身的性质进行划分，能够体现概念形成的过程；另外也可按照学科领域分类，即各学科在对自然界不同物质实体进行研究时形成了各具特色的不同概念，如物理概念、化学概念、生物概念和地球概念等，这与理科课标中的内容要求具有较高的契合度，因而本书即基于此分类对科学概念加以监测，即评价学生在学习完相关模块内容后是否形成了相应的科学概念。

（二）教学质量监测体系之科学思维

科学思维即科学认识活动过程中形成的思维，指"具有意识的人脑对自然界中事物

---

① 卢珊珊. 基于解释驱动探究的科学概念学习研究——以中学化学学习为例[D]. 山东师范大学博士学位论文，2015：6.

② 卢珊珊. 基于解释驱动探究的科学概念学习研究——以中学化学学习为例[D]. 山东师范大学博士学位论文，2015：19.

（包括对象、过程、现象、事实等）的本质属性、内在规律及自然界中事物间的联系和相互关系的间接的、概括的和能动的反映"[1]。这是在上述国际三大监测体系中均未突出强调或忽视的要素。学生在科学课程学习过程中，通过认识科学知识的产生过程而形成科学思维。科学思维是对关系的抽象反映，科学抽象是科学思维的基本内核[2]。因而学生必须能够基于科学事实（或经验材料）对其进行分析、鉴别，从而能够在它们之间建立联系或关系，最终揭示其本质和规律。科学思维的本质是理论与证据间的协调。库恩和皮尔萨（Kuhn & Pearsall）认为科学思维有两个发展阶段：在研究阶段，设计实验并检验理论；在推论阶段，将所得到的结果解释为支持或拒绝理论的证据，并在必要时考虑备择解释[3]。课题组将科学思维的两个阶段进一步细分为模型建构、科学推理、科学论证和质疑创新四个发展阶段，并据此对学生的科学思维发展水平进行监测。

（三）教学质量监测体系之科学探究

科学探究是理科新课标中着力强调的重要内容，并将其作为科学的本质特征，它既是学生学习的目标，也是学生学习的方式。PISA、NAEP 同样将科学探究作为重要评价维度之一，TIMSS 的科学实践中亦有所体现，但对于科学探究的过程以及学生所达到的探究程度缺乏细致分析。美国《国家科学教育标准》（2000）中提出科学探究有五个关键特征：学习者被科学问题所吸引；学习者寻找证据以解释科学问题；学习者基于证据将对科学问题的解释体系化；学习者对其形成的解释进行评价，以获得更恰当的解释；学习者对其提出的解释加以确证和交流[4]。我国的科学课程标准中涉及科学探究的关键要素：提出问题、猜想假设、制订计划、进行实验与搜集证据、分析论证、评估、合作与交流。这二者具有较多共通之处，可将其简化为问题—证据—解释—交流，课题组亦从这四个维度展开对学生科学探究的监测。

（四）教学质量监测体系之科学态度

对科学态度的理解，主要包括两个维度：一是科学的态度（Scientific Attitudes），即指一个人犹如有科学家一般的信念与行为，对新知识的渴望、对事情的质疑、寻找资料及其所代表的意义、要去证明、重视逻辑、考虑到前提假设、思考前因后果等[5]；二是对科学的态度（Attitudes Towards Science），如对科学持消极或积极态度，是否对科学有浓厚的兴趣等。TIMSS 和 NAEP 在评价框架中较少涉及科学态度。同样以科学素养为评价

---

① 胡卫平，林崇德. 青少年的科学思维能力研究[J]. 教育研究，2003（12）：19.

② 刘国建. 论理论思维与科学思维[J]. 自然辩证法研究，2006（8）：105.

③ 吴琳娜，张海燕. 科学思维概述[J]. 科技信息，2010（1）：419.

④ 李雁冰. 科学探究、科学素养与科学教育[J]. 全球教育展望，2008（12）：16.

⑤ Simpson R D，Koballa Jr T R，Oliver J S，Crawley F E. Research on Affective Dimension of Learning. In Gabel，D. L.（Ed.），Handbook of research on science teaching and learning-A project of the national science teachers as sociation. New York：Macmillan Publishing Company，1994：221-234.

核心的 PISA，在其 2006 年的科学评测框架中已将科学态度作为影响科学素养的重要因素加以测评，2015 年中继续沿用，亦主要从这两个维度展开，包括对科学的兴趣、评价科学探究方法的价值以及环境意识三个方面，但缺乏对态度中认知成分的关注。

科学态度包含两种成分：一是认知成分，即对科学本身的认知和理解；二是情感成分，即对科学的评价以及相关的情绪反应。两者相互影响，相互作用。因此课题组认为科学态度应该从科学本质、科学兴趣、科学伦理以及 STSE（即科学、技术、社会、环境）四个维度展开。

（五）教学质量监测体系之水平划分

基于传统经典测验理论的质量监测并不能完全测量出学生的科学素养，因而课题组在借鉴 PISA 测验的基础上，基于项目反应理论，主要从任务复杂度和情境新颖度方面进行测验项目编制，并据此将测验项目划分为三个知识水平，然后对测试项目所涉及的科学素养监测维度依据其指标对不同测试结果进行编码，最后根据赋值和编码来分析学生的科学素养水平。其中任务复杂度主要通过测验项目所涉及的对象多少、规律难易、过程复杂度及数学程度进行赋值；情境新颖度主要通过测验项目所涉及的情境新颖度和条件显隐度进行赋值，如直接情境、常规情境、新颖情境和全新情境；最后基于任务复杂度和情境新颖度的赋值之和进一步将测试项目划分为三个水平：低、中、高。

泰勒曾说"评估与课程必须紧密地整合在一起，这样才不致造成如下后果：由于对评价将要检查的各种目标投入了主要的专注，以至于课程规划被忽视了"[①]。PISA 即因此受到诸多学者的质疑，称其"使得相关国家的教育政策更加关注教育的短期效应，希望借助这一测试迅速提高本国在项目中的排名"，"导致我们大量开展多项选择测试"[②]。当然这只是 PISA 遭受质疑的原因之一，但由此可以看到评价在教学中的重要性。因而我们紧紧围绕课程标准构建教学质量评价框架。但教学质量评价框架的构建不能仅仅停留在理论维度，还需要在实践中进一步检验和修正。总之，民族地区理科教学质量监测体系研究注重对民族地区理科教学特色性进行分析，开发"本土化"的监测体系，将有助于丰富我国有关基础教育教学质量监测研究的理论体系；通过开发"本土化"的监测工具，将有利于准确把握我国民族地区中小学理科教学质量，并为其提供改进建议。

第三节　民族地区理科教学质量监测体系的民族性特征探析

民族教育是我国教育的重要组成部分，在《国家中长期教育改革和发展规划纲要（2010—2020 年）》中明确指出，要"全面提高少数民族和民族地区教育发展水平"，而且要"全面提高教育教学质量"。为了真实地反映民族教学质量水平，构建科学的教学质量监测体系显得尤为重要。教育部在《关于推进中小学教育质量综合评价改革的意见》

---

① 拉尔夫·泰勒，罗康等译. 课程与教学的基本原理[M]. 中国轻工业出版社，2014：132.

② 侯定凯译. OECD 与 PISA 正在破坏全球教育——全球 80 位学者给 OECD 的公开信[J]. 世界教育信息，2014（17）：

52-53.

（教基二[2013]2 号）中特别强调，要"基本建立体现素质教育要求、以学生发展为核心、科学多元的中小学教育质量评价制度，切实扭转单纯以学生学业考试成绩和学校升学率评价中小学教育质量的倾向，促进学生全面发展、健康成长。"提高民族地区理科教学质量是促进民族教育进步，缩小教学差距，提升民族教育质量的突破口之一。由于民族地区人文环境的多样性，在进行理科教学质量监测体系构建时，将民族地区特性纳入考虑范围，是监测专业性和科学性的体现。

一、民族地区中民族特性的集中体现

民族特性是指在民族长期的历史发展过程中形成的，有别于其他民族特性的各个方面，主要表现在政治、经济、文化、生活、宗教信仰以及社会生活等方面。我国少数民族以"大杂居小聚居"的形式多分布在东北、西北、西南等内陆边疆地区，不同的自然环境、不同历史背景、不同的社会文化造就了我国少数民族地区独特的民族特性。

（一）多样的民族文化表征

我国 55 个少数民族文化共融发展。在语言方面，我国 55 个少数民族中，回族、满族同汉族使用同一的汉语，有 53 个民族使用本民族的语言。民族之间互通语言的情况较为普遍，国家通用语言（汉语）也日益成为各民族主要的交际语言；在文化艺术方面，各少数民族创造了大量优美的传说、史诗、音乐、舞蹈、绘画、建筑和典籍，拉萨的布达拉宫、大昭寺和罗布林卡，蒙古族的长调、维吾尔族的大型音乐套曲"十二木卡姆"等都是我国少数民族文化的代表；在风俗习惯方面，特别是集中在服饰、饮食、居住、礼仪、节日和婚丧嫁娶等方面，各少数民族均有自己的特点。

（二）趋同的民族心理特征

在民族的形成过程中，少数民族在长期的与自然地理环境和社会环境的互动中较易形成共同的心理状态，这是少数民族精神面貌上的反映。虽然民族心理特征具有抽象性，但是可以从生活习俗、宗教信仰、对祖国及人民的热爱等方面进行窥探，从而可体现出本民族的传统、情操、性格、气质和爱好。例如，我国北方少数民族大多性格粗狂豪爽，南方少数民族则多细腻质朴。此外，不同的宗教信仰也造成了各民族间不同的脾性以及对同一事物的群体性认知差异。

正是基于民族间的不同文化表征和心理特性，在开展民族教育事业时要充分考虑到民族特性，这样不仅能保证政策的贯彻落实，甚至能达到事半功倍的效果。因此，在民族地区的理科教学质量监测体系的构建中融入民族特性，对提高监测的信度和效度有重要的意义。此外，在监测体系中融入民族特性，其根本目的不在于课程质量监测制度的建立或者监测本身，而在于保障民族地区理科教学的质量。

二、民族地区理科教学质量监测体系的民族性融合

民族地区教育者、教育对象和教育资源的特殊性，造就了民族地区理科教学的特殊性，从而也使得教学质量监测系统不同于以往任何一个监测系统。在教育质量监测体系

的构建中，不仅要考虑到民族地区的地域特点，更要考虑到民族地区的人文文化，这样才能确保理科教学质量监测结果的有效性。当然，并不是强调在所有维度中都侧重民族特性，而是要在保证监测客观、科学、公正的基础上，在内容上兼顾民族特性，从而更好地提高监测质量。

（一）融入民族信仰，解构科学态度

"态度"在《新编现代汉语词典》中明确表述为"人的姿态神情和对人或事情的看法在其言行中的表现"。科学态度也拥有两层含义，一是对科学本身的认知和理解，二是对科学的态度，即对科学的评价以及科学伦理、科学责任和对科学的情绪反应。学生科学态度的形成不是凭空产生，也不是仅凭教师说教一蹴而就的，而是在一定认知的基础上，再加上教师或他人的引导，学生自己通过反复体验，才能逐渐形成、内化和稳定的[①]。依据美国著名精神病医师埃里克森的人格社会心理发展理论，在成年早期之前，人的心理发展要经过婴儿期、儿童期、学龄期和青春期阶段。在成年早期即 18 岁之前，学生的身心发展尚未成熟，对事务的了解和思考方式易受周围人、事、物关系的影响。我国接受中小学教育的学生基本处于学龄期和青春期，对科学稳定态度的形成不仅要受到学校教育的影响，还会受到家庭和社会环境的制约。

民族地区如新疆、西藏、宁夏等地科学态度的普及就会受到地域文化，特别是宗教信仰的影响。宗教信仰这种特殊的社会意识形态和文化现象，在社会科学尚未发达时作为指导和规范个人在世俗社会中的行为准则具有一定意义。随着科学的发展，宗教教义也逐渐向世俗化靠近，做出科学和常理的解释，但科学仍然不能取代宗教。民族地区学生宗教信仰程度，会直接影响学生对科学概念的认知、理解和接受程度，尤其是理科课程（物理、生物和化学）中对客观物质世界的解析。因此，构建民族地区理科教学质量监测体系时不能忽视民族地区宗教信仰这一影响因子。在监测体系建构时，在科学态度维度中可以增加宗教与科学的相关内容[②]。例如，从宗教与科学的起源、本质、规律和目的层面出发，分析学生对宗教和科学的理性认识，把握学生对各理科课程概念的接受和掌握程度，真实监测出学生对科学的兴趣及意识。

（二）结合民族特点，划分素养水平

基于传统测验理论的质量监测并不能完全测量出学生的科学素养，因此，在本研究中，结合 PISA 测验和项目反映理论，从任务复杂度和情境新颖度方面进行测验项目编制，并据此将测验划分为三个知识水平，然后对测验项目所涉及的科学素养监测维度，依据其指标对不同测试结果进行编码，最后根据赋值和编码来分析学生的科学素养水平[②]。任务复杂度和情境新颖度测量的关键在于赋值阶段，对监测项目赋值的多少，会直接影

① 李擎. 初中科学课程中"科学态度、情感与价值观"教育的研究[D]. 华中师范大学硕士学位论文，2008.

② 廖伯琴. 我国民族地区理科教学质量监测体系构建探索[J]. 全球教育展望，2016（5）：30-39.

响到监测结果的分析。因此，在对少数民族地区理科教学质量监测量表进行项目赋值时，要充分考虑到民族特性。

一个群体之所以能成为群体，是因为有着共同的价值观、文化、风俗、习惯等。在共同的环境下，易形成"民族特点"，而这也造成了不同群体对同一事物有着不同的认知倾向。在认知过程中，人们对客观概念（如速度、重量等）的感知常常是参照周围熟悉且常用事物。例如，对运动快慢的认知，同样是 50km/h，赛车和骑马这两者所认知的结果存在较大的差异。因此，在进行监测项目赋值之前，要进行大量且深入的民族特点研究和分析。这种民族特点分析，可以利用文献查阅的方式进行最初了解，用数据调查进行普遍性求证，用深入访谈进行特性挖掘。在对民族认知特点、习惯等充分了解的基础上，才能使得项目赋值更具客观性和针对性，从而保证以此为标准的监测素养水平划分和解释更加科学。

（三）利用民族情境，构建监测题库

题库（Item Bank）一词，源于英国 20 世纪 60 年代的一个全国教育研究课题（Wood&Shurnik，1969），本意是指测验试题的有序集合。更为准确的说法是，题库是适合于预定考核目标的、具有必要参数的大量优质试题的有机集合[1]。题库建设是教育监测走向规范化的有效方式。从整体来看，题库的功能，依据与之配套的考试种类大致可以分为五类：选拔功能，资格评定功能，教育监测功能，课程考察功能和教育辅导功能[2]。民族地区理科教学质量监测题库的建设是教育监测功能的体现，也是构建监测体系的重要组成部分。试题作为题库的最小单位，也作为题库的核心，其质量高低决定着监测题库整体质量水平。在监测题库试题命制过程中，要在保证试题内容科学性和规范性的基础上，兼顾政治性和公平性。其中科学性是指试题内容要符合常识和科学，符合教学规律；规范性是指试题的图文和符号要符合国家标准；政治性则是指试题的命制要符合国家政治方向，符合法律法规；公平性是指试题内容命制不因作答者的年龄、性别、背景等原因有所偏颇。

民族地区的理科教学质量监测题库的建设，不仅要在保证试题科学性、规范性、政治性和公平性的基础上，更要贴合民族情境性。民族情境是指民族环境，既包括自然环境也包括人文环境。布恩认为"知识只有在它们产生及应用的情境中才能产生意义。知识绝不能从它本身所处的环境中孤立出来"[3]。当教学质量监测试题更加贴合民族地区学生的生活时，监测出的教学质量结果才能更加趋向真实水平。例如，考查学生对银的氧化还原反应的应用能力，对于苗族学生而言，可用他们独特的酸汤洗银法作为测试题目。因此，在教学监测中利用民族地区教育的特色资源，不仅丰富了教学质量监测系统，而且能更有效地提高理科教学评价质量[4]。

---

① 李光明，关丹丹.关于题库建设若干问题的思考[J]. 测量与评价，2014（9）：3-8.

② 简小珠，金锐，张敏强. 基础教育学业水平监测题库建设的整体规划[J]. 考试研究，2011（1）：53-58.

③ Brown J S，Collin A，Duguid P. Situated congnition and the culture of learning. Educational Research 1989，18（1）：32-34.

④ 廖伯琴. 我国民族地区理科教学质量监测体系构建探索[J]. 全球教育展望，2016（5）：30-39.

（四）提供多语言试卷，提高监测效度

少数民族文字造就了中华文化的多样性，其中，文字是书写语言的符号，这不仅克服了语言的时空限制，扩大了信息传播，增加了文化积累，更是对社会的发展产生了巨大的推动作用。在我国 55 个少数民族中，除回族、满族主要部分不使用自己民族的文字外，有 29 个民族有与自己语言相一致的文字。随着社会的不断发展，每个少数民族使用本民族语言和文字的程度有所不同。基于此，在少数民族地区中小学存在两种不同的教育模式，一种是大力普及国家通用语言和文字的能力，另一种是提倡保护本民族语言和文字。不论是何种教育模式，其本质是实行双语教育，促使学生能成为双语人才，即不仅熟练掌握本民族语言、文字，也能熟练地使用国家通用语言和文字。但在现实教学中，势必会出现学生母语和第二语言掌握水平不一致的现象。

理科教学对学生语言和文字的掌握能力有较高的要求，要求学生不仅能认知专业术语、概念及公式，更要达到熟练应用的地步。因此，学生对语言文字的掌握水平会直接影响到学习质量。同理，进行理科教学质量监测时，监测试卷的文字种类也会对学生的作答产生影响，从而影响教学监测质量。当少数民族学生作答自己没有熟练掌握文字的监测试卷时，会促使学生进行语言转换，即由所掌握的一种语言转换到另一种语言。在转换过程中，学生要经过词汇层面，再到达概念层面后才能完全地理解监测试题所表达的真实含义。在监测过程中，语言转换能力会对教学质量监测结果产生显著影响。而理科教学质量监测的真正目的并不在于学生文字和语言的掌握能力，而应是对科学概念、科学思维等方面的测量。因此，设置不同少数民族语言的理科监测试卷，让学生自主选择最熟悉文字的监测试卷，是有效规避由语言转换造成监测结果失真的有效途径。在多语言的理科监测试卷的翻译和制作过程中，要确保准确和专业，从而提高监测结果的效度。

第四节　民族地区理科教学质量监测的问卷设计

个人、经济和社会的发展需求促使政府提高教育质量。2007 年教育部依托北京师范大学建立教育部基础教育质量监测中心；2010 年中共中央、国务院印发《国家中长期教育改革和发展规划纲要（2010—2020 年）》，明确指出：“改革教育质量评价和人才评价制度”，“成立国家教育质量监测、评估机构”，“建立教育质量监测、评估体系”[①]；2013 年发布《教育部关于推进中小学教育质量综合评价改革的意见》；2015 年 4 月国务院教育督导委员会办公室印发《国家义务教育质量监测方案》，标志着我国义务教育质量监测制度的建立[②]。教育质量监测不仅仅要了解当前的教育教学现状，更要了解其背后的原因和影响因素，为以后的教育改革提供建议，因而教育质量监测调查问卷的设计至关重要。

---

① 教育部. 国家中长期教育改革和发展规划纲要（2010—2020 年）[EB/OL]. http：//www. moe. gov. cn/publicfiles/business/ htmlfiles/moe/moe_177/201407/171904.html，2015-4-17.

② 教育部基础教育质量监测中心. 教育部：2015 年起开展义务教育质量监测工作[EB/OL]. http：//www. eachina. org. cn/eac/dcdt/ff8080814cbf7296014cc2b4a6f40004.htm，2015-4-17.

目前比较成熟的教育质量监测体系如 PISA、TIMSS 和 NAEP 的调查问卷设计或可作为有效参考，对我国民族地区教育质量监测的调查问卷设计有所启示，尤其是国际环境以及美国多种族的复杂性与我国民族地区略有相似之处，可以帮助我们更深入全面地了解民族地区教学质量的影响因素。

一、PISA：二维调查问卷设计

PISA 其目的是了解处于义务教育结束阶段的 15 岁学生是否掌握进入当代社会所应具备的基本知识和技能，以帮助各参与国家和地区提高其教育系统的质量、效率，促进教育均衡发展[①]。由此，PISA 的问卷开发的目的是为教育系统提供其效果、公平、效率的指标，设定其国际比较的参数，监控其随时间变化的趋势[②]。这要求 PISA 不仅要调查影响学生学习过程的因素，如学校、家庭等，还要调查影响学生成绩的非认知因素，如态度、动机等，并考虑到不同国家及地区间的文化等的差异。另外，这些调查数据在为各参与国家和地区教育改革提供参考依据的同时，还要为其持续发展提供比较。在借鉴国际教育成就评价协会输入—过程—结果（Input-Process-Outcome）模式的基本评价框架基础上，主要围绕学生和学校背景（输入）、学校政策与管理（过程）、教与学（过程）、非认知结果（结果）四个核心内容，从宏观（系统即国家）、中观（学校）、微观（学生）三个层面展开了全方位调查，如表 5.4.1 所示[②]。

表 5.4.1   PISA 情境问卷主要测试内容

	学生和学校背景	过程	非认知结果
系统层面		管理：决策制定，横向和纵向差异	（学生数据汇总）
学校层面	学校位置，规模，类型，资源的数量和来源（包括信息通信技术）社会/种族/学业构成 班级规模 教师资格	学校政策：提供的项目，入学和分组政策，学习时间分配，补习（Additional）时间和学习支持，*额外的（extra）课程活动*，专业发展，领导团队，家庭参与，评估/评价/解释政策，学校氛围（教师和学生的行为）教与学：纪律，教师支持，*认知挑战*	（学生数据汇总）辍学率
学生层面	性别，社会经济地位（父母的受教育水平、职业、家庭收入、家庭书籍拥有量），语言和移民背景，年级，学前教育，入学年龄	留级，参与项目，在校学习时间（必修课和补习），*校外学习时间*	一般领域非认知结果（如成就动机、学校幸福感等）具体领域非认知结果（*动机，领域相关的信念、策略，自我信念，领域相关的行为*）

（斜体部分为每年主要测试领域必须调查的内容，如 PISA2015 的科学）

---

① OECD. About PISA [EB/OL]. http：//www.oecd.org/pisa/aboutpisa/PISA-trifold-brochure-2014.pdf，2015-4-18.

② OECD. PISA2015 Draft Questionnaire Framework [EB/OL]. http：//www.oecd.org/pisa/pisaproducts/ PISA-2015-draft-questionnaire-framework.pdf，2015-4-18.

从表 5.4.1 中可以看出，PISA 的调查问卷设计主要有四个特点：

第一，问卷的动态性与稳定性相结合，即调查问卷既有固定不变的静态的一面，如问卷设计框架在每次测评中持续使用，基本保持一致；又如问卷中涉及领域的内容是必调查项目，这样可以保证调查数据的连续性，为参与国家和地区的教育改革发展提供依据。同时又有其随社会和教育发展及研究目的需要而变化的动态的一面，如在 PISA2006 问卷中包括家庭问卷、学生问卷、教师问卷和信息通信技术（ICT）应用能力问卷，在 PISA2009 问卷中新增了教育生涯（Educational Career）问卷，而在 PISA2012 中为了调查更多的内容而不增加学生作答时间，将学生问卷分为了 A、B、C 三种循环问卷设计形式。除了问卷类型的变化外，问卷内容亦有所变化，如 PISA2012 问卷中更新了父母职业编码，由原来的 1988 版国际职业标准分类（International Standard Classification of Occupations）更新为 2008 版（ISCO-08）；新增了学习机会（Opportunity to Learn，OTL）相关内容的调查等。这种动态调整可以使问卷设计保持其先进性，同时最大程度满足各参与国家和地区的需求。

第二，一般信息调查与具体信息调查相结合。PISA 在对学校、学生层面一般信息进行调查的同时，进一步调查具体领域学习的影响因素，可以在了解学校和学生整体情况的条件下对促进领域的教学提出更具针对性的建议。

第三，硬环境与软环境因素调查相结合。PISA 不仅调查各参与国家和地区的硬环境（或称物理环境），如班级规模、资源数量、家庭社会经济情况等，还调查其软环境（或称社会环境）如教师支持、学校氛围等，以全面了解影响教育系统的因素，为各参与国家和地区的教育改革提供参考。

第四，认知与非认知因素调查相结合。PISA 旨在测试 15 岁学生是否掌握进入社会所必备的知识与技能，但同时强调学生的非认知结果对学生的发展及个人的生活和幸福是最重要的。因而 PISA 在对学生的学科领域认知结果进行测试的同时，强调其非认知结果的影响，主要调查学生的态度、动机、信念等情感领域内容。

二、TIMSS：课程中心的问卷设计

TIMSS 其目的是帮助各参与国家和地区以多种方式探索教育问题，包括在全球背景下监控教学成绩变化趋势；为教育发展设定目标和标准；促进课程改革；通过测评数据的研究和分析促进教与学；以及其他相关研究[①]。在开发调查问卷框架时，TIMSS 主要旨在搜集教育系统促进和提高数学和科学课程学习的相关数据，探寻教与学的影响因素，同时在全球范围内为各参与国家和地区提供学生学业成就的参考和比较，以为教育系统的改革和发展提出更为有效的建议。据此，TIMSS 主要从国家与社区情境、家庭情境、学校情境、课堂情境以及学生特征与学习态度五个方面开发调查问卷，如表 5.4.2 所示[②]。

---

① IEA. About TIMSS & PIRLS [EB/OL]. http：//timss. bc. edu/home/pdf/TP-about.pdf，2015-4-15.

② Martin Hooper，Ina V. S. Mullis，& Michael O. Martin. TIMSS 2015 Context Questionnaire Framework[EB/OL]. http：//timss. bc. edu/timss2015/downloads/T15_FW_Chap3. pdf，2015-4-20.

表 5.4.2　　TIMSS 调查问卷框架

问卷情境	内容
国家和社区情境	经济资源，人口学特征，地理特征 教育系统的组织和结构 学生流动（Student Flow） 教学语言 预期的数学和科学课程 教师和教师教育 课程实施管理
家庭情境	家庭学习资源 家庭日用语言 父母的教育期望和学业社会倾向（Academic Socialization） 早期的文化素养，计算能力和科学活动
学校情境	学校地理位置 学生社会经济背景构成 数学和科学资源短缺对教学的影响 教师的教学支持和行业稳定性 负责人的领导力 学校对学业成功的重视 学校的安全、秩序和纪律
课堂情境	教师的专业能力和经验 TIMSS 数学和科学内容的教学 课堂教学资源和技术 教学时间 教学参与（Instructional Engagement） 课堂评价
学生特征和学习态度	学生的学习参与 学习动机 自我概念（Self-Concept） 学生特征

　　与 PISA 相比，TIMSS 的调查问卷的特点主要表现在：

　　第一，TIMSS 的环境调查范围更广泛、深入。TIMSS 认为文化、社会、政治、经济因素都会影响学生的学习，如国家和社区如何能够基于现有环境设计开发有效的课程，以促进学生学习。因而有必要对国家和社区情境进行相关调查。此外非常关注学校和家庭环境，他们认为这是四年级或八年级学生数学和科学学习的主要场所[1]。学校的环境和组织影响课程目标达成的有效性，TIMSS 更倾向于将学校作为一个系统，关注其影响教学质量的各部分之间的关系。在家庭环境方面更关注父母或监护人以及整个家庭氛围对学生影响的调查，而不仅仅是一些人口学特征。这些与课堂环境和活动一起共同营造了学习氛围。

　　第二，TIMSS 也从宏观、中观、微观三个层面进行问卷开发，包括教育系统结构、学校组织、课程、教师教育和课堂实践，但其问卷设计的每一个层面主要围绕数学和科学的课程、教学、学习三个主要内容展开，其对课程教学与学习的调查更加细致、全面。这些数据可以为各参与国家和地区的教学改革提供有效的、具体的教育教学策略，尤其是在进行跨国比较时，可以提供更多详细的参考。

三、NAEP：发展取向的问卷设计框架

　　NAEP 的目的是了解全国各学科的教育教学现状，评价各州的教育教学质量及其进展，使教育政策制定者、家长、教师及学生对学校教育有更清晰的认识。NAEP 调查问卷是 2003 年由国家评估管理委员会开发的，一直持续至今，保证了其调查数据的连续性，便于详细了解各州教学相关因素的发展变化情况。在这一过程中，国家评估管理委员会也对问卷做过修订，如增加非认知因素的调查，包括与学科相关的非认知因素，以更深入了解学生的学习现状，具体如表 5.4.3 所示。

表 5.4.3　NAEP 调查问卷框架

问卷情境	内容
学生情境	人口学特征，如个人与家庭种族、家庭成员、家庭中报纸、杂志以及其他书籍的订阅情况，是否有计算机，每日读书页数，与家人讨论学校情况，非英语日常使用等； 课堂经验，如学科学习的态度及成就感等； 教育支持，如计算机等信息通信技术的学习应用等
教师情境	教师培训，如相关学科的教学资格证、师资培训等； 教学实践，包括课程、课程产品、资源材料、课堂管理、教学模式以及教师的工作满意度等
学校情境	学校政策，如能力或成绩分组、评价次数、课程开设、学生分班等； 学校资源，如计算机、卫星电视等设备； 学校氛围，包括全职教师，志愿者等，学生缺席率等； 学校特征，即学校的人口学统计，包括午餐、入学条件、人种比例、学校性质等
SD/SLL	即特殊儿童和英语非母语学生（Students with Disabilities or English Language Learners），主要调查取样中有多少类似的学生，其问卷主要由其特教老师、双语老师或者熟悉学生的人辅助填写

　　作为评测美国国内教学发展现状的 NAEP，其与 PISSA、TIMSS 有相似之处，如都关注学生的认知和非认知因素，关注影响具体课程领域教学的因素等，其不同之处主要表现在：

　　第一，调查问卷的稳定性。NAEP 自 2003 年开始实施问卷调查起，其问卷内容基本保持不变，其目的在于一方面各州可以持续地内部纵向比较其教学影响因素的变化，便于开展增值性评价，并有助于其制订有针对性的教育政策改进教学；另一方面便于各州之间横向比较，以间接评价本州的教学质量发展，同时也为各州的教育改革相互提供参考。总之，这种稳定性保证了教师、学生、校长及政策制定者等充分了解各州教育教学发展现状，使相关参与者对自己所处的教育教学环境发展变化有更深入和更清晰的了解和认识。

第二，调查学生群体的多样性。NAEP 的学生问卷不仅面向正常学生，还涉及特殊儿童及英语非母语学生，其主要是为了满足《不让一个孩子落伍》法案的要求，调查问卷需要包括特殊群体的信息，如不同种族的特征、社会经济地位、性别、特殊儿童以及母语等①，即其调查取样应该能够代表所有各类学生特征，以最大范围内保证测评的代表表性和全面性。

四、对我国民族地区教育质量监测调查问卷设计的启示

通过以上的分析可以发现，PISA、TIMSS 和 NAEP 虽因评测目的不同问卷设计有所差异，但它们均重视教育公平的调查，从宏观层面的教育决策制订、课程组织管理，中观层面的学校入学、分班、分组以及评价等政策，到微观层面的教师课堂管理、教学方式、教学参与等；重视家庭环境对学生的影响，如调查家庭藏书量、阅读时间、与父母交流学校情况以及父母期望、家庭氛围等，其把家庭作为学生发展非常重要的组成部分，关注家校联系及参与学校事务的积极性，关注家庭的教育责任；重视教师发展，如对其培训经历、专业发展、教师支持、工作满意度等调查，把教师作为动态的、不断成长的个体存在；重视学生的非认知因素在学习中的重要作用，关注学生的内在体验，侧面体现了以学生为中心的教学理念。

调查问卷的设计与其评测目的紧密相关。我国民族地区教育质量监测旨在了解全国各民族地区教学现状，分析教育质量的影响因素，监测其发展动态，以为民族教育质量改进提出建议，为国家教育决策提供参考。既然调查影响因素，可以从教育质量的直接影响和间接影响开始切入，直接影响即直接与教育相关的因素，如教师的教学、学生的学习、学校的支持等；间接影响如学校环境、家庭环境以及相关的背景信息等间接的、隐性的影响教学的因素。在借鉴三大评价体系分别从宏观、中观、微观层面调查的基础上，基于我国国情，即从地区、学校、教师、家庭、学生五个层面展开，在每一个层面分别调查其"背景""活动""环境"因素，由此构成了五层面、三因素的 15 个调查内容的教学质量二维问卷设计框架。与 TIMSS 类似，这一框架主要是围绕影响课程的教学、学习开发的，基于本课题主要是针对民族地区的教育质量监测，在框架中突出体现了民族地区的民族性和特殊性，如表 5.4.4 所示。

表 5.4.4　我国教学质量监测调查问卷框架

	背景	活动	环境
学生	人口学特征，如学校、班级、民族、性别、年龄、日用语言； 到校用时，缺课； 父母年龄、学历、工作、家庭成员、目前在家成员	*学习情感：如学习动机，学习态度，学习兴趣；* *学习时间，如作业时间，校外补习等；* *学习信念，如学习难度，学习自信，学习归因*	家庭环境，如书桌、书房、计算机等；与家人交流学校情况； 学校环境，如班级人数、设施、设备、资源等； 师生关系

---

① NACS. Questionnaires for Students, Teachers and Schools[EB/OL]. http：//nces.ed.gov/nationsreportcard/bgquest.aspx，

2015-4-20.

续表

	背景	活动	环境
教师	人口学特征，如学校、年龄、工龄、性别、民族、籍贯； 工作背景，如班级及人数、任课科目、学历、职称、是否正式、语言、是否双语上课、班主任	教学态度，教学认识，职业倦怠，教学压力； *教学方式，教学内容（对内容理解、认识等）*，课堂管理，师生互动；教学评价与反馈，作业布置	教学支持，如培训、帮扶带、教研活动等； 教学限制；教学设施
学校	人口学特征，如学校位置、性质、规模、民族分布； 校长情况，如性别、年龄；胜任力	教学管理，如招生，奖励，绩效分配，课时安排，课程开设等； 学校管理，如安全、纪律等，分班	家校交流； 教学设备，教学资源； 午餐，寄宿，营养计划
家庭	问卷填写人，家庭成员，家庭住址，父母年龄，工作，民族，学历，语言；家庭收入		教育态度，如对学校认识，孩子期望，与老师沟通； 学习支持
地区	学校情况，如数量、性质、分布等； 经济发展状况； 经费投入	教学研讨，如组织参观其他学校，教学比赛，教育培训等	教育政策

注：其中斜体部分为与学科相关调查内容。

　　我国教育质量监测的开展同 PISA、TIMSS 和 NAEP 类似，每隔三年以两个学科为主要对象进行评测，因而在问卷框架中强调了学科内容的调查（斜体部分），可以有针对性地了解学科教学和学习的现状及影响因素，制订有效的教育政策。同时，调查问卷框架应该是动态性与稳定性相结合，以《教育规划纲要》为依据，确定稳定的、长期的调查因素（加粗部分），同时结合各地区现状及国家教育发展需要选择动态的、有所侧重的调查因素。另外，因我国各地区教育发展不均衡，调查数据不宜作为地区间教育质量优劣的评价依据，更应注重其增值性评价的价值，促进各地区教育纵向发展，提升质量，最终达到教育均衡发展。

第六章　民族地区理科教学质量监测的案例探析

第一节　民族地区学生科学态度维度的监测报告

一、研究的方法及过程

西南民族地区中小学生科学态度的状况如何、呈现出哪些特点？对于这些问题，本研究在此部分通过问卷调查的方式给予解决。

（一）研究目的

（1）了解西南民族地区中小学生科学态度的状况（通过"对科学的态度"及"科学的态度"两个内容共 16 个维度进行呈现，以下相同）；

（2）了解西南民族地区少数民族中小学生与汉族中小学生科学态度的差异性，以及不同的少数民族中小学生之间科学态度的差异性，为探讨人文环境对中小学生科学态度形成的影响提供支持；

（3）了解西南民族地区中小学生科学态度的学习阶段差异，为探讨学校教育对中小学生科学态度形成的影响提供支持。

（二）样本情况

本研究采用分层取样与随机取样相结合的方式抽取样本。

虽然"西南"一词现在已经被赋予了包括文化内涵在内的许多含义，但其首先是地理意义上的空间概念，是以某一点为中心确立起的东、南、西、北空间意义上的某个方位。在此意义上，本研究的西南地区则指我国处于西南方位的广西、云南、贵州、四川、重庆、西藏（省、自治区、直辖市）形成的一个地理单元，西南民族则指世代居住在广西、云南、贵州、四川、重庆、西藏六地的少数民族[①]。故本研究选取四川甘孜藏族自治州、贵州安顺市、广西柳州市、广西崇左市、云南红河哈尼族彝族自治州、云南迪庆藏族自治州为西南少数民族中小学生样本抽取点，并添加世居少数民族人口较少的广西玉林市为比较样本抽取点，7 个样本抽取点直线连接路程约为 2856.9 公里，面积约为 34.6 万平方公里。

---

① 根据 2010 年第六次人口普查资料显示，我国四川、云南、贵州、西藏、重庆、广西的世居民族包括：阿昌族、白族、布依族、布朗族、朝鲜族、侗族、独龙族、德昂族、傣族、仡佬族、回族、哈尼族、基诺族、景颇族、京族、拉祜族、黎族、傈僳族、苗族、蒙古族、毛南族、仫佬族、满族、纳西族、怒族、普米族、羌族、畲族、水族、土家族、维吾尔族、佤族、瑶族、彝族、壮族、藏族等民族，少数民族人口约为 5455 万人，约占西南地区人口总数的 22.8%。

研究在确定的 7 个样本抽取点的每个点随机抽取农村小学或乡镇小学（部分取样点因无完全小学，故以乡镇小学取代）、县市小学、乡镇初中、县市初中、县市高中各一所作为样本抽取校，最后形成的有效样本，如表 6.1.1 所示。

表 6.1.1　样本的地区-年级段基本情况表

样本性质	样本抽取地	小学①	初中②	高中	合计
少数民族聚集地	四川甘孜藏族自治州	178	185	211	574
	贵州安顺市	153	191	227	571
	广西柳州市	163	180	219	562
	广西崇左市	165	183	206	554
	云南红河哈尼族彝族自治州	158	195	210	563
	云南迪庆藏族自治州	151	181	198	530
非少数民族聚集地	广西玉林市	162	199	205	566
合计		1130	1314	1476	3920

少数民族是本研究的关注点，故样本的少数民族涉及面、占比也是抽样需要考虑的因素之一。本研究抽取的样本中包括了白族、布依族、藏族、傣族、侗族、哈尼族、回族、京族、拉祜族、黎族、傈僳族、满族、毛南族、蒙古族、苗族、仫佬族、纳西族、普米族、羌族、土家族、瑶族、彝族、仡佬族、壮族 25 个少数民族，占了西南地区世居少数民族的 67.5%。样本量在 30 以上的民族及比例如表 6.1.2 所示③。

表 6.1.2　样本的地区-年级段基本情况表

民族	样本量	百分比/%	累积百分比/%
汉族	1583	40.4	40.4
壮族	772	19.7	60.1
藏族	521	13.3	73.4
哈尼族	243	6.2	80.6
侗族	180	4.6	85.2
苗族	175	4.5	88.7
瑶族	145	3.7	92.4
布依族	90	2.3	94.7
彝族	64	1.6	96.3
其他	147	3.7	—
合计	3920	100.0	100.0

① 因对问卷理解的要求，本研究只抽取 4～6 年级小学生为样本。

② 因大部分初中学校初一开设生物课、初二开设物理课及生物课、初三开设物理课及化学课，为确保研究取得较为完整的数据，本研究在初中阶段只抽取初二、初三学生作为样本。

③ 小组样本量在 30 以上才具有统计学意义．参考维尔斯曼著，袁振国译，教育科学出版社 1997 年出版的《教育研究方法导论》第 356 页。

另外，从经济文化类型来看，我国西南地区按照青藏高原、云贵高原及四川盆地、桂东南东部丘陵平原的三大梯级宏观地势阶梯，可以大致划分为三种主要类型：游牧经济（如阿坝草地的藏族）、刀耕火种农业（如滇西苗族、瑶族）、水田稻作农业（如壮族、侗族、布依族）①。本研究抽取的样本中，属于游牧经济文化类型的学生约占总样本数的 13.3%，属于刀耕火种农业文化类型的学生约占样本总数的 16%，属于水田稻作农业文化类型的学生约占总样本数的 25.9%，抽取的样本中不同文化类型的占比与当前西南地区总人数中不同文化类型的占比相符，故样本具有一定的代表性。

（三）研究工具

根据前期建立的科学态度测评维度（表 6.1.3）及研究需要了解的学生背景信息，并采用李克特量表（Likert Scale）的五级量表法编制问卷题目②，形成西南民族地区中小学生科学态度调查初步问卷。对初步问卷进行初测，根据试测的结果修订问卷，并进行二次试测和修订，最后形成正式问卷。由于中学及小学开设科学课程以及理解能力的差异，本研究的正式问卷分为中学问卷和小学问卷两类。

通过 SPSS17.0 对正式问卷的内部一致性信度进行计算③，结果显示小学问卷的 Cronbach's Alpha 值为 0.812，中学问卷的 Cronbach's Alpha 值为 0.874，说明两份正式问卷的信度较高，调查的结果可信④。通过 SPSS17.0 对正式问卷的结构效度进行计算，结果显示小学问卷的 Kaiser-Meyer-Olkin 值为 0.838、中学问卷的 Kaiser-Meyer-Olkin 为 0.849，说明数据非常适合进行因子分析⑤。研究采用主成分分析法提取特征值大于 1 的公共因子，再进行旋转成分矩阵的计算：小学问卷公共因子为 5 个，各因子项目负荷值介于 0.404 与 0.811 之间，累计方差贡献率为 51.484%，说明该问卷有较好的效度；中学问卷公共因子为 8 个，各因子项目负荷值介于 0.401～0.877 之间，累计方差贡献率为

---

① 史继忠. 西南民族社会形态与经济文化类型[M]. 昆明：云南教育出版社，1997:15.

② 李克特量表：李克特发展的测量类型，它通过在问卷调查中使用标准化的回答分类来提高社会研究的测量层次，并以此来决定不同项目的相对强度。本研究使用其五级量表法，对题目设置了从完全同意到完全不同意的 5 级回答选项，以此表达测评对象在某项目上的回答。该量表法因操制作简单、分析方便而被广泛应用于态度的调查中，本研究因样本量大、加上在科学态度的影响因素模型检验的需要，采用了李克特量表法进行问卷的编制。

③ 信度的测评方法主要包括再测信度法、复本信度法和内部一致性信度法，但再测信度法和复本信度法分别是属于跨时间和跨类型的方法，在实际操作中有较大的困难，故本研究采用内部一致性信度法对研究工具的信度进行检验。其中内部一致性系数的估计方法主要有分半信度和 α 系数法，因本研究的项目分属于不同的因子，不宜进行分半信度的估计，故采用 α 系数法对问卷的信度进行计算。

④ Cronbach's Alpha 也称克朗巴哈系数，是由克朗巴哈在 1951 年提出用于检测信度的系数。该公式为 $\alpha = \frac{K}{K-1}\left(1 - \frac{\sum S_i^2}{S_T^2}\right)$，$\alpha$ 为信度系数，K 为题目数，S_i^2 为各题目所有被试得分的方差，S_T^2 为被试所得总分的方差，α 介于 0 至 1 之间，值越大说明信度越高。一般而言，α 大于 0.8 说明可信度较高。

⑤ KMO(Kaiser-Meyer-Olkin)检验统计量是用于比较变量间简单相关系数和偏相关系数的指标。KMO 统计量的取值在 0 和 1 之间. 当所有变量间的简单相关系数平方和远远大于偏相关系数平方和时，KMO 值接近 1。KMO 值越接近于 1，意味着变量间的相关性越强，原有变量越适合作因子分析；当所有变量间的简单相关系数平方和接近 0 时，KMO 值接近 0。KMO 值越接近于 0，意味着变量间的相关性越弱，原有变量越不适合做因子分析. Kaiser 给出了常用的 KMO 度量标准：0.9 以上表示非常适合；0.8 表示适合；0.7 表示一般；0.6 表示不太适合；0.5 以下表示极不适合。

59.697%，说明该问卷有较好的效度①。

表 6.1.3　西南民族地区中小学科学态度测评维度及对应测评题目

内容	维度	测试题目（中学）	测试题目（小学）
对科学的态度	对科学本质的认知	B1	B1
	对科学价值的认知	B2 B3 B4	B2
	对科学家的情感	B5	B3
	对科学议题的情感	B6 B7 B8	B4
	对科学教学过程的情感	B9 B10 B11	B5
	对科学教师的情感	B12 B13 B14	B6
	使用科学知识的意愿	B15 B16 B17	B7
	从事科学事业的意愿	B18 B19 B20	B8
科学的态度	好奇心②	B21	B9
	质疑的习惯	B22	B10
	延迟判断的习惯	B23	B11
	讲证据	B24	B12
	客观	B25 B26	B13
	认同因果关系	B27	B14
	不迷信权威	B28	B15
	接受异己观点	B29	B16

（四）研究程序

在确定取样点后，笔者通过当地教育部门或"熟人"与研究计划的样本校取得联系，说明本研究的目的、研究的程序及要求，并通过邮寄的方式将问卷送达样本校。由样本校的班主任或者课任教师作为主试，并利用自习时间发放问卷，作答无时间要求，但当场回收后邮寄给笔者；笔者在收到问卷后进行编码、录入、剔除无效问卷、统计分析，形成研究文本。

---

① 刘朝杰、蒋小花等提出判断问卷的结构效度可用以下三个标准进行判断：①公共因子应与问卷设计时的结构假设的组成领域相符，且公共因子的累积方差贡献率至少在 40%以上。②每个条目都应在其中一个公共因子上有较高负荷值（大于 0.4），而对其他公共因子的负荷值则较低。如果一个条目在所有的因子上负荷均较低，则说明其反映的意义不明确，应予以改变或删除。③公因子方差均应大于 0.4，该指标表示每个条目的 40%以上的方差都可以用公共因子解释。

② 好奇心：是个体对新异和未知事物想知的倾向，是个体重要的内部动机之一。最早讨论好奇心的是哲学家和宗教思想家，他们关注的是好奇心的道德性质而较少关心其心理结构和机制. 1890 年 JAMES 把好奇心概念引入心理学研究后，学者们开始从心理学的角度探讨好奇心的实质和产生的原因，并形成了好奇心的本能论、好奇心的驱力论、好奇心的认知论、好奇心的特质论等理论. (胡克祖.好奇心的理论[J]. 辽宁师范大学学报(社会科学版), 2005(11): 49-52。

　　量表采用李克特5级量表法，并对"完全不同意"至"完全同意"的5级答案水平分别赋值1分、2分、3分、4分、5分，数据使用 SPSS（Statistical Product and Service Solutions）17.0 进行收集和统计，研究中使用的统计方法有频数统计、独立样本 T 检验、单因素方差分析等。

　　Kline（1998）指出，当偏态（Skewness）的绝对值小于3.0，峰度（Kurtosis）的绝对值小于10.0时，一般可视为符合单变量正态分布。对本研究的观测变量的偏态和峰度进行计算，根据计算结果可知本研究的观测变量符合正态分布。[①]

二、结果与分析

　　结果部分，将按照前期研究确立的科学态度测评维度的"对科学的态度"及"科学的态度"两方面内容的 16 个维度进行呈现。同时，在呈现的过程中将从民族、学习阶段等方面的差异性进行分析概述。

（一）西南民族地区中小学生对科学的态度

1. 对科学本质的认知

　　通过调查了解西南民族地区中小学生"对科学知识理解"，统计结果如表 6.1.4 所示。

表 6.1.4　西南民族地区中小学生对科学知识理解的统计表

	N	均值	标准差	均值的标准误
少数民族	2337	2.55	1.132	0.023
汉族	1583	2.61	1.159	0.029
总体	3920	2.58	1.249	0.026

　　由表可见，西南民族地区中小学生"对科学知识理解"回答的得分均值为 2.58 ，其中少数民族中小学生对科学知识理解回答的得分均值为 2.55 ，汉族中小学生回答的得分均值为 2.61。

　　通过均值 T 检验还可知，在对科学知识理解的回答中，少数民族学生与汉族学生无明显差异（$p > 0.05$，表 6.1.5）；然而，是否来自少数民族聚集地在科学知识的回答中却呈现出了统计学差异（$p < 0.001$），汉族地区的学生得分水平均高于少数民族学生。可见，在对科学知识的理解中，学生是否来自于少数民族聚集地的影响要大于是否是少数民族，可进一步认为生活于少数民族聚集地的汉族学生也受到了少数民族文化的影响。

[①] Kline R B. Principles and practice of structural equation modeling.New York:The Guilford Press, 1998.

表 6.1.5　少数民族学生与汉族学生对科学知识的理解均值 *t* 检验表①

	方差方程的 Levene 检验		均值方程的 *t* 检验					差分的95%置信区间	
	F	Sig.	*t*	Df	Sig.（双侧）	均值差值	标准误差值	下限	上限
假设方差相等	2.166	0.141	−1.604	3918	0.109	−0.060	0.037	−0.133	0.013
假设方差不等			−1.597	3343.733	0.110	−0.060	0.037	−0.133	0.014

不同民族学生对科学知识的理解也存在一定的差异，见图 6.1.1，其中侗族、苗族、彝族学生对科学知识的理解得分显著高于其余平均水平。

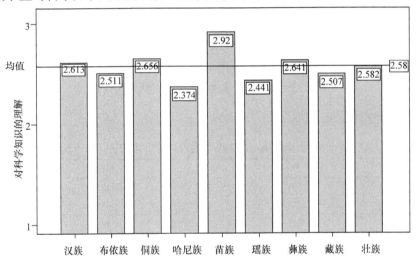

图 6.1.1　各民族学生对科学知识的理解统计图

不同阶段的学生对科学知识的理解如图 6.1.2 所示，小学、初中、高中学生对科学知识的了解得分逐渐增加，且显著差异（$p<0.001$）。

2. 对科学价值的认知

经赋值统计，结果显示西南民族地区少数民族中小学生"对科学价值的认可"均值为 3.27，即倾向于同意"科学对生活有帮助"的观点，而汉族学生"对科学价值的认可"均值为3.24（表6.1.6）。但少数民族学生与汉族学生之间"对科学价值的认可"的差异性不显著（$p>0.05$）；汉族地区学生与少数民族聚集地学生之间"对科学价值的认

---

① 在独立样本 *T* 检验中，如方差方程的 Levene 检验结果显示两个样本方差有差异，则 *T* 检验结果采用方差不相等的结果；如方差方程的 Levene 检验结果显示两个样本方差无差异，则 *T* 检验结果采用方差相等的结果。参见：骆方等. SPSS 数据统计与分析[M]. 北京：清华大学出版社，2011：69. 本表统计结果显示两个样本方差无差异($p=0.141$、$p=0.497$)，故 *T* 检验结果均采纳方差相等时的结果，分别为 $p=0.109$、$p=0.002$，故在对"科学家所说的都是正确的"的回答中却呈现出了少数民族学生与汉族学生的统计学差异，以下涉及独立样本 *T* 检验采用同样的方法。另外，为阅读及查阅的便利，本研究的差异性检验原始数据置于其附件中。

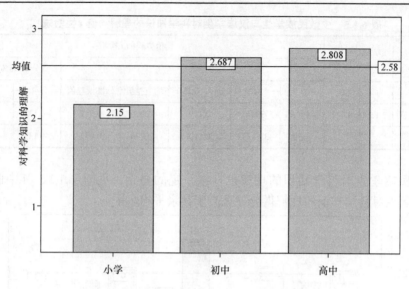

图 6.1.2　各阶段学生对科学知识的理解统计图

可"也无显著性差异（$p>0.05$）。

表 6.1.6　西南民族地区中小学生对科学价值的认可统计表

	N	均值	标准差	标准误
汉族	1583	3.24	0.029	0.020
少数民族	2337	3.27	0.036	0.017
总体	3920	3.26	0.034	0.013

不同民族学生对科学价值的认可统计结果如图 6.1.3 所示，瑶族学生最认可科学

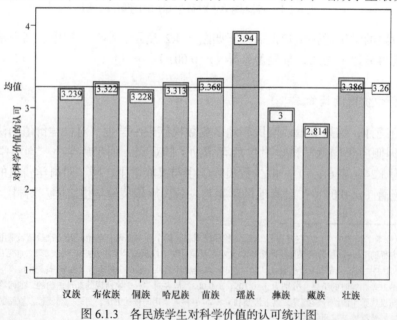

图 6.1.3　各民族学生对科学价值的认可统计图

的价值，其次是壮族及苗族，这三个民族的学生对科学价值的认可度高于总体平均水平，而藏族、彝族认为科学的价值较低。

不同阶段的学生对科学价值的认可度有差异，均值统计如图 6.1.4 所示；小学与初中学生之间对科学价值的认可度随着学习阶段的提升反而下降（$p<0.05$，表 6.1.7），小学与高中学生之间对科学价值的认可度随着学习阶段的提升反而显著下降（$p<0.001$），初中与高中学生之间对科学价值的认可度没有差异性（$p>0.05$）。

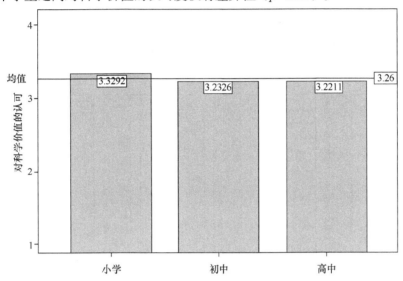

图 6.1.4　各阶段学生对科学价值的认可统计图

表 6.1.7　不同阶段学生之间对科学价值的认可的单因素分析统计表

（I）阶段	（J）阶段	均值差（I-J）	标准误	显著性	95%置信区间	
					下限	上限
小学	初中	−0.084*	0.033	0.011	−0.15	−0.02
	高中	−0.106*	0.032	0.001	−0.17	−0.04
初中	小学	0.084*	0.033	0.011	0.02	0.15
	高中	−0.021	0.031	0.494	−0.08	0.04

* 均值差的显著性水平为 0.05。

3. 对科学家的情感

统计结果显示，西南民族地区少数民族学生"对科学家的情感"的均值为 3.58，汉族学生为 3.54，总体均值为 3.57，各描述性统计结果如表6.1.8所示；少数民族学生与汉族学生之间无显著性差异（$p>0.05$），少数民族聚集地与汉族地区学生之间无显著差异（$p>0.05$）。

表 6.1.8　西南民族地区中小学生对科学家的情感统计表

	N	均值	标准差	标准误
汉族	1583	3.54	1.169	0.029
少数民族	2337	3.58	1.159	0.024
总体	3920	3.57	1.163	0.019

各民族学生"对科学家的情感"调查得分如图 6.1.5 所示，其中彝族、哈尼族、瑶族学生对科学家的喜欢程度高于平均值；且不同民族学生对科学家的情感具有显著的差异性。

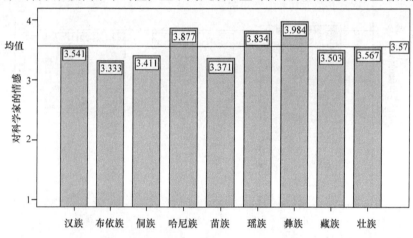

图 6.1.5　各民族学生对科学家的情感的均值统计图

小学生、初中生及高中生对科学家的情感的得分见图 6.1.6，呈逐渐降低的趋势；小学生对科学家的喜爱程度要显著高于初中生和高中生（$p<0.001$，表 6.1.9），初中生与高中生之间对科学家的喜爱程度无显著性差异（$p>0.05$，表 6.1.9）。

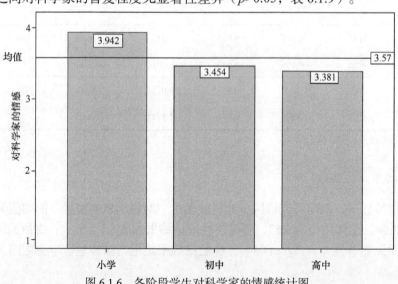

图 6.1.6　各阶段学生对科学家的情感统计图

表 6.1.9　　不同阶段学生之间对科学家的情感单因素分析统计表

（I）阶段	（J）阶段	均值差（I-J）	标准误	显著性	95%置信区间	
					下限	上限
小学	初中	−0.488*	0.046	0.000	−0.58	−0.40
	高中	−0.561*	0.045	0.000	−0.65	−0.47
初中	高中	−0.073	0.043	0.092	−0.16	0.01

* 均值差的显著性水平为 0.05。

统计结果还显示，城乡学校学生之间对科学家的喜爱程度有差异性，农村学校学生对科学家的喜爱程度要高于乡镇与县市区学校的学生，但乡镇与县、市区之间无显著性差异，且来自农村家庭、乡镇家庭与县市区家庭学生间对科学家的喜爱程度无差异。

4. 对科学议题的情感

西南民族地区中小学生"对科学议题的情感"调查结果如表 6.1.10 所示，总体均值为 3.41，少数民族学生的均值为 3.46，汉族学生为 3.36，少数民族学生对科学议题的热爱程度显著高于汉族学生（$p<0.05$；少数民族聚集地学生对科学议题的热爱程度显著高于汉族地区学生（$p<0.05$）。

表 6.1.10　　西南民族地区中小学生对科学议题的情感描述统计表

	N	均值	标准差	标准误
汉族	1583	3.36	1.126	0.028
少数民族	2337	3.46	1.058	0.022
总体	3920	3.42	1.087	0.017

各民族学生在对科学议题情感维度上调查的得分如图 6.1.7 所示，哈尼族、瑶族、

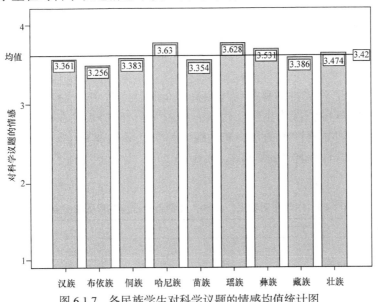

图 6.1.7　各民族学生对科学议题的情感均值统计图

彝族学生对科学议题的喜爱程度显著高于平均水平。

　　统计结果还显示，小学生、初中生、高中生对科学议题的喜爱程度逐渐降低，如图 6.1.8 所示；且小学生与初中生之间、小学生与高中生之间、初中生与高中生之间均有显著差异（$p<0.001$，表 6.1.11）。

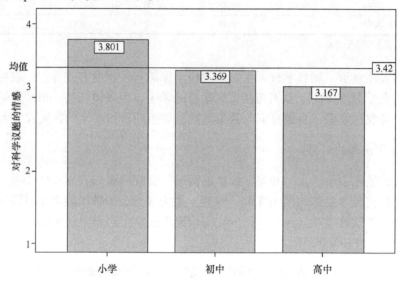

图 6.1.8　各阶段学生对科学议题的情感均值统计图

表 6.1.11　不同阶段学生对科学议题喜爱程度的单因素分析结果表

（I）阶段	（J）阶段	均值差（I–J）	标准误	显著性	95%置信区间	
					下限	上限
小学	初中	0.432*	0.043	0.000	0.35	0.52
	高中	0.634*	0.042	0.000	0.55	0.72
初中	高中	0.202*	0.040	0.000	0.12	0.28

* 均值差的显著性水平为 0.05。

　　少数民族学生对学科的喜爱程度由高到低依次为生物、物理、化学，但汉族学生对学科的喜爱程度依次为生物、化学、物理（图 6.1.9）。在化学学科上，汉族与少数民族学生之间显著性不明显，未达到统计学意义的差异（$p>0.05$，表 6.1.12）；物理上达到了显著性差异（$p<0.001$，表 6.1.12）；生物上达到了显著差异（$p<0.05$，表 6.1.12）。

表 6.1.12　中学生对物理、化学、生物喜爱程度的单因素分析统计表

		平方和	df	均方	F	显著性
物理	组间	39.122	1	39.122	27.689	0.000
	组内	3939.214	2788	1.413		
	总数	3978.336	2789			

续表

		平方和	df	均方	F	显著性
化学	组间	0.836	1	0.836	0.701	0.403
	组内	3326.625	2788	1.193		
	总数	3327.461	2789			
生物	组间	15.445	1	15.445	10.564	0.001
	组内	4076.098	2788	1.462		
	总数	4091.543	2789			

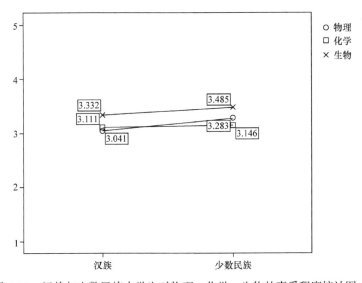

图 6.1.9 汉族与少数民族中学生对物理、化学、生物的喜爱程度统计图

初中生与高中生对物理、化学、生物的喜爱程度调查结果如图 6.1.10 所示，高中生

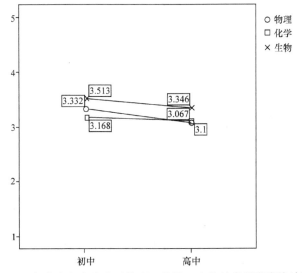

图 6.1.10 初中生与高中生对物理、化学、生物的喜爱程度统计图

对物理、化学、生物的喜爱程度均低于初中生；初中生对学科的喜爱程度由高到低依次为生物、物理、化学，但高中学生对物理的喜爱程度不如化学，且物理、生物学科上有显著性差异（$p<0.001$，表 6.1.13）。

表 6.1.13　初中生与高中生对物理、化学、生物的喜爱程度的单因素分析统计表

		平方和	df	均方	F	显著性
物理	组间	45.147	1	45.147	32.002	0.000
	组内	3933.189	2788	1.411		
	总数	3978.336	2789			
化学	组间	3.271	1	3.271	2.743	0.098
	组内	3324.190	2788	1.192		
	总数	3327.461	2789			
生物	组间	19.482	1	19.482	13.339	0.000
	组内	4072.061	2788	1.461		
	总数	4091.543	2789			

5. 对科学教学过程的情感

西南民族地区中小学生"对科学教学过程的情感"的总体均值为 3.66，其中少数民族学生为 3.67，汉族学生为 3.66（表 6.1.14）；汉族学生与少数民族学生对科学教学过程的喜爱程度无显著性差异（$p>0.05$）少数民族聚集地与汉族地区学生对科学教学过程的喜爱程度亦无显著性差异（$p>0.05$）。

表 6.1.14　西南民族地区中小学生对科学教学过程的情感统计表

	N	均值	标准差	标准误
汉族	1583	3.66	1.044	0.026
少数民族	2337	3.67	0.973	0.020
总数	3920	3.66	1.0085	0.016

各民族学生"对科学教学过程的情感"维度调查的得分如图 6.1.11 所示，哈尼族、瑶族、彝族、壮族学生高于平均水平，而侗族、布依族、苗族学生显著低于平均水平。

小学、初中、高中三个不同阶段的学生对科学教学过程的喜爱程度的得分如图 6.1.12 所示，小学生在此项回答中得分为 3.964，高于 3.66 的平均得分，而初中生和高中生低于平均得分，分别为 3.569 与 3.517；初中生与高中生对科学教学过程的热爱显著低于小学生（$p<0.001$，表 6.1.15），初中生与高中生对科学教学过程的热爱程度无显著性差异（$p>0.05$，表 6.1.15）。

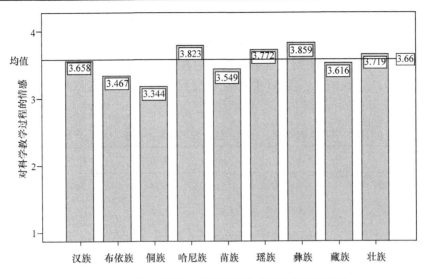

图 6.1.11　各民族学生对科学教学过程的情感统计图

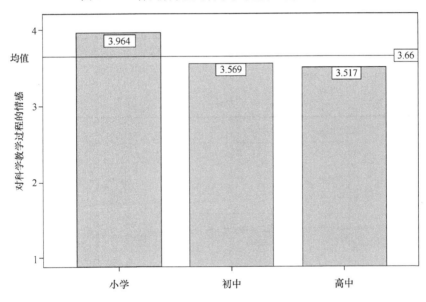

图 6.1.12　各阶段学生对科学教学过程的情感统计图

表 6.1.15　各阶段学生对科学教学过程的情感单因素分析统计表

（I）阶段	（J）阶段	均值差（I–J）	标准误	显著性	95%置信区间	
					下限	上限
小学	初中	0.394*	0.040	0.000	0.32	0.47
	高中	0.447*	0.039	0.000	0.37	0.52
初中	高中	0.052	0.037	0.161	−0.02	0.13

* 均值差的显著性水平为 0.05。

　　中学阶段汉族与少数民族学生对物理、化学、生物的教学过程的情感的得分见图 6.1.13；少数民族学生对物理教学过程的喜爱程度显著高于汉族学生（$p<0.001$，见表 6.1.16），少数民族学生对化学教学过程的喜爱程度显著低于汉族学生（$p<0.001$，见表 6.1.16），少数民族学生对生物教学过程的喜爱程度与汉族学生无显著差异（$p>0.05$，见表 6.1.16）。

表 6.1.16　中学生对物理、化学、生物教学过程的情感单因素分析统计表

		平方和	df	均方	F	显著性
物理	组间	31.389	1	31.389	22.799	0.000
	组内	3838.353	2788	1.377		
	总数	3869.742	2789			
化学	组间	15.036	1	15.036	12.978	0.000
	组内	3230.161	2788	1.159		
	总数	3245.197	2789			
生物	组间	0.003	1	0.003	0.002	0.964
	组内	3594.227	2788	1.289		
	总数	3594.230	2789			

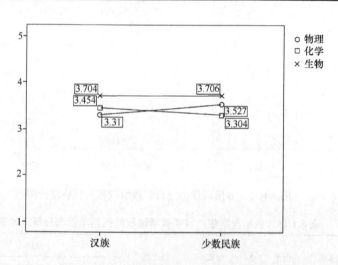

图 6.1.13　中学阶段汉族与少数民族学生对物理、化学、生物教学过程的情感统计图

　　初中学生与高中学生对物理、化学、生物教学过程的喜爱程度得分如图 6.1.14 所示；且对物理教学喜爱的程度上，初中学生得分显著高于高中学生（$p<0.05$，表 6.1.17）；对化学教学喜爱的程度上，初中学生显著低于高中学生（$p<0.001$，表 6.1.17）；对生物教学喜爱的程度上，初中学生与高中学生无显著差异（$p>0.05$，表 6.1.17）。

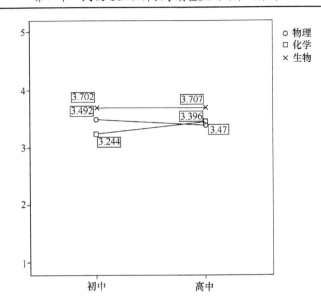

图 6.1.14 初中生与高中生对物理、化学、生物教学过程的情感的统计图

表 6.1.17 初中生与高中生对科学教学过程的情感单因素分析统计表

		平方和	df	均方	F	显著性
	组间	6.402	1	6.402	4.620	0.032
物理	组内	3863.340	2788	1.386		
	总数	3869.742	2789			
	组间	35.499	1	35.499	30.835	0.000
化学	组内	3209.698	2788	1.151		
	总数	3245.197	2789			
	组间	0.017	1	0.017	0.013	0.910
生物	组内	3594.213	2788	1.289		
	总数	3594.230	2789			

6. 对科学教师的情感

对科学教师情感的调查结果如表 6.1.18 所示，西南民族地区中小学生对科学教师情感的调查得分总体均值为 3.83，其中少数民族学生均值为 3.80，汉族学生为 3.88；调查结果还显示，西南民族地区少数民族中小学生对科学教师的情感显著低于汉族中小学生（$p<0.05$）；而少数民族聚集地学生与汉族地区学生对科学教师的情感无显著性差异（$p>0.05$）。

表 6.1.18　西南民族地区中小学生对科学教师情感的描述性统计表

	N	均值	标准差	标准误
汉族	1583	3.88	0.941	0.024
少数民族	2337	3.80	0.951	0.020
总体	3920	3.83	0.948	0.015

　　各民族学生对科学教师的情感调查的得分如图 6.1.15 所示，瑶族、彝族、哈尼族学生显著高于平均水平，而布依族、苗族、藏族学生显著低于平均水平。

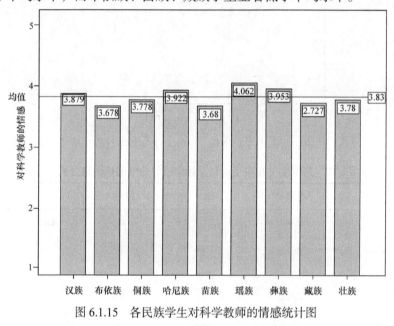

图 6.1.15　各民族学生对科学教师的情感统计图

　　小学生、初中生、高中生对科学教师情感调查的得分如图 6.1.16 所示，小学生得分为

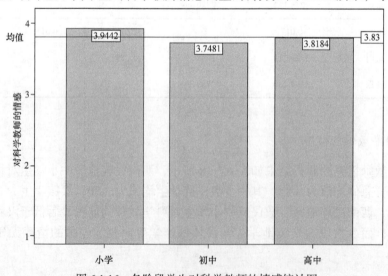

图 6.1.16　各阶段学生对科学教师的情感统计图

3.9442，高中生得分为 3.8184，而初中生得分最低，仅为 3.7481；且小学生对科学教师的情感得分显著高于初中生（$p<0.05$，表 6.1.19），显著高于高中生（$p<0.001$，表 6.1.19）；高中学生对科学教师的情感得分显著高于初中生（$p<0.05$，表 6.1.19）。

表 6.1.19　各阶段学生对科学教师情感的单因素分析检验结果表

（I）阶段	（J）阶段	均值差（I-J）	标准误	显著性	95%置信区间 下限	95%置信区间 上限
小学	初中	0.196*	0.038	0.000	0.12	0.27
	高中	0.126*	0.037	0.001	0.05	0.20
初中	高中	−0.070*	0.036	0.050	−0.14	0.00

* 均值差的显著性水平为 0.05。

中学阶段的少数民族学生与汉族学生对物理、化学、生物学科教师情感调查的得分如图 6.1.17 所示，少数民族中学生与汉族中学生对物理学科教师的情感无显著差异（$p>0.05$，表 6.1.20），但少数民族中学生对化学学科教师的情感显著低于汉族中学生（$p<0.001$，表 6.1.20），少数民族中学生对生物学科教师的情感显著低于汉族中学生（$p<0.05$，表 6.1.20）。

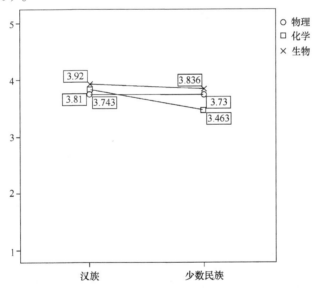

图 6.1.17　中学阶段汉族与少数民族学生对科学教师的情感统计图

表 6.1.20　汉族和少数民族中学生对科学教学教师情感的单因素分析统计表

		平方和	df	均方	F	显著性
物理	组间	0.117	1	0.117	0.090	0.765
	组内	3625.611	2788	1.300		
	总数	3625.728	2789			

续表

		平方和	df	均方	F	显著性
化学	组间	80.400	1	80.400	74.589	0.000
	组内	3005.200	2788	1.078		
	总数	3085.600	2789			
生物	组间	4.706	1	4.706	3.941	0.047
	组内	3329.804	2788	1.194		
	总数	3334.510	2789			

　　不同阶段的中学生对物理、化学与生物学科教师情感的调查得分如图6.1.18所示，初中学生与高中学生对物理教师、生物教师的情感无显著性差异（$p>0.05$，表 6.1.21），但高中生对化学教师的情感显著高于初中生（$p<0.001$，表6.1.21）。

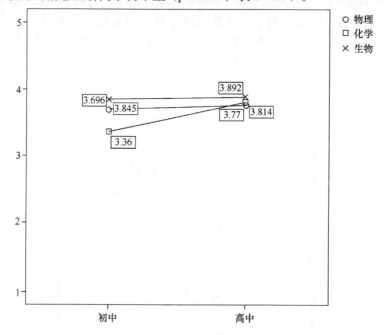

图6.1.18　各阶段中学生对科学教师的情感统计图

表6.1.21　不同阶段中学生对科学教师情感的单因素分析检验结果表

		平方和	df	均方	F	显著性
物理	组间	3.813	1	3.813	2.935	0.087
	组内	3621.915	2788	1.299		
	总数	3625.728	2789			
化学	组间	143.102	1	143.102	135.588	0.000
	组内	2942.498	2788	1.055		
	总数	3085.600	2789			

续表

		平方和	df	均方	F	显著性
	组间	1.526	1	1.526	1.276	0.259
生物	组内	3332.985	2788	1.195		
	总数	3334.511	2789			

7. 使用科学知识的意愿

西南民族地区中小学生"使用科学知识的意愿"维度的调查结果如表6.1.22所示，少数民族学生的得分为3.93，汉族学生为3.97，总体均值为3.94；调查结果还显示，西南民族地区中小学少数民族学生与汉族学生使用科学知识的意愿无显著性差异（$p>0.05$）；少数民族聚集地学生与汉族地区学生使用科学知识的意愿也无显著性差异（$p>0.05$）。

表 6.1.22　西南民族地区中小学生使用科学知识的意愿统计表

	N	均值	标准差	标准误
汉族	1583	3.97	0.914	0.023
少数民族	2337	3.93	0.914	0.019
总体	3920	3.94	0.914	0.015

西南民族地区中汉族与少数民族初中生与高中生使用科学知识的意愿调查结果如图 6.1.19 所示，学生对生物知识的使用意愿高于物理及化学；统计结果还显示少数民族学生对物理知识的使用显著低于汉族学生（$p<0.05$，表 6.1.23），少数民族学生对化学知识的使用显著低于汉族学生（$p<0.001$，表 6.1.23），而在生物知识的使用意愿上，汉族学生与少数民族学生之间的差异性较小。

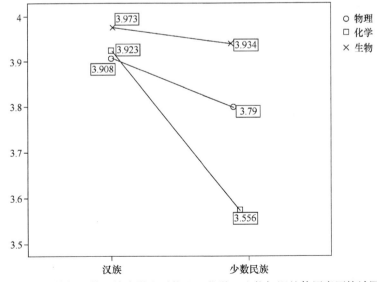

图 6.1.19　汉族与少数民族中学生对物理、化学、生物知识的使用意愿统计图

表 6.1.23　汉族和少数民族中学生对物理、化学、生物知识的使用意愿的差异性统计表

		平方和	df	均方	F	显著性
物理	组间	9.222	1	9.222	8.581	0.003
	组内	2996.249	2788	1.075		
	总数	3005.471	2789			
化学	组间	89.982	1	89.982	93.097	0.000
	组内	2694.715	2788	0.967		
	总数	2784.697	2789			
生物	组间	1.028	1	1.028	0.939	0.333
	组内	3051.745	2788	1.095		
	总数	3052.773	2789			

各民族学生在使用科学知识意愿得分的调查结果如图 6.1.20 所示，哈尼族、瑶族、彝族学生使用科学知识的意愿显著高于平均水平，而布依族、藏族学生显著低于平均水平。

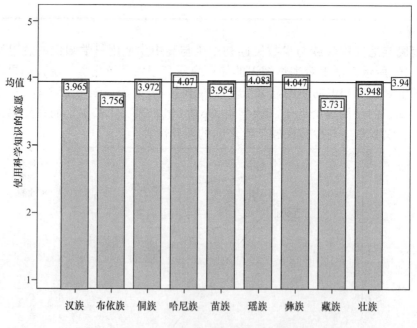

图 6.1.20　各民族学生使用科学知识意愿的统计图

统计结果还显示，小学生使用科学知识的意愿显著高于初中生及高中生（$p<0.001$，表 6.1.24），而初中生与高中生无显著差异（$p>0.05$，表 6.1.24），见图 6.1.21。

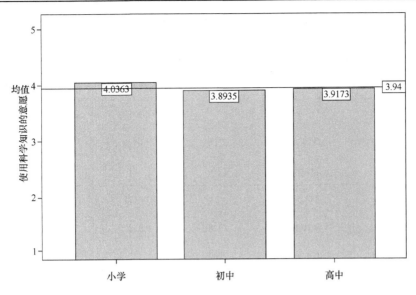

图 6.1.21　各阶段学生使用科学知识意愿的统计图

表 6.1.24　各阶段学生使用科学知识意愿的单因素分析统计表

（I）阶段	（J）阶段	均值差（I−J）	标准误	显著性	95%置信区间	
					下限	上限
小学	初中	0.143*	0.037	0.000	0.07	0.22
	高中	0.119*	0.036	0.001	0.05	0.19
初中	高中	−0.024	0.035	0.490	−0.09	0.04

* 均值差的显著性水平为 0.05。

　　在中学阶段，学生对生物知识的使用意愿最高，其次是物理，最后是化学，如图 6.1.22 所示；且高中生对物理和化学的使用意愿均显著高于初中生（$p<0.001$，表 6.1.25），

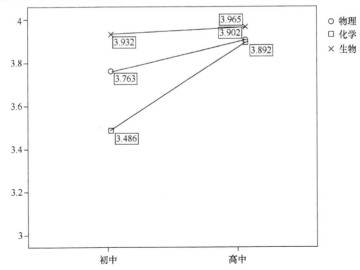

图 6.1.22　中学生对物理、化学、生物知识的使用意愿统计图

高中生与初中生对生物知识的使用意愿无显著性差异（$p>0.05$，表 6.1.25）。

表 6.1.25　初中生与高中生对物理、化学、生物知识的使用意愿单因素分析统计表

		平方和	df	均方	F	显著性
物理	组间	13.602	1	13.602	12.675	0.000
	组内	2991.869	2788	1.073		
	总数	3005.471	2789			
化学	组间	114.571	1	114.571	119.629	0.000
	组内	2670.125	2788	0.958		
	总数	2784.696	2789			
生物	组间	0.769	1	0.769	0.703	0.402
	组内	3052.004	2788	1.095		
	总数	3052.773	2789			

8. 从事科学事业的意愿

西南民族地区中小学生"从事科学事业意愿"调查的结果如表 6.1.26 所示，总体均值为 2.90，少数民族学生得分为 2.97，汉族学生得分为 2.82；且少数民族学生得分的均值显著高于汉族学生（$p<0.001$），汉族地区学生与少数民族聚集地学生在从事科学事业的意愿上无显著性差异（$p>0.05$）。

表 6.1.26　汉族与少数民族学生从事科学事业意愿的统计表

	N	均值	标准差	标准误
汉族	1583	2.82	1.274	0.032
少数民族	2337	2.97	1.250	0.026
总体	3920	2.91	1.262	0.020

各民族在从事科学事业得分的调查结果如图 6.1.23 所示，彝族、哈尼族、藏族、瑶族学生显著高于平均水平，且依次降低，而侗族、苗族、汉族、壮族低于平均水平。

统计结果还显示，学生从事科学事业的意愿随着学习阶段的提升反而显著降低，如图 6.1.24 所示，显著性差异检验结果如表 6.1.27 所示。

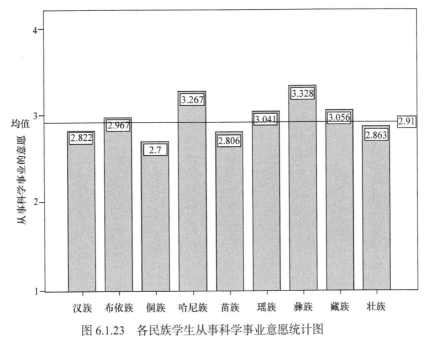

图 6.1.23　各民族学生从事科学事业意愿统计图

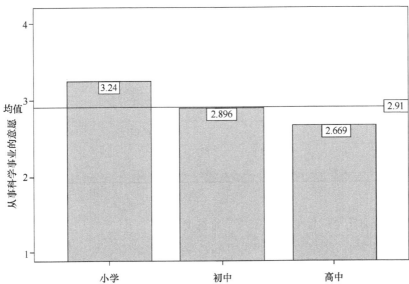

图 6.1.24　各阶段学生从事科学事业意愿的统计图

表 6.1.27　各阶段学生从事科学事业意愿的单因素统计表

（I）阶段	（J）阶段	均值差（I-J）	标准误	显著性	95%置信区间	
					下限	上限
小学	初中	0.343*	0.050	0.000	0.24	0.44
	高中	0.571*	0.049	0.000	0.47	0.67
初中	高中	0.228*	0.047	0.000	0.14	0.32

* 均值差的显著性水平为 0.05。

相比于初中生，高中生在更喜欢理科、更愿意从事技术类工作的得分上更高，如图 6.1.25 所示，差异性检验结果如表 6.1.28 所示。

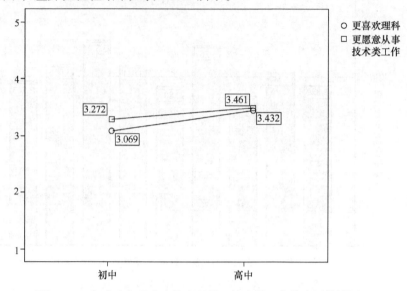

图 6.1.25　初中生与高中生从事理科、技术类工作的意愿统计图

表 6.1.28　初中生与高中生对理科、技术类工作的单因素分析统计表

		平方和	df	均方	F	显著性
更喜欢理科	组间	91.597	1	91.597	44.560	0.000
	组内	5730.923	2788	2.056		
	总数	5822.520	2789			
更愿意从事技术类工作	组间	24.636	1	24.636	15.606	0.000
	组内	4401.184	2788	1.579		
	总数	4425.820	2789			

（二）西南民族地区中小学生科学的态度

1. 好奇心

西南民族地区中小学生好奇心的维度测评结果如表 6.1.29 所示，汉族学生与少数民族学生均为 3.92，无差异；汉族地区学生与少数民族聚集地学生在好奇心上的得分亦无显著性差异（$p>0.05$）。

表 6.1.29　西南民族地区汉族与少数民族学生好奇心统计表

	N	均值	标准差	标准误
汉族	1583	3.92	1.079	0.027
少数民族	2337	3.92	1.055	0.022
总体	3920	3.92	1.065	0.017

　　各民族学生在好奇心维度上的得分如图 6.1.26 所示，且统计结果显示仅有侗族学生的得分与平均分的差异性具有统计学意义（$p<0.05$），且侗族学生显著低于其他民族学生。

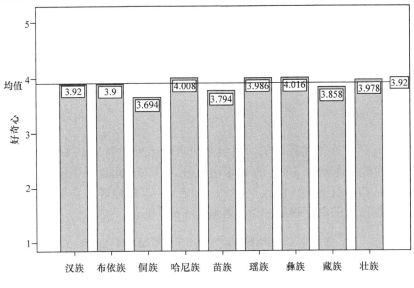

图 6.1.26　各民族学生好奇心统计图

　　而在小学、初中、高中三个阶段中，好奇心最强的是小学阶段，其次是初中，高中学生的好奇心最低，见图 6.1.27；且小学生的好奇心显著高于初中生及高中生（$p<0.001$，表 6.1.30），但初中生与高中生好奇心无显著性差异（$p>0.05$，表 6.1.30）。

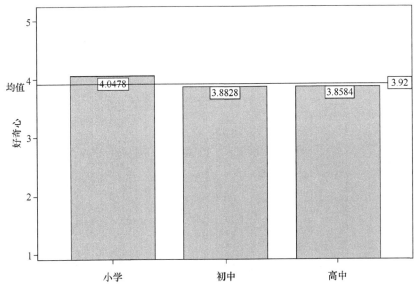

图 6.1.27　各阶段学生好奇心统计图

表 6.1.30　　各阶段学生好奇心单因素分析统计表

（I）阶段	（J）阶段	均值差（I–J）	标准误	显著性	95%置信区间	
					下限	上限
小学	初中	0.165*	0.043	0.000	0.08	0.25
	高中	0.189*	0.042	0.000	0.11	0.27
初中	高中	0.024	0.040	0.545	−0.05	0.10

* 均值差的显著性水平为 0.05。

2. 质疑的习惯

　　西南民族地区中小学生质疑的习惯维度的测评结果如表 6.1.31 所示，总体均值为 3.30，少数民族学生得分为 3.34，汉族学生得分为 3.26；统计结果还显示，少数民族学生质疑的习惯的得分显著高于汉族学生（$p<0.05$），汉族地区学生与少数民族聚集地学生在质疑的习惯维度的测评得分上无显著差别（$p>0.05$）。

表 6.1.31　　西南民族地区中小学生质疑习惯统计表

	N	均值	标准差	标准误
汉族	1583	3.26	1.152	0.029
少数民族	2337	3.34	1.179	0.024
总体	3920	3.31	1.169	0.019

　　各民族学生质疑的习惯的测评结果如图 6.1.28 所示，结果显示侗族、苗族、藏族、瑶族学生拥有质疑的习惯的水平高于平均水平。

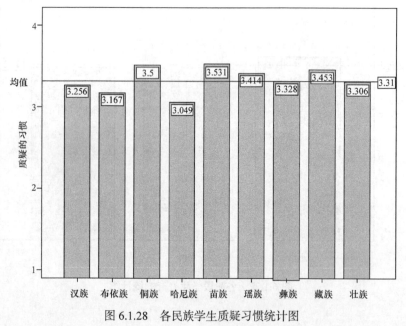

图 6.1.28　各民族学生质疑习惯统计图

另外，统计结果还显示，初中生质疑的习惯显著强于小学生与高中生，且小学生最低（图 6.1.29），显著性检验结果如表 6.1.32 所示。

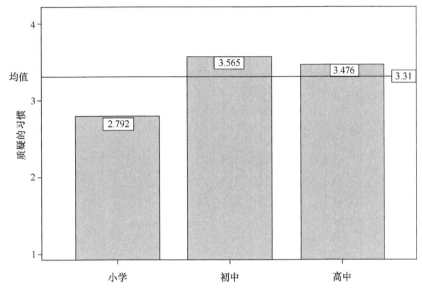

图 6.1.29　各阶段学生质疑习惯统计图

表 6.1.32　各阶段学生质疑习惯的单因素分析统计表

（I）阶段	（J）阶段	均值差（I–J）	标准误	显著性	95%置信区间	
					下限	上限
小学	初中	−0.773*	0.045	0.000	−0.86	−0.68
	高中	−0.684*	0.044	0.000	−0.77	−0.60
初中	高中	0.090*	0.043	0.035	0.01	0.17

* 均值差的显著性水平为 0.05。

3. 延迟判断的习惯

西南民族地区中小学生在延迟判断的习惯维度的测评结果如表 6.1.33 所示，总体均值为 3.57，汉族学生得分均值为 3.62，少数民族学生得分均值为 3.54；统计结果还显示，少数民族学生显著低于汉族学生（$p<0.05$），少数民族聚集地学生延迟判断的习惯显著低于汉族地区学生（$p<0.05$）。

表 6.1.33　西南民族地区中小学生延迟判断习惯统计表

	N	均值	标准差	标准误
汉族	1583	3.62	1.029	0.026
少数民族	2337	3.54	1.029	0.021
总体	3920	3.57	1.030	0.016

各民族学生在延迟判断的习惯维度上的测评得分如图 6.1.30 所示，其中侗族、布依族显著低于平均水平，而瑶族、彝族显著高于平均水平。

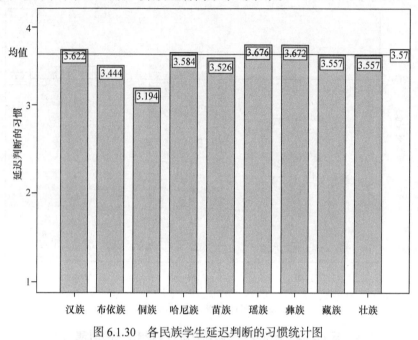

图 6.1.30　各民族学生延迟判断的习惯统计图

各阶段学生在延迟判断维度测评上的得分如图 6.1.31 所示，小学生在该维度上的得分显著高于初中生与高中生（$p<0.001$，表 6.1.34），而初中生与高中生并无显著差异（$p>0.05$，表6.1.34）。

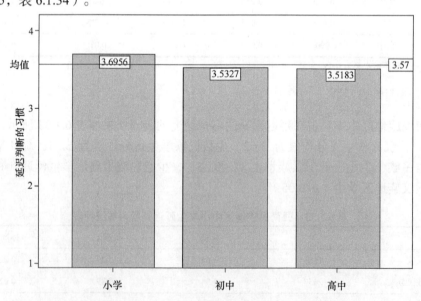

图 6.1.31　各阶段学生延迟判断的习惯统计图

表 6.1.34　各阶段学生延迟判断的习惯单因素分析统计表

（I）阶段	（J）阶段	均值差（I-J）	标准误	显著性	95%置信区间	
					下限	上限
小学	初中	0.163*	0.042	0.000	0.08	0.24
	高中	0.177*	0.041	0.000	0.10	0.26
初中	高中	0.014	0.039	0.711	−0.06	0.09

* 均值差的显著性水平为 0.05。

4. 讲证据

西南民族地区中小学生讲证据维度的测评结果如表 6.1.35 所示，总体均值为 3.64，其中，少数民族学生为 3.63，汉族学生为 3.66；测评的差异性检验结果还显示，少数民族学生与汉族学生之间、汉族地区学生与少数民族聚集地学生之间并无显著性差异（$p > 0.05$）。

表 6.1.35　西南民族地区中小学生讲证据统计表

	N	均值	标准差	标准误
汉族	1583	3.66	1.061	0.027
少数民族	2337	3.63	1.097	0.023
总体	3920	3.64	1.082	0.017

各民族学生在讲证据维度上的测评结果如图 6.1.32 所示，瑶族学生在该项测评中的得分均最高，而哈尼族学生最低。

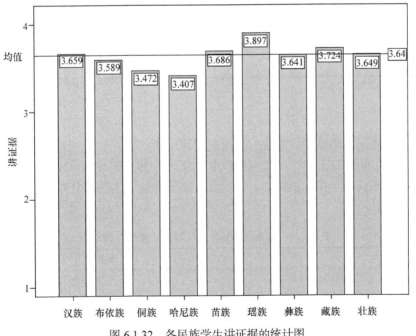

图 6.1.32　各民族学生讲证据的统计图

　　小学、初中、高中三个阶段中，初中学生得分最高，其次为高中生（图 6.1.33）；小学生显著低于初中生与高中生（$p<0.001$，表 6.1.36），但初中生与高中生的差异性未达到统计学意义的差异（$p>0.05$，表 6.1.36）。

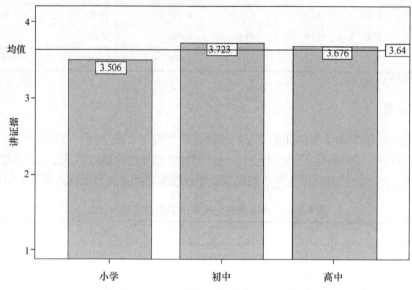

图 6.1.33　各阶段学生讲证据的统计图

表 6.1.36　各阶段学生间讲证据的单因素分析统计表

因变量	（I）阶段	（J）阶段	均值差（I−J）	标准误	显著性	95%置信区间	
						下限	上限
思考原因	小学	初中	−0.217*	0.044	0.000	−0.30	−0.13
		高中	−0.170*	0.043	0.000	−0.25	−0.09
	初中	高中	0.047	0.041	0.253	−0.03	0.13

* 均值差的显著性水平为 0.05。

5. 客观

　　西南民族地区中小学生"客观"维度的测评结果如表 6.1.37 所示，总体得分均值为 3.54，汉族学生得分为 3.48，少数民族学生得分为 3.59；统计结果还显示，少数民族学生得分显著高于汉族学生（$p<0.05$），少数民族聚集地学生的得分亦显著高于汉族地区学生（$p<0.05$）。

表 6.1.37　西南民族地区中小学生"客观"统计表

	N	均值	标准差	标准误
汉族	1583	3.48	1.255	0.032
少数民族	2337	3.59	1.229	0.025
总体	3920	3.54	1.241	0.020

各民族学生在"客观"维度的测评得分如图 6.1.34 所示，壮族、瑶族、汉族学生在该维度测评中低于平均水平，其余民族均高于平均水平。彝族、哈尼族、藏族学生位列前三。

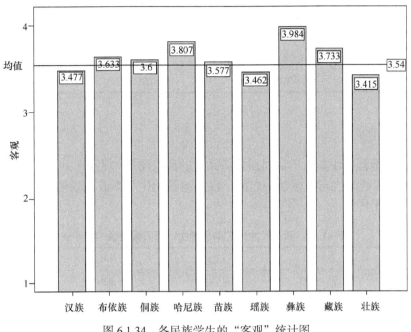

图 6.1.34　各民族学生的"客观"统计图

小学、初中、高中三个阶段学生在"客观"维度上的测评结果如图 6.1.35 所示，小学生得分低于初中及高中生；统计结果还显示，小学生得分显著低于初中生及高中生（$p<0.001$，表 6.1.38），而初中生与高中生之间无显著性差异（$p>0.05$，表 6.1.38）。

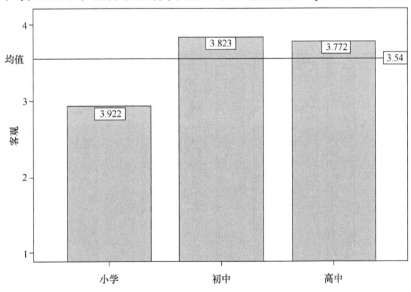

图 6.1.35　各阶段学生的"客观"统计图

表 6.1.38　各民族学生"客观"的单因素分析统计表

（I）阶段	（J）阶段	均值差（I–J）	标准误	显著性	95%置信区间	
					下限	上限
小学	初中	−0.901*	0.048	0.000	−0.99	−0.81
	高中	−0.850	0.046	0.000	−0.94	−0.76
初中	高中	0.050	0.045	0.259	−0.04	0.14

6. 认同因果关系

西南民族地区中小学生"认同因果关系"的调查结果如表 6.1.39 所示，总体均值为 4.31；且少数民族学生与汉族学生之间、汉族地区学生与少数民族聚集地学生之间无显著性差异（$p>0.05$）。

表 6.1.39　西南民族地区中小学生认同因果关系的统计表

	N	均值	标准差	标准误
汉族	1583	4.30	0.944	0.024
少数民族	2337	4.32	0.920	0.019
总体	3920	4.31	0.929	0.015

各民族在认同因果关系的测评维度中的得分如图 6.1.36 所示，其中瑶族、壮族、藏族学生得分较高，而哈尼族、布依族、侗族学生较低。

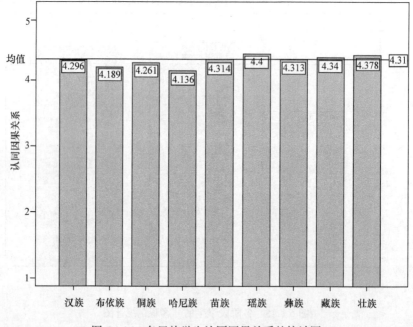

图 6.1.36　各民族学生认同因果关系的统计图

统计结果还显示，小学生对因果关系的认同显著低于初中与高中生，而初中生与高中生之间无显著性差异，如图 6.1.37 和表 6.1.40 所示。

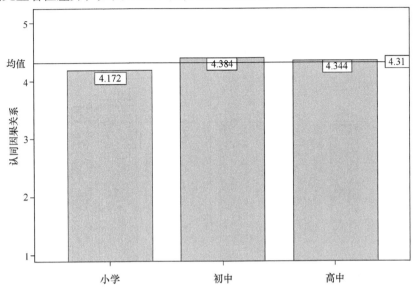

图 6.1.37　各阶段学生认同因果关系的统计图

表 6.1.40　各阶段学生认同因果关系的单因素分析统计表

（I）阶段	（J）阶段	均值差（I–J）	标准误	显著性	95%置信区间	
					下限	上限
小学	初中	−0.213*	0.038	0.000	−0.29	−0.14
	高中	−0.172*	0.037	0.000	−0.24	−0.10
初中	高中	0.040	0.035	0.253	−0.03	0.11

* 均值差的显著性水平为 0.05。

7. 不迷信权威

西南民族地区中小学生在"不迷信权威"维度的测评结果如表 6.1.41 所示，总体得分均值为 3.54，少数民族学生得分为 3.58，汉族学生得分为 3.49；且少数民族学生得分显著高于汉族学生（$p<0.05$），但少数民族聚集地学生在该维度测评中的得分与汉族地区学生无显著性差异（$p>0.05$）。

表 6.1.41　西南民族地区中小学生"不迷信权威"的统计表

	N	均值	标准差	标准误
汉族	1583	3.49	1.189	0.030
少数民族	2337	3.58	1.158	0.024
总体	3920	3.54	1.171	0.019

各民族学生在"不迷信权威"维度上的测评得分如图 6.1.38 所示，其中彝族、藏族、侗族学生得分位列前三，瑶族学生得分最低。

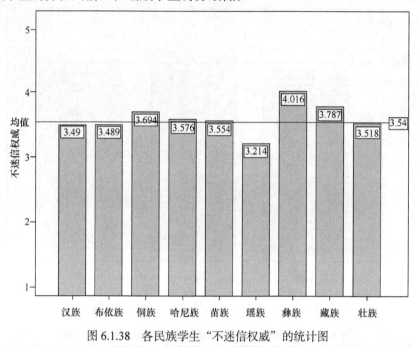

图 6.1.38　各民族学生"不迷信权威"的统计图

统计结果还显示，小学生在"不迷信权威"的测评中的得分显著低于初中生与高中生，而初中生与高中生之间并无显著性差异，（图6.1.39），差异性检验如表6.1.42所示。

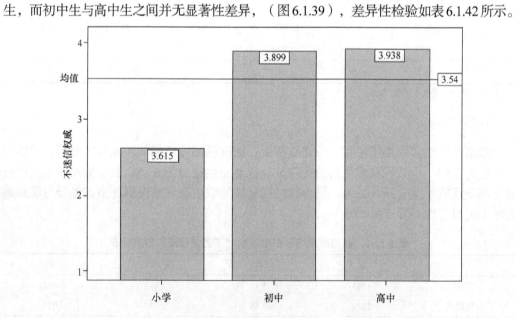

图 6.1.39　各阶段学生"不迷信权威"统计图

表 6.1.42 各阶段学生不迷信权威的单因素分析统计表

（I）阶段	（J）阶段	均值差（I-J）	标准误	显著性	95%置信区间	
					下限	上限
小学	初中	−1.284*	0.041	0.000	−1.36	−1.20
	高中	−1.323*	0.040	0.000	−1.40	−1.24
初中	高中	−0.040	0.038	0.302	−0.11	0.04

* 均值差的显著性水平为 0.05。

8. 接受异己观点

西南民族地区中小学生在"接受异己观点"维度的测评结果如表 6.1.43 所示，少数民族学生与汉族学生之间并无显著性差异（$p>0.05$），总体均值为 3.96；此外，汉族地区学生与少数民族聚集地学生之间亦无显著性差异（$p>0.05$）。

表 6.1.43 西南民族地区中小学生"接受异己观点"的统计表

	N	均值	标准差	标准误
汉族	1583	4.00	2.092	0.053
少数民族	2337	3.94	1.106	0.023
总体	3920	3.96	1.580	0.025

各民族学生在"接受异己观点"维度的测评得分如图 6.1.40 所示，其中瑶族学生得分最高，布依族学生最低。

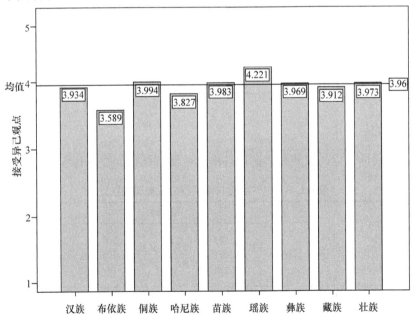

图 6.1.40 各民族学生"接受异己观点"的统计图

西南民族地区中小学生"接受异己观点"的调查结果显示,小学生"接受异己观点"得分低于初中生,初中生"接受异己观点"低于高中生,如图 6.1.41 所示;小学生"接受异己观点"与初中生及高中生的差异性具有统计学的意义(p<0.001,表 6.1.44),但初中生与高中生无显著性差异(p>0.05,表 6.1.44)。

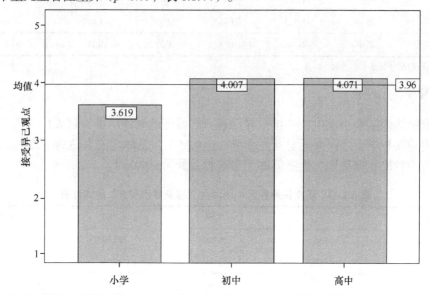

图 6.1.41　各阶段学生"接受异己观点"的统计图

表 6.1.44　各阶段学生"接受异己观点"的单因素分析统计表

(I)阶段	(J)阶段	均值差(I–J)	标准误	显著性	95%置信区间	
					下限	上限
小学	初中	−0.448*	0.063	0.000	−0.57	−0.32
	高中	−0.520*	0.062	0.000	−0.64	−0.40
初中	高中	−0.071	0.059	0.230	−0.19	0.05

* 均值差的显著性水平为 0.05。

三、研究的结论与讨论

西南少数民族学生与汉族科学态度各维度的测评结果如表 6.1.45 所示。

表 6.1.45　科学态度各维度得分及差异性统计表

科学态度的维度	总体平均值	民族间			地区间			阶段间			
		汉族	少数民族	差异显著性	汉族地区	少数民族聚集地	差异显著性	小学	初中	高中	差异显著性
对科学的态度	3.32	3.31	3.32	0.39	3.31	3.32	0.110	3.43	3.31	3.26	0.000
对科学本质的认知	2.58	2.61	2.55	0.109	2.74	2.54	0.000	2.15	2.69	2.81	0.000
对科学价值的认知	3.26	3.24	3.27	0.624	3.25	3.27	0.709	3.33	3.23	3.22	0.003

续表

科学态度的维度	总体平均值	民族间			地区间			阶段间			
		汉族	少数民族	差异显著性	汉族地区	少数民族聚集地	差异显著性	小学	初中	高中	差异显著性
对科学议题的情感	3.42	3.36	3.46	0.008	3.31	3.44	0.004	3.80	3.37	3.17	0.000
对科学家的情感	3.57	3.54	3.58	0.258	3.57	3.57	0.987	3.94	3.45	3.38	0.000
对科学教学过程的情感	3.66	3.66	3.67	0.796	3.62	3.67	0.226	3.96	3.57	3.52	0.000
对科学教师的情感	3.83	3.88	3.80	0.009	3.83	3.83	0.960	3.94	3.75	3.82	0.000
使用科学知识的意愿	3.94	3.97	3.93	0.223	3.90	3.95	0.143	4.04	3.89	3.92	0.000
从事科学事业的意愿	2.91	2.82	2.97	0.000	2.83	2.93	0.081	3.24	2.90	2.67	0.000
科学的态度	3.70	3.69	3.71	0.57	3.68	3.70	0.432	3.36	3.84	3.83	0.000
好奇心	3.92	3.92	3.92	0.946	3.88	3.93	0.280	4.05	3.88	3.86	0.000
质疑的习惯	3.31	3.26	3.34	0.020	3.28	3.32	0.418	2.79	3.57	3.48	0.000
延迟判断的习惯	3.57	3.62	3.54	0.016	3.69	3.55	0.001	3.70	3.53	3.52	0.000
讲证据	3.64	3.66	3.63	0.141	3.45	3.42	0.478	3.50	3.72	3.68	0.000
客观	3.54	3.48	3.59	0.005	3.40	3.58	0.001	2.92	3.82	3.77	0.000
认同因果关系	4.31	4.30	4.32	0.497	4.34	4.30	0.369	4.17	4.38	4.34	0.000
不迷信权威	3.54	3.49	3.58	0.017	3.48	3.56	0.091	2.62	3.90	3.94	0.000
接受异己观点	3.96	4.00	3.94	0.302	3.93	3.97	0.517	3.62	4.01	4.07	0.000
总体得分	3.568	3.545	3.562	0.774	3.527	3.547	0.323	3.476	3.600	3.570	0.000

由表 6.4.15 可知：

（1）总体样本在科学态度的 16 个维度上的得分有差异性，得分由高到低依次为：认同因果关系、接受异己观点、使用科学知识的意愿、好奇心、对科学教师的情感、对科学教学过程的情感、对科学家的情感、延迟判断的习惯、客观、不迷信权威、对科学议题的情感、讲证据、质疑的习惯、对科学价值的认知、从事科学事业的意愿、对科学本质的认知；汉族学生与少数民族学生在科学态度维度上得分的排序有差异，汉族地区学生与少数民族聚集地学生在科学态度维度上得分的排序也有差异。

由此可见，科学态度的内涵是复杂的，不同的群体在科学态度各个维度上的表现各不相同，因此有必要进一步对科学态度在不同族群中的表现、科学态度形成的影响因素进行研究。

（2）西南民族地区中小学生科学态度的总体得分均值为 3.568（起始分为 1，满分为 5，以下同），少数民族学生科学态度的得分均值为 3.562，汉族学生得分均值为 3.545，少数民族学生与汉族学生在得分上无显著性差异；但在对科学议题的情感、对科学教师的情感、从事科学事业的意愿、质疑的习惯、延迟判断的习惯、客观、不迷信权威 7 个维度上的得分呈现显著差异，其中对科学议题的情感、从事科学事业的意愿、质疑的习惯、客观、不迷信权威 5 个维度上少数民族学生得分高于汉族学生，在对科学教师的情感、延迟判断的习惯两个维度上少数民族学生的得分低于汉族学生。

　　研究结果表明，西南民族地区少数民族学生的科学态度与汉族学生无显著差异，但在对科学议题的情感、从事科学事业的意愿、质疑的习惯、客观、不迷信权威等维度上的得分显著高于汉族学生。由此可见，学者们提出黔东南少数民族初中生对学习物理的兴趣不高（范梦慧，2007）、少数民族学生物理学习存在困难（白玛多吉，李梅，王莉，黄致新，2009）等教学质量差的原因并非仅仅由是否少数民族决定。另外，不同的少数民族在科学态度上的表现亦有较大的差异，部分少数民族在不同的维度中的表现优于平均分，因此，有必要就民族文化对学生科学态度的影响进行研究。

　　（3）少数民族聚集地学生与汉族地区学生总体得分均值亦无显著差异；但少数民族聚集地学生与汉族地区学生在对科学本质的认知、对科学议题的情感、延迟判断的习惯、客观4个维度上呈现显著差异性，且少数民族聚集地学生在对科学议题的情感、客观维度上高于汉族地区学生。

　　可见，少数民族文化对生活于少数民族聚集地中的汉族学生也发挥着一定的作用，影响着生活、学习于少数民族聚集地中的汉族学生；同时，是否是少数民族地区对学生的科学学习的影响力体现并不明显，而早期学者提出的藏区中学普遍存在文科生多于理科生（黎义和，格玛初，2003）、民族地区中学生学习策略的应用和掌握差于非民族地区（梁乃兵，樊爱琼，韦克平，2013）仅为少数民族聚集地学生科学学习特征的一方面而已。

　　（4）小学生总体得分为3.476，初中生为3.600，高中生为3.570，小学生的表现显著差于初中与高中生，初中生与高中生之间无显著性差异。但学生在不迷信权威、接受异己观点维度上的表现随着学习阶段的晋升而升高；在对科学议题的情感、对科学家的情感、对科学教学的情感、从事科学事业的意愿维度上的表现随着学习阶段的晋升而降低。

　　可见，学习阶段的晋升对学生科学态度的提升有积极作用，特别是小学到中学的表现，但在初中到高中并未完全使得学生的科学态度得到提升，甚至在对科学的情感、从事科学的意愿方面反而随着学习阶段的晋升而降低。因此，在教育实践中，应对学生的学习兴趣给予关注，避免知识的学习、技能的掌握而消磨了学生的兴趣。

　　总体而言，西南民族地区中小学生对科学感兴趣，有参与科学的意愿，有质疑、实证和开明的意识倾向。但存在几个值得我们注意的问题：一是西南民族地区中小学生科学态度不尽如人意，西南民族地区中小学生在对科学本质的认知、从事科学事业的意愿、对科学价值的认知、质疑的习惯等维度上表现较差；二是学校教育在提高西南民族地区中小学生对科学的认识、实证的意识倾向、开明的意识倾向的同时，却降低了学生对科学的情感和质疑的意识倾向，值得我们关注。

第二节　黔东南州初中生物实践能力测评报告

　　为了紧跟世界发展的趋势，满足我国社会主义现代化建设的需要，同时针对科学教育重知识轻实践的现状，我国越来越重视学生科学实践能力的培养。生物科学实践能力的培养可帮助学生解决实际生活中与生物相关的问题，提高生物科学素养，对生物科技人才的培养也起着至关重要的作用。相对于中东部地区来说，西南民族地区经济发展相对落后。在这种情况下，西部民族地区亟须以科学素养和科技人才作为智力支撑带动经济的发展，因此，对于西部民族地区来说，生物实践能力的培养显得尤为重要。

为了掌握西南民族地区学生生物实践能力处于何种水平，并探究哪些因素影响了学生生物实践能力的发展，本书以贵州省黔东南州初中生为研究对象进行研究，研究主要包含以下三个方面：研究一，我国初中生物实践能力评价指标体系建构；研究二，黔东南州初中生物实践能力测评工具建构；研究三，黔东南州初中生物实践能力水平及影响因素分析。

一、研究过程与研究方法

本研究的过程如图 6.2.1 所示。

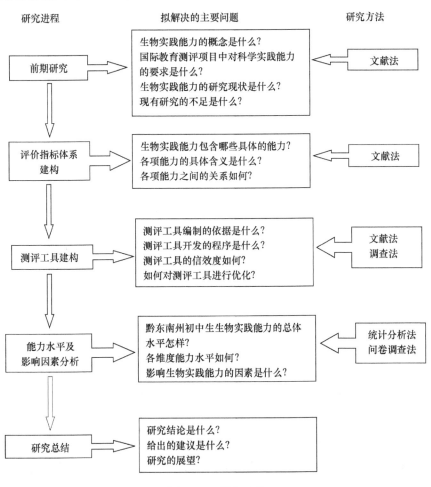

图 6.2.1　研究过程

（一）研究一：我国初中生物实践能力评价指标体系建构

通过对美国《K-12 年级科学教育框架：实践、跨学科概念和核心概念》（以下简称《框架》）、PISA、TIMSS 和 NAEP 等权威测评关于科学实践能力核心要素的梳理，初构实践能力评价指标体系；根据专家咨询意见，对初构的评价指标体系进行修改，具体流程如下。

1. 一级评价指标初构

首先，通过对大型基础教育质量监测项目关于科学实践能力核心要素的梳理，可以发现，有一些指标，虽然表述方式不同，但核心意思相同，并且在多个科学实践能力框架中频繁出现。通过对科学实践能力各指标的语义分析、频次统计，得出结果如表 6.2.1 所示。

表 6.2.1　一级评价指标频次统计

项目	提问和问题定义	开发和使用模型	规划和开展调查	分析和解释数据	运用数学和计算思维	构造解释	设计解决方案	对证据展开辩论	获取、评价交流信息	识别科学问题	运用科学证据	科学地解释现象	基于观察提出问题	形成证据	处理数据	回答研究问题	确定科学原理	使用科学原理	进行科学探究	进行技术设计
《框架》	√	√	√	√	√	√	√	√	√											
PISA										√	√									
TIMSS												√	√	√	√					
NAEP																	√	√	√	√
频次	1	1	1	1	1	1	1	2	1	1	1	1	1	1	1	1	1	1	1	1

由表 7.2.1 可知，多个评价指标中，只有"对证据展开辩论"这一项的出现频率为2，但通过对各个测评框架的科学实践能力的核心要素进行语义分析发现："提问和问题定义"与"基于观察提出问题"的核心意思为"提出研究问题"；"规划和开展调查"与"形成证据"取其交集为"制定与实施研究计划"；"构造解释"与"回答研究问题"的核心语义为"科学地解释现象"；"分析和解释数据"与"处理数据"可统称为"分析解释数据"。最后，统计出现频率较高（2 次及以上）的核心、共通要素，总结归纳，共五项：提出研究问题的能力，制定与实施研究计划的能力，分析解释数据的能力，对证据展开辩论的能力，科学地解释现象的能力。

2. 一级评价指标的修订

初构的一级评价指标，主要参考国外研究成果，但是它是否完全适合我国的生物实践能力的测评，有哪些值得借鉴，哪些需加以修改？为了解决这些问题，本研究运用问卷法对生物教学方面的专家进行咨询，问卷采用 Likert 五级量表法，对"完全同意""同意""中立""反对""完全反对"依次赋 5、4、3、2、1 分。根据专家意见做出一些修改：①为了使一级指标的顺序更符合逻辑，将"对证据展开辩论的能力"移到

"分析解释数据的能力"之后；②为了使语言表述更为清晰明确，将"科学地解释现象的能力"改为"科学地解释问题的能力"。

参考专家意见进行修改后，一级评价指标依次为：提出研究问题的能力、制定与实施研究计划的能力、分析解释数据的能力、对证据展开辩论的能力以及科学地解释问题的能力这五项。

3. 二级评价指标初构

以"提出研究问题"为例，"提问和问题定义"是 NGSS 科学实践能力的评价指标之一，它根据不同的年级提出不同的标准，对六～八年级的要求为：在五年级的基础上，做到提问源于对现象、模型或预料之外的结果的仔细观察，预测问题产生的原因；定义可以通过物体、工具、过程或系统得到解决的问题，确定多样的标准和限制条件。

"基于观察提出问题"是 TIMSS 科学实践能力的评价指标之一，基于观察提出问题包括对具有不熟悉特点或特性的自然界现象的观察。学生在观察中可以发现问题，并做可检验的假设。

根据两者的具体内容，可提炼出共同的要求为"提出研究问题"，综合 NGSS、和 TIMSS 中"提出研究问题"这一能力要素的描述，同时考虑生物的特征，初中学生的实践水平、思维水平，本研究认为，"提出问题"主要包括：①提出研究问题；②做出假设。

另外四个一级指标下的具体内容的修订如上。

4. 二级评价指标的修订

通过梳理国外的测评框架得来的二级评价指标，可能存在一些问题，如逻辑混乱、语言表述不清楚、结构不完善等。为了避免这些问题，运用问卷法，咨询专家意见，问卷采用Likert 五级量表法，对"完全同意""同意""中立""反对""完全反对"依次赋 5、4、3、2、1 分。专家意见的统计结果如下：13 项二级评价指标的平均分高于 3.0 分，2 项二级评价指标的平均分低于 3.0 分。

共修正 12 项，增加 2 项，删除 2 项，改动表述方式 8 项。对二级评价指标修正情况及原因，详细说明如下。

（1）在"提出研究问题的能力"的二级指标中增加"确定研究变量"这一项，研究变量包括自变量、因变量和控制变量。修改原因：如果没有确定研究变量,研究计划的制订就是盲目的、无效的；

（2）在"科学地解释问题的能力"的二级指标中增加"将结论运用于新的情境中或发现新的研究问题"这一项，修改原因：学生根据已有结论进行的知识迁移拓展是必要的；

（3）删除"对证据展开辩论"中的二级指标"比较和批判同一论题中两种不同的论点"，修改原因："论点"不同于"证据"，概念产生混淆；

（4）删除"明晰记录测量结果的程序、方法"，修改原因：这一项包含在"合作或单独制定研究计划"之中，再次出现，无意义；

（5）将"开展研究并收集研究数据"改为"开展研究并收集研究证据"，修改原因：在进行研究过程中需要收集的不仅仅是研究数据，证据的涵盖范围更广；

（6）对另外七项的改动，主要是为了使表述清晰简洁。

5. 初中生物实践能力评价指标体系（表 6.2.2）

表 6.2.2 初中生物实践能力评价指标体系

一级指标	二级指标
提出研究问题的能力	提出研究问题
	提出假设
	确定研究变量
制定与实施研究计划的能力	制定研究步骤
	确定研究所需材料用具
	确定需要收集的证据
	开展研究并收集研究证据
分析解释数据的能力	数据处理
	数据分析
对证据展开辩论的能力	对证据进行解释
	对证据的批判和质疑
科学地解释问题的能力	使用科学知识构建解释
	使用科学证据构建解释
	将结论运用于新的情境中或发现新的研究问题

（二）研究二：黔东南州初中生物实践能力测评工具建构

通过对黔东南州初中生生物学业水平测试成绩、生活情境、实验室仪器设备配备等情况的调查，按照试题开发流程研制生物实践能力测评工具，并对测评工具进行优化。

（1）学业水平测试成绩决定试题难度：在2013年度和2014年度的七年级学业水平测试中，27 所黔东南州初级中学在生物这一科目中的得分较低。考虑到这种情况，应适当降低试题难度。

（2）实验室仪器设备配备情况决定材料用具选取：黔东南州黎平县和丹寨县 6 所学校的问卷调查发现，学校实验室及仪器设备配备情况不容乐观，生物实践能力测评中用到的材料用具应是学生学习生活中常用易得的物品，所以尽量因地制宜，就地取材。

（3）生活情境决定试题情景设置。情景设置原则:贴近黔东南州学生的实际生活；符合课标要求。综合考虑以上两点后，通过田野考查、访谈法，将适合黔东南州学生的生物情境汇总，如表 6.2.3 所示。

表 6.2.3　生物试题情境分类

	个人的	黔东南州的	全球的
动植物	培育植物 饲养小动物	稻田养鱼 林粮间作 混杂造林 畜牧业	生物的进化
营养与健康	合理饮食 牙齿保护 安全用药常识 青春期的卫生保健 常见传染病的预防	疾病预防与控制 食品选择 社群健康	流行病、传染病 的扩散
环境保护	爱护水资源 爱护珍稀动物 保护植被	垃圾处理 园林绿化	生物多样性保护 生态可持续发展 人口控制 土壤的养护和流失 温室效应
生物技术	酿酒 腌鱼 食品保藏	生物制药 食品保鲜技术 发酵技术	克隆技术 转基因技术

（4）语言使用情况。在黔东南州使用范围比较广泛的少数民族语言为苗语和侗语，这两种语言虽然与汉语同属于汉藏语系，但属于不同的语言分支，苗语属于苗瑶语族苗语支[①]，侗族语言属于侗傣语族侗水语支[②]。苗语、侗语与汉语在语音、声调和语法等方面存在较大差异。虽然近年来黔东南州大力推广普通话教学，但根据调查得知学生在课下与亲人朋友交谈时多使用母语。与非少数民族地区学生相比，黔东南州学生的汉语的运用及汉字书写能力整体偏低，所以试题的语言应尽量通俗易懂，避免产生歧义。

1. 测评工具的开发程序

根据初中生物实践能力评价指标体系开发测评工具，测评工具的开发程序如表 6.2.4 所示。

表 6.2.4　测评工具的开发程序及具体工作

程序	具体工作
1. 研制测评工具	确定测评方式、题型、各能力所占分数及比例，根据评价指标体系设计测评工具
2. 专家审阅及修改	组织专家及一线生物教师对测评工具进行审阅及修改
3. 进行测试	选取样本进行测试，并对参与评价教师进行培训
4. 试题质量分析	利用 SPSS17.0 软件对试题难度、区分度进行分析
5. 重复 2～4，直至试题达到要求	根据第3步的测试结果分析调整测试题目，修改后再测，直至形成符合要求的试题

① 黔东南州志编委会. 黔东南州志 民族志[M]. 贵阳: 贵州人民出版社, 2000: 154.
② 黔东南州志编委会. 黔东南州志 民族志[M]. 贵阳: 贵州人民出版社, 2000: 274.

（1）研制预测试题。本测验采用纸笔测验与动手操作相结合的方式对实践能力进行测评。生物实践能力五个维度所占分值及比例安排如表 6.2.6 所示。

表 6.2.6　初中生物实践能力各维度所占分值及比例

测评项目	分值	比例/%
提出研究问题的能力	24	20
制定与实施研究计划的能力	24	20
分析解释数据的能力	24	20
对证据展开辩论的能力	24	20
科学地解释问题的能力	24	20

根据评价指标体系对各项能力的要求，设计预测试题，为保证试题的效度，试题研制应该遵循几条原则：①试题的题干指向明确的考查目标；②确保单项选择题只有一个正确答案，答案之间内容独立，不互相包含；③建立明确的评分标准。

（2）专家审阅及修改。组织专家及黔东南州一线生物教师对初构的测评工具进行审阅，确保题目没有超出已经编制的评价指标体系，审核题目的科学性与准确性，保留专家没有争议的题目，更改不符合黔东南州的试题情景，对于表述不清楚的问题进行修改，对于难度过大的题目，改为引导性语句。专家审核通过后，形成试题库。

（3）进行初测及数据统计。选取黔东南州的 60 名九年级学生进行初测。按照一定的评分标准（选择题采用 0、1 赋分法，问答题采用连续赋分法）对试题答案进行赋分，然后用 Microsoft Excel 软件对分数进行统计分析。

（4）试题质量分析。利用 Microsoft Excel 软件对测试结果的难度、区分度进行分析。

（5）重复 2~4，直至试题达到要求。根据第 4 步的测试结果分析调整测试题目，修改后再测，直至形成符合要求的试题。

2. 测评工具的研制

在生物课程标准规定的范围内确定考查的内容，并按照测评工具开发程序研制试题，对其中的一些试题进行举例分析。

例 6.2.1　酿造米酒。

黔东南州的苗乡米酒和侗寨米酒远近闻名，黔东南州家家户户喜欢用自家的糯米酿造米酒。下面是米酒的酿造过程：

（1）将糯米放在容器中用水浸泡一昼夜，把米淘洗干净。

（2）在蒸锅的笼屉上放上蒸布，将糯米倒入，铺平，盖好锅盖，置于旺火上蒸熟。

将蒸熟的米饭用凉开水冲淋一次。放置到用手触摸微热（30℃）的时候，装入清洁的容器中。

（3）将酒曲碾碎成粉末，撒在糯米饭上，并迅速将酒曲与微热的糯米饭均匀地搅拌在一起，然后将糯米饭压实，中间挖一个凹坑，最后淋上一些凉开水。

（4）把容器盖好，并采取一定的保温措施，如用毛巾将容器包裹起来。

（5）将容器放在温暖的地方，冬天可以放在暖气旁，以提高温度。

（6）一般在冬天制作米酒要用3天左右。当你打开容器，闻到酒香，看到米粒呈柔软状，食用时微甜而不酸，米酒就制作好了。

问题：根据米酒的制作过程，请你就"发酵的条件"这一主题，提出可以研究的问题。对试题的具体分析如表6.2.5所示。

表 6.2.5　试题分析

应用领域	生物技术
情境范围	黔东南州的
考查方式	纸笔测试
题型	问答题
考查能力	提出研究问题的能力——提出研究问题
考查内容	发酵技术

3. 测评工具质量分析及优化

根据实测结果，对所有试题的区分度、难度进行统计，根据统计结果进行调整：删除区分度在0.3以下的3个试题，依次为A1、A4、F3，剩余42道试题中，较易题目11道，较难题目5道，难度适中题目26道。应删除难度适中题目8道，较难题目2道，较容易题目2道。为保证试题组完整性，删除"什么影响叶子沉浮速度？"和"稻田养鱼"试题组相应题目。

本研究运用折半信度法对测评工具信度进行分析，如表6.2.7所示，内部一致性系数说明该问卷的信度较好，可以作为初中生物实践能力测评的工具。

表 6.2.7　初中生物实践能力各维度内部一致性系数

项目	内部一致性系数
提出研究问题的能力	0.69
制定与实施研究计划的能力	0.76
分析解释数据的能力	0.70
对证据展开辩论的能力	0.79
科学地解释问题的能力	0.70

（三）研究三，黔东南州初中生物实践能力水平及影响因素分析

1. 学生生物实践能力总体水平

学生生物实践能力总体水平较低。生物实践能力试卷采取 120 分制，由五个维度构成，题数不尽相同但是权重相当，实践能力的得分是五个维度分数的总和。通过对测试得分进行统计与分析，初步掌握了黔东南州初中生物实践能力的总体水平，具体情况如表 6.2.8 所示。

表 6.2.8　学生生物实践能力总体水平

评价项目	总体样本				不同分数段中的人数占样本人数的比例/%		
	满分	总分平均分	最低分	最高分	72 分以下（低分段）	72～96 分（中分段）	96 分以上（高分段）
生物实践能力	120	68.8	19.2	109.4	65.2	32.9	1.9

从统计结果可知，对于总体样本，学生得分的平均分为 68.8 分，最低分为 19.2 分，最高分为 109.4 分。65.2%的学生处于低分段，32.9%的学生处于中分段，仅有 1.9%的学生处于高分段。由此可知，黔东南州初中生物实践能力的总体得分不高。

2. 生物实践能力各维度水平

从五个维度分别统计学生的生物实践能力，按照各维度的得分，从高到低依次排列：分析解释数据的能力，提出研究问题的能力，对证据展开辩论的能力，制定与实施研究计划的能力和科学地解释问题的能力，如图 6.2.2 所示。

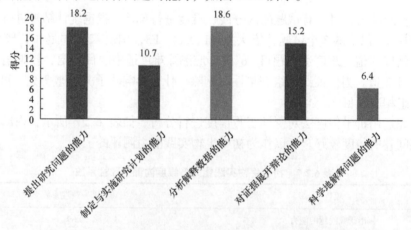

图 6.2.2　实践能力各维度水平

其中，分析解释数据的能力、提出研究问题的能力以及对证据展开辩论的能力三项得分较高，分别为 18.6 分、18.2 分和 15.2 分；制定与实施研究计划的能力的得分为 10.7 分，处于较低水平；科学地解释问题的能力得分仅为 6.4 分，处于最低水平。

3. 生物实践能力子维度水平

提出研究问题的能力各维度水平从高到低依次是：提出假设，确定研究变量，提出研究问题；

制定与实施研究计划的能力各维度水平从高到低依次是：确定研究所需材料用具，确定需要收集的证据，开展研究并收集研究证据，制定研究步骤；

分析解释数据的能力：数据处理得分高于数据分析得分；对证据展开辩论的能力：对证据的批判和质疑得分高于对证据进行解释得分；

科学地解释问题的能力各维度水平从高到低依次是：使用科学证据构建解释，使用科学知识构建解释，将结论运用于新的情境中或发现新的研究问题。

4. 生物实践能力影响因素分析

（1）生物实践能力具有性别和城乡差异（$p<0.05$），与生物成绩呈弱相关关系（$r=0.11$），与参与生物实践活动表现呈中等程度正相关关系（$r=0.79$），与家庭对实践能力重视程度呈中等程度正相关关系（$r=0.54$）；

（2）提出研究问题的能力具有性别差异（$p<0.05$），不具有城乡差异（$p>0.05$），与生物成绩呈弱相关关系（$r=0.19$），与参与生物实践活动表现呈中等程度正相关关系（$r=0.47$），与家庭对实践能力重视程度呈微弱正相关关系（$r=0.28$）；

（3）制定与实施研究计划的能力，不存在性别与城乡差异（$p>0.05$），与生物成绩无关（$r=0.00$），与参与生物实践活动表现呈较高正相关关系（$r=0.73$），与家庭对实践能力重视程度呈微弱正相关关系（$r=0.23$）；

（4）分析解释数据的能力存在性别差异（$p<0.05$），不存在城乡差异（$p>0.05$），与生物成绩呈较高正相关关系（$r=0.85$），与参与生物实践活动表现呈较高正相关关系（$r=0.81$），与家庭对实践能力重视程度呈中等程度正相关关系（$r=0.58$）；

（5）对证据展开辩论的能力存在城乡和性别差异（$p<0.05$），与生物成绩无关（$r=0.00$），与参与生物实践活动表现无关（$r=0.08$），与家庭对实践能力重视程度呈微弱正相关关系（$r=0.23$）；

（6）科学地解释问题的能力存在城乡差异（$p<0.05$），不存在性别差异（$p>0.05$），与生物成绩无关（$r=0.01$），与参与生物实践活动表现存在较高正相关关系（$r=0.68$），和家庭对实践能力重视程度呈中等正相关关系（$r=0.49$）。

二、研究结论与建议

（一）研究结论

（1）初步尝试建构了适合我国的初中生物实践能力评价指标体系；

（2）在研制适合黔东南州的初中生物实践能力测评工具方面做出了探索；

（3）黔东南州初中生的生物实践能力处于较低水平；生物实践能力具有性别和城乡差异，与生物成绩呈弱相关关系，与参与生物实践活动表现呈中等程度正相关关系，与家庭对实践能力重视程度呈中等程度正相关关系。

（二）相关建议

生物是以实验为基础的自然学科之一，它研究生物的结构、功能、发生和发展的规律，以及生物与周围环境的关系。因其学科特点，生物与现代农业、医药卫生、环境保护等方面具有紧密的联系。但是，生物教学因长期以来受应试教育的影响，教师重视知识传授而忽视学生实践能力的培养，教学方式以传授式为主，同时，学生在学习生物时以背诵记忆知识要点为主，导致生物被称为"理科中的文科"。根据研究结果可知，黔东南州初中生的生物实践能力整体偏低，形势严峻，不容乐观，要改变现状，可以从以下几个方面做出调整。

（1）教育主管部门和学校要转变教育观念，重视学生生物实践能力的培养。①需要完善生物实践能力评价体系。从内涵、要素、功能等方面丰富生物实践能力监测的理论体系；从试题开发流程、评价标准制定、测试结果分析等方面完善操作标准，使黔东南州的生物实践能力评价既具备理论指导又具备操作规范。②学校要充分发挥评价的导向作用，完善生物评价内容。例如，将学生的知识考查与课外实践活动表现综合起来进行评价，充分发挥评价的导向、诊断、鉴定和育人功能。③评价主体要多样化。通常情况下，评价主体为教师，而学生与家长被动接受评价内容，这导致评价片面化，为建构开放、民主、公平的评价方式，应扩大评价主体，由"老师—学生"的单一评价主体扩展为"老师—学生、家长—学生、学生—学生"的多个评价主体，从而从多个角度全面反映学生的生物实践能力发展情况。

（2）充分开发利用当地课程资源，丰富生物实践内容。在新一轮基础教育课程改革的大背景下，民族地区课程资源成为民族地区中小学教育教学研究的新焦点。黔东南地区丰富的生物资源，为生物实践内容的拓展提供了契机。一方面，黔东南州植物种类丰富，有各类植物 2000 多种，除大量的野生植物外还盛产药用植物，如太子参、天麻、杜仲等名贵药材；另一方面，野生动物种类多样，其中包含麝羊、毛冠鹿、中华鲟等珍稀动物资源。利用丰富的生物资源，有助于学生了解动植物、探究生物与环境的关系、理解生物的多样性等。

（3）创造条件，开展生物实践活动。研究结果显示，学生的生物实践活动表现与学生的生物实践能力水平呈显著正相关关系，所以应尽量创造条件，充分开展生物实践活动。开展实践活动需要一定的人力、物力支持，据调查，黔东南州教师较少开展生物实践活动，一方面与教师水平有限、不知如何开展实践活动有关，另一方面与经费紧张、实验资源紧缺有较大关系。要解决这一问题，社会、学校、教师应联合起来，为开展生物实践活动提供支持。学校可结合自身需要，申请经费建设实验室，购买实验仪器设备等，也可与当地的自然博物馆、生态园区等建立联系，根据教学需要组织参观活动；教育主管部门为当地生物教师提供专业培训，提高生物教师对科学实践的理论知识，并提供实践机会，全面提高黔东南州教师的实践教学能力。

（4）家长与学校共同努力，培养学生的生物实践能力。在培养学生的实践能力的过程中，学校与家长的作用同样重要。一方面，学校应积极与家长沟通，取得到家长的支持与合作，共同担负起培养学生实践能力的责任。另一方面，学校可以通过开展亲子实践活动，帮助家长认识科学教育的目的，体会科学实践的乐趣，从而取得家长对实践能力培养的支持与合作。通过开展亲子实践活动，有助于学生与家长生物实践能力的培养，对于黔东南州民众科学素养的提升具有重要的意义。

第三节　黔东南州小学科学课程实施监测报告

2001 年开始，我国把小学阶段的《自然》更名为《科学》，在小学 3～6 年级实施新课程标准。随着社会的进步和科学技术的发展，以及小学科学新课程标准实施了十多年的经验，我国教育工作者逐渐认识到科学课在小学阶段的重要作用。为了推进基础教育课程改革的顺利实施，2001 年贵州省教育发布了《贵州省教育厅推进基础教育课程改革的实施意见（试行）》，对义务教育阶段的课程设置及课时安排做出了统一规定。

民族地区的小学科学课程实施情况如何？民族地区的小学科学教育是否与当地特色相结合？影响小学科学教育发展的因素有哪些？带着这样的问题，笔者以黔东南州的各级小学为考查对象，通过问卷调查、深入观察、访谈等方式，开始本研究的调查工作。

一、研究对象

1. 调查地区

为了使本研究的调查对象更具有代表性，笔者根据本研究的设计和黔东南州的经济发展情况，选取凯里市、镇远县和黎平县作为考查对象。根据《黔东南苗族侗族自治州志·民政志》记载，黔东南州的行政区域划为 15 个县、一个市，凯里市作为黔东南州唯一的市级行政区，被选择为本研究的市级区域调查对象。

2012 年 3 月 19 日，国务院扶贫开发领导小组办公室发布了国家扶贫开发工作重点县名单，黔东南州 15 个县中有 14 个县均在此名单中（表6.3.1）。镇远县作为黔东南 15 个县中唯一一个不在国家扶贫开发工作重点县名单中的县级行政区域，因此被本研究选择为经济相对发达的县级行政区调查对象。

表 6.3.1　黔东南州 15 个县的扶贫开发情况[①]

国家扶贫开发工作重点县	非扶贫重点县
黄平县、施秉县、三穗县、岑巩县、天柱县、锦屏县、剑河县、台江县、黎平县、榕江县、从江县、雷山县、麻江县、丹寨县	镇远县

2011 年 5 月 18 日，贵州省统计局在其官网上发布了"黔东南州 2010 年第六次人口

---

① 国务院扶贫开发领导小组办公室. 国家扶贫开发工作重点县名单. http://www.cpad.gov.cn/art/2012/3/19/art_624_14658.html.

普查主要数据公报",该公报中第九条详细地介绍了黔东南州全州常住人口的地区分布,如表 6.3.2 所示。

表 6.3.2　黔东南州全州常住人口的地区分布[①]

地区	人口数/人	比例[②]/%		人口密度/（人/平方公里）
		2000 年	2010 年	
全州合计	3480626	100.00	100.00	115
凯里市	478642	11.27	13.75	367
黄平县	263123	7.60	7.56	158
施秉县	130490	3.57	3.75	85
三穗县	155671	4.43	4.47	151
镇远县	203735	5.79	5.85	108
岑巩县	162008	4.88	4.65	109
天柱县	263841	9.06	7.58	121
锦屏县	154841	4.95	4.45	96
剑河县	180544	4.92	5.19	83
台江县	112236	3.73	3.22	104
黎平县	391110	11.93	11.24	88
榕江县	286336	7.81	8.23	87
从江县	290845	7.84	8.36	90
雷山县	117198	3.43	3.37	97
麻江县	167596	5.29	4.82	137
丹寨县	122410	3.52	3.52	130

由表 6.3.2 可以看出,在黔东南州的 14 个国家扶贫开发工作重点县中,黎平县的人口总数最多,其人口数占全州合计人口数的比重最大,2000 年为 11.93,人口密度相对较大。基于这几个方面的考量,本研究选择黎平县作为经济相对不发达县级行政区的调查对象。

经过上述的分析,本研究在黔东南州选取了三个相对具有代表性的县市作为调查对象,分别选取了凯里市作为市级区域调查对象,镇远县作为经济相对发达的县级行政区调查对象,黎平县作为经济相对不发达县级行政区的调查对象。

2. 调查学校

笔者在前一部分详细地说明了选择的调查地区及选择原因,在此基础上确定本研究

①　贵州省统计局. 黔东南州 2010 年第六次人口普查主要数据公报. http://www.gz.stats.gov.cn/Web62/News/20140516/2618.htm.

②　为黔东南州各县市的人口占全州合计的比例.

所要考查的三类学校：市级小学、县级小学和乡镇小学，共 11 所。

二、研究方法与调查过程

为了调查黔东南州的小学科学课程实施的最真实情况，并能深入剖析影响课程实施的因素，提高本研究的信度和效度，本研究主要选择了以下几种研究方法：问卷调查法、访谈法、观察法。

本研究使用观察法的主要对象是小学科学课堂教学活动，即对科学课堂教学活动进行观察。在观察中，笔者对整个课堂做了录音，以文字记录作为辅助方式，并对教师和学生在科学课堂中的行为表现进行重点观察。

根据本研究的需求制定并完善"黔东南州小学科学课程实施及影响因素调查问卷"和访谈提纲之后，笔者开始实施调查。为了能够全面而准确地调查不同级别的小学课程实施及影响因素的情况，将调查分为两个阶段。

2015 年 6 月进行了第一次调查，即调查的第一阶段，调查地点为黔东南州黎平县，共选取了 5 所小学作为调查对象，其中 3 所县级小学和 2 所乡镇中心小学。本次调查发现各小学科学课程的实际实施情况、实验室的使用情况有所欠缺，在调查的过程中应多加关注，为第二阶段的调查提供建议，以制定更完善的调查计划。

2015 年 10 月进行了第二阶段的调查，调查地点为黔东南州凯里市和镇远县，共选取了 6 所学校作为考查对象，其中 2 所市级小学、2 所县级小学和 2 所乡镇中心小学。

2015 年 11 月至 12 月，笔者在凯里市、镇远县、黎平县的小学科学教师中共发放 58 份电子问卷，收回 51 份，其中有效问卷 40 份。

在整个调查过程中，以问卷调查为主，配合深入访谈和课堂观察等调查方式。但是问卷调查和访谈得到的是被调查者理性思考的结果，很难看到情境性的、隐性的内容，它们在实际的情境中才能显现出来。因此，本研究对真实的小学科学课堂教学进行录音和拍照，对实验室、实验器材、学生实验报告、学生练习册等进行拍照，以作为最真实的记录，来增加本研究的信度和效度。

三、黔东南州小学科学课程的实施情况

本研究共调查了 35 所小学，实地考察的学校为 11 所。为了在某种程度上保护学校和参与调查教师的隐私，将 11 所学校分别命名为 A、B、C、D、E、F、G、H、I、J、K，其中 A、B 两所学校为市级小学，C、D、G、H、I 五所小学为县级小学，E、F、J、K 为乡镇中心小学。根据调查结果，从中抽取 5 个方面（使用教材、周课时、学期实际上课时数、教师人数、开设科学课班级数）来说明 11 所小学的基本情况（表 6.3.3）。其中，"苏教版"为江苏教育出版社，"大象版"为大象出版社，"学期实际上课时数"为一个学期学校的科学教师为每个班级的实际上课时数。

表 6.3.3　　11 所被调查学校的基本情况

学校	使用教材	周课时	学期实际上课时数	教师人数	开设科学课班级数
A	苏教版	2	31 课时及以上	5	24（两个校区）
B	苏教版	2	21 课时及以上	6	16
C	苏教版	2	31 课时及以上	5	16
D	苏教版	2	31 课时及以上	4	12
E	苏教版	2	31 课时及以上	3	12
F	苏教版	2	31 课时及以上	4	12
G	大象版	2	21～30 课时	6	16
H	大象版	2	10～30 课时	4	12
I	大象版	2	10～20 课时	6	12
J	大象版	2	10 课时以下	3	8
K	大象版	2	20 课时以下	3	8

经过调查研究，本部分可以得出以下结论：

（1）课时方面，各小学基本上都按照贵州省教育厅发布的《贵州省基础教育课程改革义务教育课程计划（修订）》的规定开设科学课，每周 2 个课时，开设年级为 3～6 年级；但是实际上课的课时数与课程表上的课时数有较大差距，科学课被其他课程占用的情况较多。

（2）教师方面，①各小学的科学教师性别比例不太协调，男教师占教师总人数的 3/4；②科学教师的年龄分布不均，30 岁以下的青年教师所占比例过少，51 岁以上的教师所占比例相对较大；③专职科学教师人数较少，在科学教师总数中仅占不到 1/4 的比例，大部分学校只有一位专职教师，甚至有些学校没有专职教师；④科学教师的专业背景复杂（中文、数学、英语、物理等专业），其中中文专业背景的科学教师占大多数，而物理专业背景的科学教师仅有 6%；⑤科学教师的任教年限、学历、职称、培训等情况也不太乐观。

（3）教材方面，本研究调查的三个地区中，凯里市和镇远县使用的教材为"苏教版"，黎平县使用的教材是"大象版"。

（4）经过贵州省的普及实验室工作之后，除村级小学之外，各小学都按照《贵州省中小学实验教学和实验室管理办法（试行）》的要求建设了实验室和实验准备室，配备了相关的实验仪器。但是，大部分教师都认为配备的实验仪器在实际应用过程中有部分闲置或大部分闲置。闲置原因主要是：与教材内容无关或实验仪器陈旧、损坏，但仍有部分教师认为是没时间做或不会做。

（5）实验室和实验仪器的保管稍有欠缺。

四、黔东南州小学科学课程实施的影响因素研究

影响课程实施的因素繁杂，很难全面而完善地分析出课程实施的影响因素，因此，

国内外的学者在这方面做出了不同的解答。笔者在这些学者观点的基础上确定了本研究中课程实施影响因素的框架。表 6.3.4 是部分学者关于课程实施影响因素的观点，是本研究的框架中借鉴较多的内容。

表 6.3.4　课程实施影响因素的观点

富兰（Fullan）	马云鹏	施良方
改革的特征： 需要 清晰度 复杂性 质量与实用性	课程本身的因素： 地方、学校与教师对改革的需要； 实施者对改革的清晰程度； 改革本身的复杂性； 改革方案的质量和实用性。	课程计划本身的因素： 可传播性； 可操作性； 和谐性； 相对优越性。
地方特征： 校区 社区 校长 教师	学校内部的因素： 校长； 教师。	交流与合作： 课程编制者与实施者之间的交流与合作； 课程实施者之间的交流与合作。
环境特征： 政府和其他机构	学校外部的因素： 社区与家长的影响； 政府部门的影响； 社会团体的影响	课程实施者的组织和领导： 教育行政部门的组织和领导； 学校领导的负责程度与时效。
		教师的培训： 包括正规与非正规培训。
		各种外部因素的支持： 家长的理解和支持

本研究对国内外关于课程实施影响因素的观点进行了梳理，并在调查问卷的设计中对本研究的基本理论框架做了一个简要的介绍。在此基础上，结合表 6.3.4 中的观点，笔者详细介绍了本研究中确定的课程实施影响因素的框架。

（1）小学科学课程本身的因素：①小学科学课程标准在小学科学教学中的地位；②小学科学课程在教师心中的地位；③小学科学教材的版本或内容呈现形式。

（2）课程实施主体的影响：①学校上级管理部门的影响；②学校自身领导的影响；③教师的教学技能和科学素养水平的影响；④学生对待科学课的态度；⑤课程评价方式的影响。

（3）学校外部因素的支持与配合：家长的配合与支持。

1. 小学科学课程本身的因素

1）小学科学课程标准在小学科学教学中的地位

2001 年《小学科学课程标准（3—6 年级）》确定了本门课程的性质，"小学科学课程是以培养科学素养为宗旨的科学启蒙课程。科学素养的形成是长期的，早期的科学教育将对一个人科学素养的形成具有决定性的作用。承担科学启蒙任务的这门课程，将细心呵护儿童与生俱来的好奇心，培养他们对科学的兴趣和求知欲，引领他们学习与周围世界有关的科学知识，帮助他们体验科学活动的过程和方法，使他们了解科学、技术与社会的关系，乐于与人合作，与环境和谐相处，为后继的科学学习、为其他学科的学习、为终身学习和全面发展打下基础。学习这门课程，有利于小学生形成科学的认知方式和科学的自然观，并将丰富他们的童年生活，发展他们的个性，开发他们的创造潜能。"①

在 2001 年的科学课程标准中，对课程的基本理念也做出了详细的解释。"科学课程要面向全体学生，这意味着要为每一个学生提供公平的学习科学的机会和有效的指导。学生是科学学习的主体。科学学习要以探究为核心。科学课程的内容要满足社会和学生双方面的需要，应选择贴近儿童生活的、符合现代科学技术发展趋势的、适应社会发展需要的和有利于为他们的人生建造知识大厦永久基础最必需的内容。科学课程应具有开放性，这种开放性表现为课程在学习内容、活动组织、作业与练习、评价等方面应该给教师、学生提供选择的机会和创新的空间，使得课程可以在最大程度上满足不同地区、不同经验背景的学生学习科学的需要。科学课程的评价应能促进科学素养的形成与发展，评价既要关注学生学习的结果，更要关注他们学习的过程。"②

课程标准是教科书编写的依据，也应该是教师进行教学的主要参考内容。但是，在关于科学课教学的主要依据的调查中得出（图 6.3.1），把科学课程标准作为教学主要依据的教师仅占23%；而以教参教案为主要依据的为20%，仅次于课程标准；以教材作为主要参考依据的教师最多，占总数的 45%；还有 8%和 4%的教师分别凭借教学经验和学生需求进行教学。

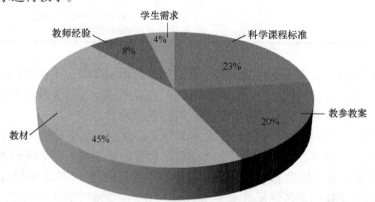

图 6.3.1　科学教师教学的主要依据

这些调查数据说明，大部分一线的小学科学教师没有认识到科学课程标准的重要性与地位，他们更多的仍停留在关注教材内容的要求上，所以对科学课程标准中要求的内容（尤其是能力方面的要求）没有充分的意识，也更难达到课程标准的要求。相关教育行政部门在这方面的认识也应该加强，不能再出现专门为不同版本的教材编制不同的期末测评试卷的情况。

综上所述，提高教育相关部门和教师对科学课程标准的重视程度，改进现有的认

① 科学课程标准(3—6 年级). 国家课程标准专辑: 1. http://www.being.org.cn/ncs/sci/p/sci-p.htm.
② 科学课程标准(3—6 年级). 国家课程标准专辑: 1-2. http://www.being.org.cn/ncs/sci/p/sci-p.htm.

识，是提高小学科学教学质量必不可少的重要条件。

2）小学科学课程在教师心中的地位

2001 年，小学《自然》课程更名为《科学》，转眼十多年已经过去，那么小学科学现在的地位如何呢？本研究对教师进行了一个调查，66%的教师都认为有必要开设，30%的教师认为说不清楚是否有必要开设，仅有 4%的教师认为没有必要开设；在"小学开设科学课能否培养学生的科学素养"的调查中，91%的教师认为能提高。这说明经过十多年的发展，小学科学的地位已得到大部分教师的认可。

3）小学科学教材的版本或内容呈现形式

由于贵州省黔东南州使用了不同版本的小学科学教科书，在调查的地区出现两个版本：苏教版和大象版，因此本研究根据这两种版本教材与该地区及该校的使用情况分别进行了深入访谈。

（1）大象版。

通过对各个科学教师的深入访谈，发现普遍存在以下问题：①该教材太难。主要表现在内容太抽象，常常只给出一个要求与本地实际情况相结合的实验指导语，而不是具体地指导教师怎么讲这个知识点、怎么做实验。②这本教材是普适性的教材，没有与黔东南当地的实际情况相结合，教材上面的内容与学生的生活实际联系不大，多数实验设计所需材料没见过，学习起来有困难，不能很好地激发和培养学生的学习兴趣。③教师不是科班出身，没有受过专业训练，专业技能和科学课所需知识缺乏，把控教材的能力不够，在把教材与实地情况相结合方面能力不足。有些教师认为，书本上面的知识老师本来就不会，如何教给学生呢？只能回家上网查找资料，但是有的知识点仍旧不明白。现将部分访谈内容呈现如下。

笔者：您认为现在所使用的科学教材的特点是什么？它适应我们这里的生活情景吗？

教师 A：大象版的教材太难教了，内容抽象得很，只给出一个实验指导语，让教师与本地实际情况相结合来设计实验，我们水平不够，达不到啊。

教师 B：我自己都看不懂书上的内容，回家上网查了也看不懂，怎么教给学生？

教师 C：这个教材太难了，以前还是《自然》的时候，好教，现在不行了，好多实验都不会做，怎么指导学生啊？

……

（2）苏教版。在被访谈的教师中，大部分教师对苏教版的小学科学教材相对满意，他们认为该教材上的内容容易理解，尤其是实验内容有详细的实验指导，相对比较容易操作。但是一些年龄较大、教龄较长的教师则反映不如以前的"自然"那么容易教学，实验太多，对实验操作能力的要求较高。

2. 课程实施主体的影响

1）学校上级管理部门的影响

"各级教育行政部门和学校领导对课程计划的实施负有领导、组织、安排、检查等职责。"①通过实地调查发现，教育行政部门是参与科学课教学评价的主要人员，他们通常也是采取何种方式进行评价的决定者。按照教育部和贵州省教育厅的规定，各小学必须每周开设两节科学课，但是在实际教学过程中仍有很多学校达不到这个要求。

2）学校自身领导的影响

"各级教育行政部门和学校领导对课程计划的实施负有领导、组织、安排、检查等职责。"与教育行政部门相比，学校领导对课程计划的实施负有更直接的责任，他们不但要领导、组织、安排、检查学校课程计划的实施情况，而且会参与到实际教学中。如果学校领导重视小学科学课程，则在科学课程的物质和时间分配方面均会更有利于它的发展。

从本研究实地考察的学校来看，学校领导对科学的重视程度直接影响着科学课程的实施。笔者在实地考察中遇到两所具有鲜明对比的学校，把其中一个学校命名为 F 学校，另一所学校为镇远县羊场镇中心小学。这两所学校都是乡镇中心小学，不同的是学校校长对科学课程的认识及重视程度，造成了这两所学校在科学课程及相应的实验设施等方面的极大差距。

F 学校没有专职的科学教师，科学课是由语文或数学教师担任，常常出现科学课时间被占用，用在了该教师所担任的课程上。该小学的 A 老师是五年级的数学教师，同时担任该班的科学课教师，但是他基本上不上科学课，一般把科学课用来上数学。

镇远县羊场镇中心小学有 1 位专职科学教师和 3 位兼职科学教师，由于该校的校长特别重视培养小学生的科学素质，所以特别重视小学科学课程。在该校长的支持与鼓励下，羊场镇中心小学的师生在省级、州级、县级的科技创新大赛中曾多次获得奖项，还有师生的设计作品取得国家专利。例如，2012 年，由本校师生合作的"粉尘空气净化呼吸器"获得中华人民共和国国家知识产权局授予的实用新型专利证书（图 6.3.2）；2014 年，由该校学生在教师指导下制作的"机动车辆前进力分离制动刹车"获第 29 届贵州省青少年科技创新大赛科技竞赛三等奖（图6.3.3）；2009年4月，该校的《奇花异草出山间，跃然纸上开不败——羊场小镇中心小学中草药标本制作》获得镇远县科学技术进步奖三等奖（图 6.3.4）；2004 年，该校学生在教师指导下制作的"童心牌多功能锄头"获得第十九届贵州省青少年科技创新大赛科技竞赛三等奖；2003 年，该校学生在教师指导下设计的"中国火箭牌铅笔帽"获首届黔东南州青少年科技创新大赛科技竞赛优秀奖；该校也曾获得黔东南州和镇远县青少年科技创新大赛组织奖。

图 6.3.2　粉尘空气净化呼吸器　　　　图 6.3.3　机动车辆前进力分离制动刹车

① 施良方. 课程理论—课程的基础、原理与问题[M].北京: 教育科学出版社, 1996: 146.

图 6.3.4　奇花异草出山间，跃然纸上开不败——羊场小镇中心小学中草药标本制作

3）教师的教学技能和科学素养水平的影响

"教师是课程实施的直接参与者，新的课程计划成功与否，教师的素质、态度、适应和提高是一个关键因素。"[1]教师是影响小学科学课程有效实施的重要因素，他们的科学知识、实验操作、科学素养等方面的能力以及对科学课程的态度都影响着科学课程的实施。

由图 6.3.5 可以得知，小学科学教师在科学知识、实验教学、指导学生探究活动等方面的能力亟待提高。

针对教师普遍反映在实验教学和指导学生探究活动方面的能力有所欠缺的情况，本研究对教师在科学实验课方面的困难进行了调查。45%的教师认为最大的困难是缺乏实验操作的指导能力，认为实验器材不足的教师占 46.5%，8.6%的教师认为是安全问题（图 6.3.6）。结合访谈，笔者得知小学科学教师在实验操作方面很少进行专业的培训，仅靠他们自己摸索不能达到教材和课程标准要求的实验教学水平。

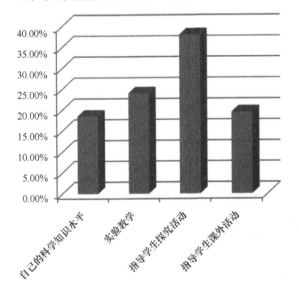
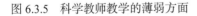

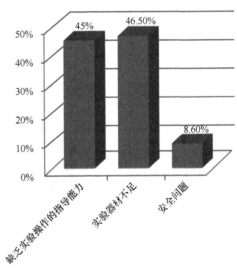

图 6.3.5　科学教师教学的薄弱方面　　　图 6.3.6　教师在实验教学方面的困难

① 施良方. 课程理论—课程的基础、原理与问题[M].北京: 教育科学出版社, 1996: 146.

　　笔者在实地调查过程中对教师进行了深入访谈，各位科学教师针对自己的经历与经验谈了对担任小学科学教师的感受与做法，现将部分内容整理如下。

　　教师 1：我学的中文，当了十几年的语文老师，后来教《自然》，现在变成《科学》，也已经教了十几年了。前几年参加过培训，现在都是靠自己摸索，尤其是实验课。科学是副科，我又不当他们的班主任，学生都不怕我，上课的纪律很差，管不住他们。一周要上十五、六节课，时间很紧张，也没时间准备实验。学校对科学这一块的重视还不够，还应该增加专职的科学老师或者专门的实验老师。

　　教师 2：我是学数学的，刚毕业两年，现在管理学校工会，又兼职教科学。其实科学课什么的我都不懂，基本上都是上课前上网查名师怎么讲，选择一些案例进行模仿教学，我带的班级的科学课成绩还不错，但是没有成就感，想着过两年还是申请教数学吧，毕竟学的是那个专业。

　　教师 3：我是专职的老师，一毕业就教这个了，七、八年了，专职科学老师我们学校就我自己。我经常上网查一些资料，看看好的课堂设计，兼职老师都不看重科学，他们把时间都用在主课上了，没法和他们交流科学课方面的东西。

　　教师 4：我是这学期才开始担任科学课教师的，对科学课都不了解，不知道怎么上。这几年也没有考试，没个参照，就照着书本大致讲讲吧！
　　……

　　4）学生对待科学课的态度

　　如图6.3.7所示，25%的教师认为学生非常喜欢科学课，而75%的教师则认为学生对科学课的喜欢程度一般，和其他学科没有区别。通过详细分析问卷，笔者发现认为学生非常喜欢科学课的教师基本上都是专职科学教师，他们在上课之前认真备课，努力使课堂丰富有趣，认真准备演示实验，尽力安排每次的分组实验。而认为学生对科学课的喜欢程度和其他学科一样的教师基本上都是兼职教师，他们的科学知识、科学素养以及知道实验操作的能力较弱，一般的上课方式都是照着书本念。

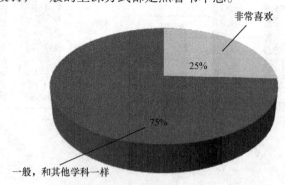

图 6.3.7　教师认为学生对科学课的兴趣情况

　　通过对学生的访谈得知，大部分学生比较喜欢科学课，但是却从不自己动手尝试做试验。

5）小学科学课程的评价方式

在"参与科学课程教学评价的人员有哪些"的调查中，从图 6.3.8 中可以很明显得出，上级教育行政部门、学校领导、教师是课程评价的主要参与者；部分学校或教师在进行评价时会参考学生的意见，但是仅占 5%；家长也可能成为某些学校进行课程评价的参与者，但是仅占 3%。由此可以看出，上级教育行政部门在学校进行科学课程评价时发挥着重要的作用。

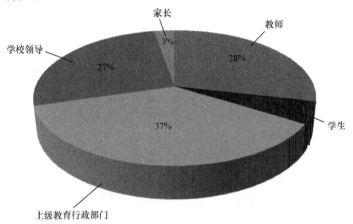

图 6.3.8　科学课程评价参与人员情况

了解了学校进行科学评价的参与人员，那么，评价的方式主要是什么呢？本研究在这方面也进行了调查。参与调查的 72 位教师中，选择纸笔测验的有 70 位，仅有 2 位选择了不进行考查（图 6.3.9），究其原因是黎平县 2008～2014 年年底都没有进行科学课考试。

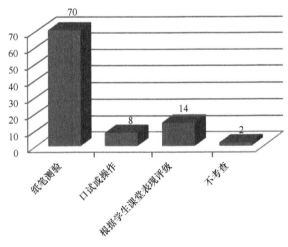

图 6.3.9　科学课程评价方式

根据对教师的深入访谈得知，镇远县曾经有几年实行过利用纸笔测验和学生实际操作相结合的方式进行科学课的评价。镇远县教委组织一批教师，从学期中间开始抽取学校进行实验操作的检查，每学期抽取一部分学校，这样的评价方式受到了部分科学教师的好评，但是现在已经不再实行。

3. 学校外部因素的支持与配合

课程计划得以顺利实施，也离不开社会各界的配合和支持。在小学阶段，家长的配合与支持尤为重要。那么，家长是否能够理解和配合教师的工作，和学生一起完成或监督学生完成课外科学实践活动呢？本研究针对这个问题做出统计，如图 6.3.10 所示，参与调查的所有教师中，44%的教师认为家长不能配合学生完成课外时间活动，46%的教师表

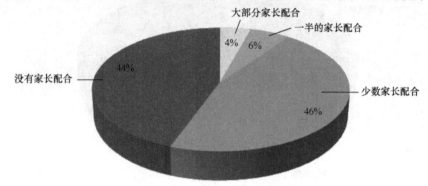

图 6.3.10　家长配合学生完成课外科学实践活动情况

示少数家长会配合，仅有 4%的教师表示大多数家长都能和学生一起完成课外科学实践活动。这些数据说明黔东南州的这三个县市的家长极少能够理解和支持教师的教学工作，并配合学生完成课外科学实践活动。

通过访谈，笔者了解到该地区的留守儿童较多，家长去外地打工，孩子留在家里和老人一起生活。很多家长认为，搞科学实验和科学探究是科学家们的事情，小学生只需要学好语文、数学等主要学科，了解一些科学常识即可。学生学习、做实验等，这些都是老师的事情，没有必要让小学生天天回家做这样那样的实验，家长不懂，也不知道该怎么配合。

4. 本部分结论

本研究对黔东南州小学科学课程实施的影响因素进行分析。结合国内外知名学者的观点和黔东南州小学科学课程实施的实际情况，建构影响因素：课程本身的因素，课程实施主体的影响，学校外部因素的支持和配合等，然后进行具体分析，并得出以下结论。

（1）关于课程本身：小学科学教师基本上没有认识到科学课程标准的重要性与地位，更多的仍停留在关注教材内容的要求上，也更难达到课程标准的要求。但是，这些一线教师已经充分肯定了小学科学课程的地位。而在小学科学教师现有的素质条件下，科学教材的内容和形式对教师教学的影响相对比较重要。

（2）关于课程实施主体：学校上级管理部门的态度和管理方式极大地影响着学科

课程的实施，而学校课程实施的好坏主要受学校自身领导的态度和重视程度的影响。但是部分教育管理部门和学校领导的重视程度不够，所以在黔东南州各个小学对科学课的重视程度不同，课程实施效果也不相同。教师的教学技能和科学素养水平，以及学生对科学课的兴趣对课程的实施和实施效果产生了一定的影响，目前，小学科学教师的教学技能有待提高。课程评价的方式在一定程度上影响着教师和学生的积极性。

（3）关于学校外部因素：影响小学科学学科最主要的外部因素是家长，家长的理解与支持可有效地提高课程实施的质量。但是，在调查中，仅有少数家长能够有效地配合教师的工作。

第四节 贵州省高中化学实验教学的监测报告

民族地区理科教学质量监测体系的建构和测评实施，是建立在前期对多地中小学各学科教学现状调查的基础之上的。本课题研究初期，课题组对四川甘孜藏区部分中学化学教学现状，包括实验教学的实施情况进行了解。通过教师访谈、实地观摩以及对学生中考化学成绩的分析，获得以下认识：①当地中学化学实验教学条件在近年得到较大改善；②实验教学质量有保障，但低效、无效的教学现象依旧普遍。

结合对四川甘孜藏区中学化学教学现状的前期考察，并通过对民族地区中学化学实验教学现状的相关文献阅读，课题组认为当前民族地区中学化学实验教学的实际情况与一些文献描述不一致，因此民族地区化学实验教学现状需要被重新认识，并选择贵州省黔南州作为二期考察地点，对当地高中化学实验教学现状展开调查研究，以期为民族地区理科教学质量监测的课题研究提供一定参考。

一、研究的过程与方法

课题组选择贵州省黔南布依族苗族自治州（简称黔南州）2 市 1 县（分别为都匀市、福泉市和贵定县）的 9 所高中学校进行考察。根据贵州省最新省级示范性普通高中学校名册，所选取的 9 所高中学校中包含二类中学 2 所、三类中学 2 所以及普通中学 5 所，调查对象主要为上述 9 所学校所有年级组的一线化学教师及在校部分高二年级理科班学生。调查内容共两部分，分别为实验教学条件的调查和实验教学实施过程的调查，具体调查内容如图 6.4.1 所示。

依据调查内容，所采用的研究方法主要有问卷调查法、访谈法以及实地观察法。其中涉及实验教学条件的调查，主要采用实地观察法、访谈法等收集数据及实料，并与《贵州省中小学理科实验室装备规范》（以下简称《规范》）中的各项指标进行参照对比。

实验教学实施过程的调查主要采用问卷调查法。问卷调查根据研究对象不同，分别编制教师问卷和学生问卷。

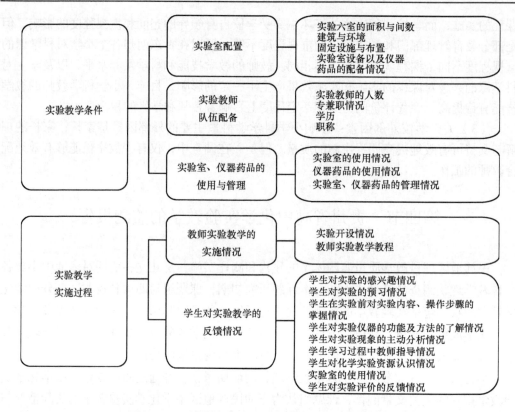

图 6.4.1　民族地区高中化学实验教学现状调查内容

　　教师问卷共分两部分。第一部分是高中化学实验的开设情况调查。该部分调查包括两方面：一方面是教师对各项实验开设类型的选择情况，根据实验开设的类型，在问卷编制中设置"演示实验"和"分组实验"两个选项供答卷者选择；另一方面是实验未做原因，问卷中给出的具体原因选项包括"没有条件""没有时间""用讲代做""考试不考"四项。另外考虑到问卷长度，实验开设情况的调查仅选择人教版化学必修 1 中涉及的所有 31 项实验作为考查范围。第二部分是教师实验教学情况调查，该部分在问卷编制中设有 15 题，其中 14 道客观题，包括 7 道多选和 7 道单选，最后 1 题为主观题。具体的，第 1 题考查教师对实验教学的态度；第 2、第 3、第 4、第 5、第 6、第 7、第 8 题考查教师对实验操作规范知识的认知情况，考查范围是高中化学实验需要注意操作的"十大关系"（分别是"先后关系""浓稀关系""左右关系""上下关系""大小关系""长短关系""多少关系""内外关系"和"直接与间接的关系"）；第 9 题考查教师对化学实验资源的利用情况；第 10、11、12 题考查教师对实验药品、仪器的利用情况；第 13 题考查教师对学生实验步骤设计的处理情况；第 14 考查在平常实验教学中如何评价学生实验的情况；第 15 题为"您认为化学实验教学应该如何改进"。

　　学生问卷主要调查学生对实验教学的反馈情况，设 19 题，其中 18 道客观题，包括

1 道多选题和 17 道单选题，最后 1 题为主观题。具体的，第 1、第 2、第 3、第 4 题考查学生对实验的感兴趣情况；第 5 题考查学生对实验的预习情况；第 6、第 14、第 15 题考查学生在实验前对实验内容、操作步骤的掌握情况；第 7 题考查学生分组实验中每组的人数；第 13 题考查学生对实验仪器功能的了解情况；第 8、第 9 题考查学生对实验现象的主动分析情况；第 10 题考查实验过程中学生对教师实验指导的反馈情况；第 11 题考查学生对化学实验资源的认识情况；第 12 题考查学生使用实验室的情况；第 16、第 17、第 18 题考查学生对实验评价的反馈情况；第 19 题为"对于化学实验教学，你希望提出哪些改进"。问卷在听取部分专家意见后进行修改，在保证问卷具备一定信效度情况下，于 2015 年 12 月到 2016 年 1 月先后向所调查 9 所学校一线化学教师发放教师问卷 113 份，其中收回有效问卷 93 份，有效回收率 82.3%；发放学生问卷 550 份，回收有效问卷 499 份，有效回收率 90.7%。统计结果表明调查样本在地域、学校层次、性别、民族、教龄、职称等方面具有一定代表性。数据采用 Excel 进行录入和统计处理。

另外，为进一步了解黔南州高中化学实验教学现状，调查中还采用了半结构访谈和实验课堂的观察。其中访谈的内容主要涉及教师如何认识实验在化学教学中的作用、关于对实验教学的流行说法的看法、实验教学与考试的关系、课堂演示实验情况、学生实验的开展情况、对当前实验评价现状的看法等；观察的实验课堂为一节教师演示实验和一节学生分组实验，实验主题均围绕酸碱中和滴定。

二、研究的结果与分析

（一）黔南州高中化学实验教学条件的调查结果及分析

（1）化学实验室配置情况：被调查的 9 所学校中，多数学校的化学实验"六室"（包括实验室、实验员室、准备室、仪器室、药品室、危险药品室）在"数量及面积"上达到本省《规范》要求，另有 4 所学校设有专门的危险药品室；"建筑与环境"方面，在"通风换气""三相动力电源""环保""安全"等 4 项具体指标上，达标的学校数量较少，而在"地面""门窗""综合布线系统""用电负荷""采光""照明""遮光""温度"等其他具体指标上，所有学校均满足本省《规范》要求；"固定设施与布置"方面，所有学校均达标；"实验室设备"方面，在"仪器柜/药品柜"指标上，达标学校仅为 4 所，而在其他具体指标上所有学校均达标；"仪器、药品配备"方面，因较难收集可同《规范》中指标要求作对比的数据，调查仅能借助现场观察和非结构式访谈间接了解仪器、药品的配备情况，但仍可发现少数学校存在实验仪器老旧或损坏、没有及时更新、化学药品过期仍旧使用的现象。

（2）化学实验教师队伍配备情况：关于高中化学实验教师队伍的配备要求，《规范》仅对实验教师人数和专兼职情况做出要求：一类学校至少配备 2 名专职实验教师，二类学校至少配备 1 名专职实验教师，三类学校及其他普通高中学校设若干专兼职实验技术人员即可。依据上述标准，9 所学校全部达标。从实验教师学历与职称情况来看，二类学校实验教师配备情况优于三类学校，三类学校实验教师配备情况优于普通中学，但是实验教师队伍整体素质一般，具体调查情况如表 6.4.1 所示。

表 6.4.1　实验教师配备情况

项目 \ 学校	A	B	C	D	E	F	G	H	I
人数	2	2	2	1	1	1	2	2	1
专、兼职	专	1专 1兼	专	兼	专	专	2专	1专 1兼	兼
学历	大专以上	本科	大专以上	大专	大专	大专	本科	本科	大专
职称	初级	中一	中一	中一	初级	初级	中一	1中 1初	初级
是否达到本省标准	是	是	是	是	是	是	是	是	是

注：1. 为保护学校信息的隐私，对调查的 9 所学校随机编号为 A-I；
　　2. C、G 为二类学校，A、B 为三类学校、D、E、F、H、I 为普通高中学校。

（3）实验室、仪器药品的使用情况：调查发现在实验室的使用情况上学校间存在较大差别。调查的 9 所学校中有 2 所学校完全开放实验室，1 所学校仅在规定时间里对学生开放实验室，4 所学校需要申请才能向学生开放实验室，还有 2 所学校只有学生实验课开放实验室；另从学生问卷对"你们学校化学实验室是否对你开放"一题的统计结果反映，有 52.17% 的学生认为学校实验室是不开放的。由以上可知：除个别学校较为重视实验教学外，多数学校实验室使用率不高，实验室闲置现象较为普遍。教师问卷统计结果显示，教师中认为实验仪器不够用的比例 42.24%，认为药品供应不足的比例为 88.17%；当学校实验仪器或药品不能满足实验教学的需求时，有 68.82% 的教师会选择用"讲实验"代替"做实验"。综上，黔南州高中学校存在实验仪器、药品供应不足问题，同时多数学校实验室对学生开放程度不高。

（4）实验室、仪器药品的管理情况：9 所学校均有对实验仪器、药品的使用记录，但有 6 所学校的使用记录更新不及时；部分学校实验室存在仪器柜、药品柜的柜外卡不能与柜内仪器的种类与数目保持一致，玻璃仪器（如试管、烧瓶等）摆放杂乱，以及部分药品瓶的标签粘贴不牢等现象。

（二）黔南州高中化学实验教学实施过程的调查结果及分析

1. 教师实验教学的实施情况

教师实验教学的实施过程调查主要从实验开设情况和教师实验教学过程两方面展开

分析。

1）实验开设情况

从开设演示实验所占比例来看，人教版化学必修1中所有31项实验均有被作为演示实验进行开设，其中开设比例超过50%的实验共19项，分别是：硫酸根离子的检验、萃取与分液、丁达尔效应、酸碱中和反应、金属钠的物理性质、钠的燃烧、加热铝箔、金属钠与水的反应、铝与盐酸和氢氧化钠溶液的反应、几种金属氧化物与盐酸的反应、氢氧化铁和氢氧化亚铁的生成、铝盐和氨水反应制取氢氧化铝、氢氧化铝与酸和强碱的反应、碳酸钠和碳酸氢钠的性质、铁盐和亚铁盐的性质、金属的焰色反应、硅酸钠与盐酸的反应、氢气在氯气中燃烧、氨溶于水的喷泉实验，通过教师访谈，上述演示实验开设比例高有以下几点原因：①实验耗时短且现象明显，适于课堂演示辅助教学；②对实验操作要求较高或实验有一定危险性，且多为必考内容的实验；③学校现有仪器、药品能够满足实验所需。

从开设分组实验所占比例来看，选择作为分组实验进行开设的共24项，其中开设比例超过50%的实验共4项，分别是：粗盐的提纯、萃取与分液、配置一定物质的量浓度的溶液、酸碱中和反应。上述分组实验开设比例高有以下几点原因：①实验操作步骤简单，实验成功率较高，适合作为学生实验；②实验耗时长，但多为必考内容；③学校具备组织该项学生分组实验所需的实验条件（包括实验室设备、仪器药品的配备等）。

从个别教师选择不做的实验所占比例来看，除金属钠的物理性质是每位老师均认为必做的实验外，其他30项实验均有教师选择不做，不做比例超过50%的实验分别是：实验室制取蒸馏水、铝盐和铁盐的净水作用、硅酸钠的防火性、氯水的漂白作用、干燥的氯气能否漂白物质、二氧化硫溶于水、设计实验使二氧化氮尽可能多的被水吸收。上述实验选择不做的原因主要有以下几点：①实验步骤较简单却耗时长或现象不明显，不宜作为演示实验或分组实验；②学校现有仪器、药品不满足实验所需；③教师根据已有教学经验认为实验内容非考试重点，用"讲"代"做"即可达到教学目标。

2）教师实验教学过程

从教师对实验操作规范知识的认知情况来看，回收的93份有效问卷的答题正确率均为100%，由此认为教师对实验操作基本知识的掌握情况值得肯定。

从教师对实验教学作用的认识情况来看（图6.4.2），根据教师问卷第1题"您认为在中学化学教学中，化学实验的作用是什么？（多选）"的答题统计情况，有98.92%的教师认为通过实验能够帮助学生掌握知识和技能，有83.87%的教师认为实验有助于学生理论与实际相结合，有95.70%的教师认为实验能够培养学生的实验操作能力，有88.17%的教师认为实验能够激发学生学习化学的兴趣。由此可见绝大部分教师对实验教学的作用有较全面的认识。

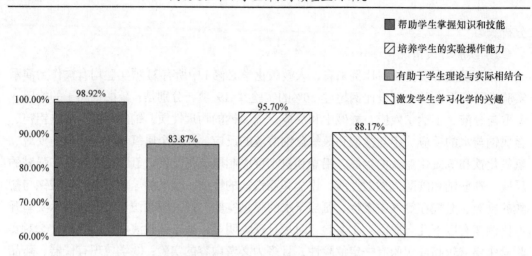

图 6.4.2　教师对实验作用的认识

　　从对学生实验步骤设计的处理情况来看（图 6.4.3），在学生分组实验过程中，教师让学生设计整个实验步骤的占 8.60%，教师让学生设计部分实验步骤的占 11.83%，教师让学生完全按照既定实验步骤进行实验的占 79.57%。由此可见多数教师提供给学生实验设计的机会不多，也侧面反映出探究性实验的开展次数较少，大多数实验仍以验证性实验和数据测量类实验为主。

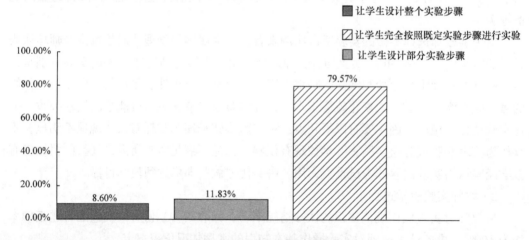

图 6.4.3　学生实验步骤的设计处理

　　从教师在平常实验教学中如何评价学生实验的情况来看（图 6.4.4），有 84.95% 的教师选择仅通过实验报告的完成情况对学生实验进行评价，有 77.42% 的教师选择通过考试和对学生实验操作的考查，有 9.68% 的教师则选择只考查实验操作。由此可知，当地教师不会仅选择通过考试的方式来评价学生实验的情况，对学生实验的评价主要通过学生实验报告的完成情况和笔试的得分情况，而对学生实验操作的评价重视程度不高。

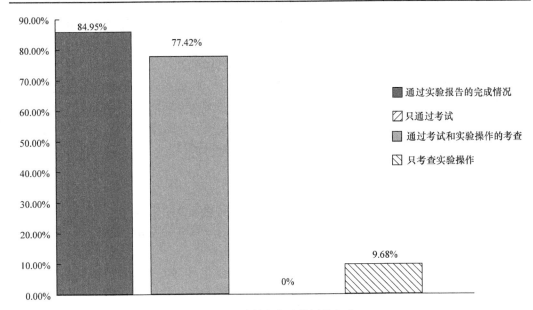

图 6.4.4　对学生实验的评价方式

另外，关于教师对实验教学改进的建议，93 份有效教师问卷中，有 67 份填写了具体的改进建议，现按照频次多少的顺序将改进建议归纳为 17 条（表 6.4.2）。

表 6.4.2　教师对高中化学实验教学改进的建议表

序列	教师对实验教学改进的建议	频次
1	增加学生实验课时	13
2	向学生无条件开放实验室	12
3	增加专职实验教师数量	8
4	改革实验评价体制	6
5	增加与工农业生产以及生活相关的实验	5
6	课程标准应该明确实验开设的类型	4
7	学校每学期应制定详细的实验开设计划	3
8	增加探究性实验比例	3
9	增加实验室数量	2
10	提倡科技写作，比如实验心得的撰写	2
11	高考在实验的考核上要与教材中的实验在难度上保持一致	2
12	让学生不但会做实验，还要会讲实验	1
13	增加观赏性较强的实验	1
14	关注实验装置的改进	1
15	实验室应该建设在离教室距离较近处	1
16	增加实验经费	1
17	实验仪器药品供给方面，应让专职实验教师根据学校实验教学情况到国家指定的仪器药品店购买，而不是由学校管理部门发放实验仪器药品	1

　　由表 6.4.2 可知，教师的建议主要集中于"增加学生实验课时""向学生无条件开放实验室""增加专职实验教师数量"以及"改革实验评价体制"等，从建议的内容也侧面反映出黔南州高中化学实验教学现状中存在的具体问题。从建议的频次统计来看，部分涉及敏感信息的建议虽然频次较低但也值得关注，比如关于实验经费的建议和对实验仪器药品供给的建议等。另外，一个答卷教师在"增加专职实验教师数量"的建议上还提出更具体的描述，即按照黔南州现有学情，学校每 5 个班级需配备 1 名专职化学实验教师，另设 1～2 名实验教师专门对危险实验药品进行管理。

　　2. 学生对实验教学的反馈情况

　　有关学生对实验教学的反馈情况主要通过学生问卷统计结果获得，在数据分析中加入了对汉族和少数民族学生在实验学习中所表现出的一致性和差异性的比较。现从"实验态度""实验操作""实验评价"三个方面展开分析。

　　从学生对实验教学的态度来看，83.08%的民族学生和 90.94%的汉族学生对所有的实验感兴趣或对多数实验感兴趣。数据统计显示，民族学生中女生比男生对于演示实验或学生实验更感兴趣，同时女生不喜欢"事先知道实验结果的实验"比例要高于男生，男生不喜欢"现象不易观察的实验"比例则要高于女生。

　　从学生的实验操作情况来看，民族学生对实验的预习情况不如汉族学生，同时民族学生中女生预习情况要明显优于男生；民族学生对实验仪器功能、药品性质以及实验原理内容的掌握情况不如汉族学生，同时民族学生中男生的掌握情况不如女生；在实际操作时，民族学生倾向于"掌握实验原理和一些规程后独立操作"，而汉族学生更倾向于"严格按照操作步骤及说明进行实验"；在教师对学生实验指导方面，教师对民族学生中男生的实验操作指导情况最差。

　　从学生对实验教学的评价情况来看，绝大多数学生选择"现场实验操作"和"考试"作为对自己实验学习进行考核的方法。调查中发现，黔南州高中化学教师对学生实验评价的考核方法较为单一，主要通过考试成绩和实验报告的完成情况对学生实验进行考核。因此，学生问卷反映出的结果也能够说明学生群体对提升自身实验操作能力的诉求，同时迫于应试压力，需要通过考试的方法检验自身实验知识学习的情况。

　　另外，关于学生对实验教学改进的建议，499 份有效学生问卷中有 365 份填写了具体建议，现按照比重大小顺序将改进建议归纳为 14 条（表 6.4.3）。

表 6.4.3　学生对实验教学改进的建议

序列	学生对实验教学改进的建议	比例
1	增加实验仪器数量和丰富实验仪器种类，提升仪器与药品质量	64.93%
2	增加学生实验次数或课时数	35.34%
3	向学生多开放实验室	21.92%
4	增加演示实验次数，不喜欢教师用"视频播放"代替"做实验"	17.81%
5	学生实验环节，增强师生的互动交流	16.44%
6	多开展探究性实验	11.78%

续表

序列	学生对实验教学改进的建议	比例
7	教材中的实验全部做完	7.67%
8	取消实验报告的撰写	6.85%
9	增加实验的趣味性	4.38%
10	加大对课外实验的关注	4.11%
11	引进一些与先进科技相联系的实验	3.84%
12	增加危险性实验或现象明显的实验数量	3.56%
13	增加实验习题的训练量	2.47%
14	学生无需承担对实验仪器损坏的赔偿费用	0.82%

由表 6.4.3 可知，学生建议中提出"增加实验仪器数量和丰富实验仪器种类，提升仪器与药品质量"的建议最多，占 64.93%，认为要"增加学生实验次数或课时数"占 35.34%，应"向学生多开放实验室"占 21.92%，应该"增加演示实验次数，不喜欢教师用'视频播放'代替'做实验'"占 17.81%，在"学生实验环节，增强师生的互动交流"占 16.44%，需要"多开展探究性实验"占 11.78%。在学生建议中，很多建议与教师建议相同。同时部分学生建议并非提升实验教学质量的有效途径，比如"增加实验习题的训练量"等。

三、研究的结论与建议

通过以上调查结果的分析，并结合访谈记录和实验课堂记录，对黔南州高中化学实验教学中存在的问题总结如下。

（1）关于实验教学条件：①考查的黔南州 9 所学校在化学实验室配置方面能够达到《贵州省中小学理科实验室装备规范》的绝大多数指标；②实验教师队伍素质一般；③实验仪器、药品供应不足；④部分学校对实验室的管理工作不重视；⑤各级高中学校实验条件存在差距，相关教育部门对实验教学的资金投入不够。

（2）关于实验教学实施的过程：①教师对于教材中所涉及的所有实验只会选做部分，并多以应试为目的实施实验教学，讲实验的现象普遍存在；②在课时安排不变的情况下，教师为保证教学进度和考试成绩，压缩了安排演示实验和学生实验的时间；③演示实验多以教师操作、讲解和学生观察为主，学生分组实验多以验证性实验或数据测量类实验为主，探究性实验教学比例较低；④实验课堂气氛较好，但课堂秩序也较为混乱，另外学生分组实验缺少代课教师或实验教师的及时监督与指导；⑤多数教师对学生实验操作的评价重视程度不高，对学生实验的考核多依靠考试成绩、学生实验报告以及学生实验操作时的表现，缺少专门针对学生动手操作实验能力的评价；⑥学校或其他相关部门没有制定具体对教师实验操作能力进行考核的办法；⑦汉族学生同民族学生在实验态度、实验操作方面的表现差异较大。

为提升民族地区高中化学实验教学质量，基于对调查结果的分析提出以下建议。

（1）改善实验室、仪器药品的配备现状。相关部门应针对部分学校经费紧缺的情况给予资金支持，同时重视对学校实验室仪器、药品的储藏量及使用情况的考核，做到科学处理与更新实验所需的仪器药品。

（2）加强实验教师队伍的建设。在吸引中东部地区优秀化学教师资源的同时，更要加大民族地区本土教师队伍的建设力度，提供更多优质的教师培训[①]。另外，相关部门和学校应考虑提高实验教师的待遇，增加实验教师职称评定的机会。

（3）开发利用具有民族特色的实验教学资源。从民族自身特有的传统文化、饮食文化、服饰文化、历史文化、矿产资源以及科技资源等方面寻找合适的实验教学资源，充分利用民族情境开发符合国家课程标准且适于民族地区学情的新实验。

（4）改进实验教学。譬如更正多数教师以"讲"代"做"的错误意识和做法；加强代课教师同实验教师的共同协作，从而有利于加强对学生实验操作的监督与指导；在实际教学中保障学生基础知识学习和基本技能掌握的同时，适当增加探究性实验的教学机会等。

（5）建立科学完善的实验评价考核制度。学生方面，建议校方组织专门的学生实验操作考核；教师方面，通过专家听课和获知学生对实验教学的反馈情况，加强对教师实验教学的考核。

（6）鼓励当地教师多关注民族学生在实验教学中与汉族学生相比的不同表现，在实际教学中加强与民族学生的沟通交流，了解其存在的学习问题并给予及时指导。

---

① 苏光正. 少数民族地区理科教育问题研究——以甘南藏族自治州夏河县Z中学为例[J]. 教育文化论坛,2016,02:73-77.

第七章 民族地区理科教学质量影响因素的调查与分析

第一节 民族地区理科教学质量影响因素调查工具的开发与实施

一、工具开发的目的

由于历史、社会、经济发展等因素的制约，目前我国民族地区基础教育整体水平与内地发达地区有较大的差距，其中一个突出问题就是民族地区中小学理科教学质量水平整体偏低，参加高等院校招生考试的学生中，文理科考生的比例严重失衡，因而民族地区理科教学质量问题亟待研究解决。要提高民族地区理科教学质量，首先要通过教学质量调查研究得到影响民族地区理科教学质量的主要因素，然后才能有针对性地采取措施推进教学变革，提升教学质量。

2007年，我国教育部依托北京师范大学成立教育部基础教育质量监测中心开展国家教育质量监测工作，2017年在全国范围内开展科学教育质量监测工作。然而，民族地区由于其特殊的文化和历史因素，理科教学质量监测工作需要区别对待。在这种形势下，立足于民族地区教学实际情况，同时借鉴国内外教育质量监测项目相关成果，本研究尝试开发工具，调查民族地区影响教学质量的主要因素，以期为民族地区教育质量监测工作和教育质量提升工作的开展提供参考。

二、测试题目及评分研制

科学素养是在人的成长过程中受教育及周围的环境影响形成的，教师与学生长期受"应试教育"的影响，陷入了知识教学的藩篱，强调知识的灌输和记忆，忽视了对物理概念、物理规律的理解和体悟，因此，学生科学素养的培养需融入学业成绩测试中，用科学的方法来检测学生所具有的科学品质。自古以来，民族地区的风俗习惯是少数民族学生自小就最为熟悉不过的事物，这可能承载着学生们的信仰，所以命题应尊重少数民族的风俗习惯，多从学生最为熟悉的事物着手，让试题的情景素材更加贴近学生的生活，让学生感受到试题的亲切性。因此，少数民族地区的试题命制需与地方民族特色紧密结合，既要发现民族习惯的融合点，又要体现对学生科学素养的考查，以此不断提高学生的科学品质，培养学生客观、辩证地认识世界。

（一）试题的开发

考虑到不同民族地区的学生在文化、习俗、地理环境等方面存在的差异，力求体现公平的原则，本次核心素养测试题将多个地区的生活情境融入其中，基于学生生活中常见的情境，将物理知识和物理模型融入其中，考查学生的核心概念和基本科学方法的掌握情况，以此考查学生的物理学科素养和关键能力。首先课题组调查了解了不同民族地区特有的生活习俗和民族特色，并筛选出学生常见的情境作为试题素材，例如甘孜稻城亚丁（平均海拔3700米）煮面条、凉山彝族的坨坨肉、贵州农村地方常见的舂米对、新疆的坎土曼、丽江的火烧粑粑等民族情境素材。在此基础上，课题组依据民族地区物理教学质量监测体系，研发出了素养测试题库，并经过专家审核确定，如以下例题所示。

例 7.1.1　如图 7.1.1a 所示，是我国少数民族地区使用的"舂米对"，图 7.1.1b 为其工作原理的示意图。使用时，用力将"舂米对"的 A 端踩下，并立即松开，随即舂锤 B 下落，将石臼内的谷物打碎。下列关于"舂米对"的观点中正确的是（　　　　）。

A. "舂米对"是一个可绕 O 点旋转的省力杠杆

B. 杆的重心在 A 端更好

C. 为了省力，"舂米对"的杆应该越轻越好

D. "舂米对"获得的机械能是因为人对它做了功

 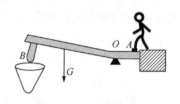

(a) 舂米对　　　　　　　　　　(b) 工作原理示意图

图 7.1.1　　"舂米对"及其工作原理示意图

"舂米对"是从古代开始农村就运用的一中简单机械，这是农村学生最为常见和运用的农作工具。试题从"舂米对"的结构、使用方法进行了简单的介绍，选项的设计上考查了学生对杠杠、不规则物体的重心以及功能关系等相关物理知识。对于A选项的描述，学生很容易根据支点的位置绘制出动力臂和阻力臂，比较其长短可以分析出是费力杠杆。而对于B、C两个选项的设计，是考虑从学生实际运用工具的情况着手，强调对"舂米对"这个工具的实际体验，是本着初中物理"从生活走向物理"的这一教学理念出发，让学生知道生活与物理并不脱节，而是有密不可分的联系。农村教师也是生长于农村，这是教师们再也熟悉不过的工具，教师们可以从自身的体验将"舂米对"的结构、使用娓娓道来。所以无论教师还是学生都会感受到试题的亲切，而在这种亲切中激发了学生的学习兴趣。

试题库经专家审核后，随机选取了四川彝族地区进行了初测。初测结果表明，部分民族情境素养测试题由于隐藏的物理知识和模型较为复杂，学生难以理解，最终导致该部分试题的测试结果缺失值很大，较大的甚至达到60%，大大降低了试题的信效度。另外，由于我国民族地区分布具有混居的特点，个别试题中的民族情境是某些民族的禁忌，比如凉山彝族的坨坨肉实际上就是猪肉块，这是回族的禁忌，这些题也会影响测试的信效度。依据初测的结果，课题组采用将试卷中的某些项目删除来提高信度。最终保留了4 道核心素养测试题，主要以云南、贵州和新疆民族情境作为试题素材，一则是基于测

试工具的信效度的考虑，二则是考虑到这三个省份的民族聚居较多且集中，其测评的具体内容如表 7.1.1 所示。

表 7.1.1　测评试题的内容

情境	物理概念	科学思维	科学探究	科学态度与责任
1.坎土曼	杠杆、压力 惯性、机械能	科学论证 科学推理	证据、解释	科学本质
2.舂米对	杠杆、重心 重力、能量转化	科学论证 科学推理	证据、解释	科学本质
3.火烧粑粑	物态变化、能量转化、 分子热运动	科学推理 科学论证	问题、证据	科学本质 科学态度
4.馕	能量转化 分子热运动	科学推理 科学论证	问题、证据	科学本质 科学态度

（二）试题分数构成

核心素养测试题包括封闭式问题和开放式问题两类，其中封闭式试题的分数来源为试题总难度=任务复杂度，任务复杂度包括：对象、规律、过程、数学四个部分，每个问题的任务复杂度均以解决一个小问题计算，每个部分的解释如下：① 对象：指该题目的情境中，要解决给出的一个问题，需要学生一次分析几个物体。② 规律：指在解决给出问题时需要涉及的物理规律有几个。③ 过程：指在解决给出问题时需要涉及的分析过程有几个。这里的分析过程定义为物理的步骤。④ 数学：指在解决给出问题时需要涉及几个数学运算过程。这里的数学是指数学运算步骤。因此，试题分数即总难度=对象个数+规律个数+过程数量+运算步骤。

三、调查工具的研发

本次民族地区理科教学质量影响因素调查的工具主要包括物理核心素养测试题、学生调查问卷和教师调查问卷。物理核心素养测试题是用以判断和评价学生是否达到课程学习目标的标准参照测验。试题的研制坚持以核心素养为导向，强调综合运用和问题解决的能力，体现物理学科素养的养成，强调题目素材来源于现实生活情境，并将民族特征融入物理情境。问卷的目的在于了解民族地区理科生的学习情况、教师的教学情况等，为分析影响民族地区理科教学质量的因素提供依据。

（一）调查问卷框架

本次研究中主要通过调查问卷研究民族地区理科教学质量的影响因素，调查的对象主要是"教""学"中的两个主体即教师和学生，因此本研究设计的问卷包括教师问卷和学生问卷。基于对 PISA 问卷的二维设计框架，TIMSS 的课程中心设计框架，NAEP 的发展取向的问卷设计框架的研究，并结合中国的国情，研制了我国教学质量监测调查问卷框架①。该框架从地区、学校、教师、家庭、学生五个层面展开，在每一个层面分别调查其"背景""活动""环境"因素，由此构成了五层面、三因素的十五个调查内容的教学质量二维问卷设计框架。同时，针对研究对象的民族特点，该框架中突出体现了民族地区的民族性和特殊性。

1. 学生问卷框架

基于以上研究分析，本次研究所用的学生问卷主要包括学习、环境、民族特征三个维度。学习维度包括学习情感、学习时间、学习信念和学习现状四个方面，该四个因素从正面直接调查影响学习质量的因素；环境维度下包括家庭环境、与家人交流、学校环境、师生交流四个方面，用以调查影响教学的间接的、隐形的因素；民族特征主要涉及对教学中民族语言的实用情况，学生对民族情境的科学问题的喜爱程度，民族传统文化能否帮助对物理知识的理解等主要的以含民族特征的问题的调查，该维度主要从民族这一特征本身出发，监测民族地区理科教育教学的现状，并分析影响其学习理科的相关因素。此外，在学生问卷的基本信息部分除了包含人口学基本特征、家庭情况的调查外，还特别设计了民族和日常用语的调查，旨在了解学生的性别以及民族背景信息，以了解民族地区学生民族背景下的特殊性，同时这也是影响学生学习的稳定因素，可以通过稳定因素的追踪并结合学生的问卷其他填写部分进行进一步分析，例如，通过就读方式及从家到校的方式可以了解当地的学生组成以及当地的经济水平；通过一起生活的成员可以了解到学生的家庭组成成分，结合后面的问卷可以了解学生的家庭氛围以及家庭成员之间的关系。学生问卷的基本框架如表 7.1.2 所示。

表 7.1.2 学生问卷的基本框架

一级指标	二级指标	三级指标		
1.基本信息	1.1 人口学特征	1.1.1 性别	1.1.2 就读方式	
		1.1.3 民族	1.1.4 日用语言	
	1.2 从家到校情况	1.2.1 到校时间		
	1.3 家庭特征	1.3.1 一起生活成员、（家长情况在家长问卷中）		
		1.3.2 母亲基本情况	1.3.3 父亲基本情况	
2.学习	2.1 学习情感	2.1.1 学习动机	2.1.2 学习态度	2.1.3 学习兴趣
	2.2 学习时间	2.2.1 作业时间	2.2.2 校外补习	
	2.3 学习信念	2.3.1 学习难度	2.3.2 学习自信	2.3.3 学习归因
	2.4 学习现状	2.4.1 物理素养	2.4.2 成绩	
		2.4.3 状态	2.4.4 实践能力	
3.环境	3.1 家庭环境	3.1.1 家庭设备设施	3.1.2 家长态度	
		3.1.3 家庭学习氛围		
	3.2 与家人交流			

① 廖伯琴, 李晓岩, 刘芮. 国际教育质量监测的问卷设计分析及启示[J]. 外国中小学教育, 2016(5):15-21.

续表

一级指标	二级指标	三级指标	
3.环境	3.3 学校环境	3.3.1 资源	3.3.2 师资
		3.3.3 教法	3.3.4 氛围
	3.4 师生状态	3.4.1 师生关系	3.4.2 师生交流
民族特征		民族语言与教学、民族情境与科学、民族传统习俗与物理	

2. 教师问卷框架

教师问卷与学生问卷的基本结构相似，也包含三个维度，分别是教学、环境和民族特征，如表 7.1.3 所示。教学维度下包括教学情感、教学方式和教学评价三方面，从正面调查其对教学质量的影响。环境主要指的是与教学相关的环境，大致包括环教学支持和教学限制，间接反映对教学质量的影响。教师问卷中的民族特征主要是通过对教师相关问题的调查，反映不同民族特征对教学的影响，包括：民族文化、习俗、语言、民族种类、本地宗教信仰对物理教学的影响程度；教学案例的来源和当地特色自然资源环境的相关程度；物理课程资源与风俗之间的关系等。此外，为体现民族特点，与学生问卷一样在基本信息中调查民族和语言，而且还专门设计了宗教信仰这一调查因素。

表 7.1.3　教师问卷的基本框架

一级指标	二级指标	三级指标		
1.基本信息	1.1 人口学特征	1.1.1 学校	1.1.2 工龄	1.1.3 性别
		1.1.4 民族	1.1.5 宗教信仰	1.1.6 籍贯
	1.2 工作背景	1.2.1 班级及人数	1.2.2 学历	
		1.2.3 授课语言	1.2.4 物理教材情况	
2.教学	2.1 教学情感	2.1.1 教学态度	2.1.2 教学认识	
		2.1.3 教学压力		
	2.2 教学方式	2.2.1 常用教学法	2.2.2 教学内容（对内容理解.认识等）	
		2.2.3 课堂管理	2.2.4 师生交流	
		2.2.5 学生情况		
	2.3 教学评价	2.3.1 评价方式与反馈	2.3.2 作业布置	
		2.3.3 家校交流		
3.环境	3.1 教学支持	3.1.1 培训	3.1.2 帮扶带	3.1.3 教研活动
	3.2 教学限制	3.2.1 教学设施	3.2.2 资源	
4.民族特征		影响　　　资源　　　核心概念		

（二）问卷的相关赋值

为调查民族地区的教学现状，问卷中设计了部分含民族性的题目，为统计方便，研究小组将这类题目的选项记为阿拉伯数字,比如,物理教师上课使用的语言是:A. 汉语,B. 本民族语言,C. 汉语或本民族语言,该题中的选项 A、选项 B、选项 C 分别记为 1、2、3。教师问卷中的民族特征维度下的项目也是采用同样的方式统计,最终通过统计这些项目不同选项的频次来分析其民族性的强弱。

对于问卷中从程度上来测量影响教学质量的项目,采用李克特量表的赋分方式,分别从正向和负向对其赋值,如项目1:这一学期来,你们班做物理实验的频次是:A. 每次物理课,B. 经常,C. 偶尔,D. 很少,E. 从无;项目2:你和老师发生冲突的情况:A. 几乎每天,B. 经常,C. 偶尔,D. 很少,E. 从无。项目1和2都能从某种程度反映教学质量的高低,项目1中的程度越高,则教学质量越高,因此对其正向赋分。由于以上两个题目有五个选项,就按照五级李克特量表的赋分方式:A 赋 5,B 赋 4,C 赋 3,D 赋 2,E 赋 1;项目 2 程度越高则教学质量越差,因此对其负向赋分:A 赋 1,B 赋 2,C 赋 3,D 赋 4,E 赋 5。另外,特别说明,由于本次问卷主要调查的是物理教学质量,因而在个别项目的赋值上作了特别处理,如项目:你最喜欢哪门科学课程? A. 物理,B. 化学,C. 生物,D. 地理,E. 都喜欢,F. 都不喜欢,在这里,我们不考虑其他课程,因而对 B、选项 C、选项 D 选项均赋值 1 分,对 A 赋 2 分,E 赋 3 分,F 赋 0 分。

四、工具的信效度

依据问卷框架编制了初测问卷,并通过初测检测其信度。初测时随机选取了凉山彝族自治州的西昌市和喜德县各一所学校进行,初测结果并不理想,两所学校的测试信度 Cronbach's Alpha 值分别为 0.580、0.612,信度值不高。随后对初测问卷检查,发现其中存在的一些问题,每种类型的题目中都有部分题目难度偏高,回答率较低;题型设置也存在问题,有许多填空式的问题,如在基本信息这一部分,学校、班级、民族、日常用语都要求学生用文字填写,增加了学生完成问卷的时间。初测后通过调查还发现,填写民族信息时,如彝族,其"彝"字较复杂,部分学生选择用拼音填写,但有的学生甚至直接写成汉族或者不填写,极大地影响了问卷的信度和效度。基于初测中的各种问题对问卷进行了修订,在专家组的审核后最后形成正式问卷,并再次选择了不同的两所学校进行再测。正式问卷中既包括核心素养测试题也包括调查问卷。通过 SPSS17.0 对正式问卷的内部一致性信度进行计算,结果显示其 Cronbach's Alpha 值分别为 0.845、0.855,说明测试工具的信度较高,调查工具可信。

对于效标关联效度,本次采用初测时对两个地区的得分情况取平均值作为效标,分别求得初测学校与效标之间的关联效度以说明效度的高低。一般而言相关系数越大,说明效度越高,相关系数越小,则说明效度越低。对于问卷的内容效度,主要采用专家评定法。评定工作邀请的专家组均对初中物理课程标准以及教材有深入的研究,涵盖中学物理教师、中学物理教研员、大学教授。在实施的过程中,研究小组成员将测验题目细化到制定的测验指标体系中,并对每个题目所测试的 4 大领域的百分比进行统计描述,制定专家评定表以方便专家从各个角度对本次测验工具的内容效度进行评定。

五、调查实施

（一）调查的范围和对象

本研究依据 2001 年 8 月国务院发布的《国务院关于实施西部大开发若干政策措施的通知》界定民族地区的范围，即"包括重庆市、四川省、贵州省、云南省、西藏自治区、陕西省、甘肃省、宁夏回族自治区、青海省、新疆维吾尔自治区、内蒙古自治区和广西壮族自治区"[①]。研究过程中采取分层抽样与随机取样相结合的方式抽取样本。首先将本研究所界定的民族地区所属地区确定下来，并将所属的地区分为民族分布较多和分布较少的两类。本研究首先选取民族地区分布较多的片区，主要包括西南部、西北部、西部、华南地区等，其中西南部的民族地区分布得尤为多。紧接着，在这些地方随机选取民族分布相对较多且集中的省份，主要有位于西南部的四川省、贵州省、云南省，西北部的宁夏回族自治区和新疆维吾尔自治区，西部的甘肃省和华南地区的广西壮族自治区。四川随机选择藏族和彝族分布集中的地区；贵州随机选择苗族、亻革家族分布集中的地区；云南随机选择傣族、佤族相对集中的地区；甘肃和宁夏随机选择回族分布集中的地区；新疆随机选择新疆维吾尔族、哈萨克族、回族分布集中的地区；广西随机选择壮族分布集中的地区。最后，分别在每个挑选的地区中选取民族相对集中的学校。调查对象为该学校的理科生和物理教师。

（二）调查方式

本次调查以测验法与问卷调查法为主，以所有被抽样学生及其学科任课教师、所在学校为研究对象。调查采用纸质问卷，以邮寄方式进行。测评流程为：测评工具简单介绍→发放测评工具→进行回答（40 分钟）→回收问卷→问卷统计→数据分析→撰写分析报告。问卷主要由当地教研员、学校物理教研组组长或者学校物理教师负责发放问卷和收集问卷，收齐后，以校为单位寄回。

第二节　民族地区理科教学质量影响因素之学生因素分析

一、研究方法及过程

本研究以物理学科为例，采用问卷调查的方式，研究民族地区理科教学质量现状以及影响教学质量的学生因素。

（一）研究目的

（1）根据学生问卷框架，了解民族地区学生的基本信息（人口学特征、从家到校情

---

① 国务院. 国务院关于实施西部大开发若干政策措施的通知[EB\OL]. http://www.gov.cn/gongbao/content/2001/content_60854.htm,2017-3-2.

况、家庭特征），学习（学习情感、学习时间、学习信念、学习现状），环境（家庭环境、与家长交流、学校环境、师生状态），以及民族特征；

（2）了解各民族地区理科教学质量的差异，软件分析影响教学质量的学生因素。

（二）样本情况

本研究选取甘肃甘南藏族自治州、广西崇左市、贵州贵阳市、贵州六盘水市、宁夏中卫市、四川凉山彝族自治州、四川甘孜藏族自治州、新疆维吾尔自治区、新疆巴音郭楞蒙古自治州、云南普洱市为样本的抽取点，回收学生问卷 2751 份，有效问卷 2311 份，有效率 84.0%（表 7.2.1）。

表 7.2.1　　各地区问卷回收情况

地区	回收数	有效数	有效率/%
甘肃	197	178	90.4
广西	203	179	88.2
贵州	1007	784	77.9
宁夏	142	114	80.3
四川	517	487	94.2
新疆	424	320	75.5
云南	261	249	95.4
合计	2751	2311	84.0

样本中包括了汉族、彝族、苗族、维吾尔族、藏族、壮族、哈萨克族、布依族、回族、穿青族、亻革家族、仫佬族、白族、土家族、哈尼族、拉祜族、仡佬族、傈僳族、满族、佤族、瑶族等民族，其中样本量在 20 以上的民族及比例如表 7.2.2 所示。

表 7.2.2　　各民族及所占比例

学生民族	频率	百分比/%	累积百分比/%
汉族	896	39.6	39.6
彝族	332	14.7	54.3
苗族	274	12.1	66.4
维吾尔族	205	9.1	75.5
藏族	174	7.7	83.2
壮族	138	6.1	89.3
哈萨克族	59	2.6	91.9
布依族	55	2.4	94.4
回族	54	2.4	96.8

续表

学生民族	频率	百分比/%	累积百分比/%
穿青族	23	1.0	97.8
亻革家族	22	1.0	98.8
其他	29	1.3	100.0
合计	2261	100	100.0

（三）数据分析方法

研究将回收的问卷进行编码、录入、提出无效问卷，基于有效数据进行分析，采用 SPSS21.0 统计分析软件作为数据分析工具。首先，采用描述性分析，分析各民族地区的基本信息情况；接着，统计问卷中物理素养测试题的得分情况，以此作为样本中初中物理素养分析的依据；最后，按照前期所确立的学习现状的 4 个三级指标："物理素养""成绩""状态""实践能力"呈现民族地区的教学质量，采用相关性分析，分析其余三级指标与教学质量的相关系数，得到影响民族地区教学质量的主要影响因素，以达到研究目的。

二、基本信息的统计结果与分析

（一）学生基本信息

对学生的基本情况进行调查，包括学生的性别、民族、日常用语、就读方式以及从家到学校的时间。对有效问卷进行分析，结果显示男生所占比例为 44.8%，女生为 55.2%（表 7.2.3），样本总体上男女比例均衡，但其中宁夏、新疆和云南地区女生比例明显高于男生，可推测该地区入学的男生比例低于女生。

表 7.2.3　学生性别

地区	男生比例/%	女生比例/%
甘肃	46.8	53.2
广西	51.4	48.6
贵州	44.8	55.2
宁夏	38.9	61.1
四川	54.7	45.3
新疆	33.8	66.2
云南	36.1	63.9
总体	44.8	55.2

为了解少数民族地区学生的民族情况，对学生民族（表 7.2.4）以及学生日常用语（表 7.2.5）进行统计分析，样本中有 38.9%的汉族学生，少数民族主要为彝族、苗族、维吾尔族、藏族、壮族等。其中，甘肃地区样本选取主要来自藏族自治州，且与宁夏回族自治区毗邻，少数民族学生主要为藏族和回族；广西壮族自治区，77.1%的学生民族为壮族；贵州地区少数民族种类较多，除了主要的苗族外，还有彝族、回族、白族、布依族等 10 余个少数民族；中卫市位于宁夏回族自治区中西部，样本中大多数学生为汉族，其余少数为回族和满族；四川地区样本的选取均来自彝族和藏族自治州，有 39.3%为彝族学生和 20.4%的藏族学生；新疆少数民族自治区，民族特征显著，样本几乎为少数民族，有 64.9%的维吾尔族学生和 18.5%的哈萨克族学生；云南地区虽多为汉族学生，但少数民族除主要的彝族外，还有傣族、哈尼族、基诺族、傈僳族等。由于部分地区少数民族汉化情况较为显著，样本中学生的日常用语多为汉语，但新疆地区除 5.8%的学生使用汉语进行日常交流外，大部分学生都使用本族语言，即维吾尔语、哈萨克语和彝语。统计学生的就读方式，数据显示总体上寄宿与非寄宿的学生各占一半左右，大部分学生 30 分钟之内可以从家到学校，但仍有 16.2%的学生从家到学校距离较远，上学需要 1 小时以上。

表 7.2.4　学生民族

地区	民族 1	比例/%	民族 2	比例/%	民族 3	比例/%	民族 4	比例/%
甘肃	汉族	36.0	回族	21.9	藏族	42.1		
广西	汉族	21.2	壮族	77.1	其他	1.7		
贵州	汉族	45.1	苗族	35.1	布依族	7.0	其他	12.8
宁夏	汉族	93.0	回族	5.3	其他	1.7		
四川	汉族	38.9	彝族	39.3	藏族	20.4	其他	1.4
新疆	维吾尔族	64.9	哈萨克族	18.5	彝族	16.0	其他	0.6
云南	汉族	71.6	彝族	27.1	其他	1.3		
总体	汉族	38.9	彝族	14.4	苗族	11.9	其他	34.8

表 7.2.5　学生日常用语

地区	民族 1	比例/%	民族 2	比例/%	民族 3	比例/%	民族 4	比例/%
甘肃	汉语	98.3	藏语	1.7				
广西	汉语	92.1	壮语	4.5	其他	3.4		
贵州	汉语	80.0	苗语	17.7	其他	2.3		
宁夏	汉语	98.2	其他	1.8				
四川	汉语	63.7	彝语	35.7	其他	0.6		
新疆	汉语	5.8	维吾尔语	61.0	哈萨克语	18.4	彝语	14.8
云南	汉语	98.8	其他	1.2				
总体	汉语	71.5	彝语	9.7	维吾尔语	8.1	其他	10.7

（二）家庭基本信息

家庭基本信息包括父母民族、日常用语、学历以及一起生活的成员。根据统计结果

（表7.2.6），民族分布存在地区差异，从总体上看父母均有一半左右为汉族，少数民族主要为各地区常见的少数民族，包括彝族、维吾尔族、苗族、藏族等。父母多使用汉语进行日常交流，部分彝族、维吾尔族、苗族的父母仍习惯使用本族语言。根据数据显示，父母文化程度普遍较低，其中约90%的父母仅有专科及其以下的学历，这可能会对民族地区的教学质量会产生一定程度的影响。

表 7.2.6　家庭基本信息　　　　　　　　　　　　　　　　　　（单位：%）

母亲民族	汉族	53.7	父亲民族	汉族	44.1
	彝族	17.2		彝族	13.2
	维吾尔族	11.0		苗族	11.3
	藏族	9.5		维吾尔族	8.7
	其他	8.6		其他	22.7
母亲日常用语	汉语	71.7	父亲日常用语	汉语	66.1
	彝语	10.8		彝语	10.1
	维吾尔语	9.3		苗语	9.1
	其他	8.2		其他	14.7
母亲文化程度	专科及以下	91.4	父亲文化程度	专科及以下	89.1
	本科	7.5		本科	9.5
	硕士及以上	1.1		硕士及以上	1.4

调查与学生一起生活的家庭成员，结果显示（图7.2.1）大部分学生与父母生活在一起，但仍有 14.8%的学生生活在单亲家庭，只与父亲或者母亲一起生活。除此之外，还有29.6%的学生为留守儿童，他们只能和家中老人一起生活。

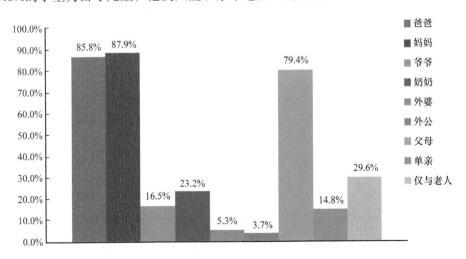

图 7.2.1　与学生一起生活的成员

三、物理素养的统计结果与分析

物理素养测试题在测评内容相同的前提下设计了两种情境，学生只需根据自己的意愿选择情境 1 或者情境 2 进行作答，统计情境的选择结果以及学生的答题情况，分析情境性试题对学生理解知识的影响。

（一）试题 1 统计分析结果

1. 情境 1

情境 1 是新疆少数民族常用的铁制农具——坎土曼。统计显示（表 7.2.7）总体上仅 20.2% 的学生选择了正确答案 D，他们基本掌握了能量转换等相关物理知识，并将所学知识运用到生活中，从而帮助他们正确理解坎土曼锄地的物理原理。分析各地区的正确率可见，新疆和四川地区学生掌握相对较好，正确率分别为 43.0% 和 29.9%，其余地区均低于 20%，反映出民族地区的学生对试题中所涉及的物理知识的掌握仍存在较大问题。

在选择错误的学生中，他们更多地错选了 A 选项，尤其是甘肃、广西等地区接近半数的学生可能还不能正确地理解杠杆的五要素或判断杠杆类型的方法，对运用杠杆平衡原理进行科学论证，探寻科学本质的能力还有所欠缺。部分学生错选了 B 选项，其中宁夏地区有 36.3% 的学生被选项迷惑，他们可能还不能正确地理解压力和压强的区别。新疆地区答题情况虽相对较好，却有 24.5% 的学生错选的 C 选项，而其他地区普遍较少，他们可能还不能正确地理解惯性的概念及其在生活中的应用。

表 7.2.7　试题 1 中情境 1 的答题情况　　　　　　　　（单位：%）

地区	情境 1			
	错选 A	错选 B	错选 C	正确 D
甘肃	49.7	27.4	5.1	17.8
广西	46.9	31.5	6.3	15.3
贵州	40.1	33.0	10.0	16.9
宁夏	43.3	36.3	7.4	13.0
四川	32.7	23.1	14.3	29.9
新疆	16.8	15.7	24.5	43.0
云南	42.9	32.4	9.3	15.4
总体	40.4	29.5	9.9	20.2

2. 情境 2

情境 2 是少数民族地区使用的"舂米对"。统计显示（表 7.2.8）总体上有 46.3% 的学生选择了正确答案 D，其中新疆地区的正确率明显较低，仅为 20.3%，但广西和贵州地区却有超过半数的学生选择正确，他们基本能利用杠杆的平衡条件判断舂米对的杠杆类型以及工作原理。

在选择错误的学生中，各地区错选情况各有不同，但普遍有更多的学生错选了 A 选项，他们可能误以为杠杆的使用多为省力，却忽略了杠杆类型的判断方法，欠缺科学论证。虽总体上仅有低于 10% 的学生错选了 B 选项，但宁夏和新疆地区却明显较多，他们在对重力和重心的理解上还需进一步加强，其中云南地区对该部分知识掌握相对较好。还有部分学生错选了 C 选项，他们同样在杠杆平衡条件的运用上存在偏差。

表 7.2.8　试题 1 中情境 2 的答题情况　　　　　　　　　（单位：%）

地区	情境 2			
	错选 A	错选 B	错选 C	正确 D
甘肃	46.8	5.7	3.8	43.7
广西	34.0	5.8	3.9	56.3
贵州	31.3	7.5	7.0	54.2
宁夏	32.7	23.1	14.3	29.9
四川	37.2	12.3	16.9	33.6
新疆	41.9	28.7	9.1	20.3
云南	41.2	4.8	5.9	48.1
总体	32.8	9.4	11.5	46.3

总体上看，民族地区大部分学生对物理核心概念的掌握还存在一定问题或不够全面，科学思维和科学探究能力还需进一步加强，才能进一步形成科学态度与责任；仅有少部分学生掌握了试题所考查的物理核心概念，具有较好的科学思维及论证思维，具有较好的科学本质。

3. 试题 1 比较分析

试题 1 中的两个情境均考查了学生对机械原理的理解，将各地区学生的答题正确率进行统计分析，结果显示（图 7.2.2），在情境 1 中，新疆学生正确率为 43.0%，居于首位，四川紧随其后，其余地区差异不大；在同样涉及判断杠杆平衡的情境 2 中，新疆学生的正确率仅为 20.3%，处于末尾，而其他地区差异不大。结合试题情境进行分析，情境 1 中的坎土曼是新疆少数民族常用的铁制农具，因此对于新疆学生而言是情境性试题，这在一定程度上有助于他们利用物理知识解释生活中的物理情境。而情境 2 中的"舂米对"在少数民族地区相对较普遍，且情境 2 中所涉及的物理知识点少于情境 1，因此，情境 2 的正确率普遍高于情境 1。

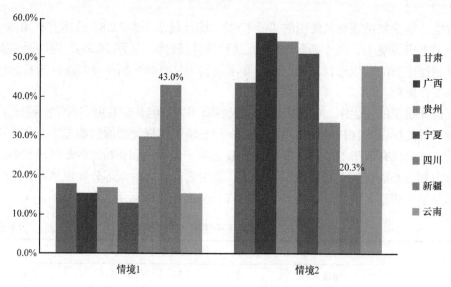

图 7.2.2　各地区试题 1 的正确率

（二）试题 2 统计分析结果

试题 2 主要考查学生的实验探究能力，要求学生任选一个情境并完成相关问题。第一题主要考查学生从情境中识别物理现象的能力，即把物理知识与生活相联系的能力，若学生能正确回答情境中的物理现象得 2 分，找到的物理现象超过 3 个或照搬原文太多得 1 分，否则不得分；第二题考查学生的根据现象提出问题的能力，若学生能基于第一题的现象提出疑问得 2 分，未基于现象但对情境中其他现象提出疑问得 1 分，否则不得分；第三题考查学生通过问题已知的物理知识结构提出合理猜想，并针对所提出的问题尝试性地进行猜想与假设的能力，若学生能基于现象或疑问提出与物理相关的猜想与假设得 2 分，若提出与情境相关的猜想与假设但与前两题均无关得 1 分，否则不得分；在后两题中若学生能正确地结合生活中其他类似现象或其他学科知识进行回答，可另加 1 分。

1. 情境选择

统计学生所选情境的比例（图 7.2.3），从总体上看，61.4%学生选择了情境 1，明显高于情境 2 的选择率 38.6%，反映出更多的学生愿意选择火烧粑粑的情境来回答相关问题，这可能是由于火烧粑粑比馕更常见于生活中。进一步分析各地区情境的选择率，由于情境 1 是云南丽江的特色——火烧粑粑，因此云南地区 75.1%的学生选择了情境 1，居于首位，而情境 2 是新疆维吾尔族一种传统美食——馕，新疆地区 74.4%的学生选择了情境 2，同样居于首位，且与其他地区有较大的差异。由此可见，学生在一定程度上更愿意选择与自己民族相关的情境性试题。

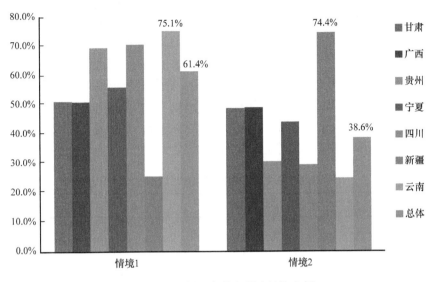

图 7.2.3　试题 2 中学生所选情境比例

2. 第一题：物理现象的描述

对问卷中物理素养的情境性试题 2 得分情况进行统计，其中第一题的统计结果如表 7.2.9 所示：总体上 40.0%的学生得 2 分，他们能用准确的语言对情境中的物理现象进行表示；15.8%的学生得 1 分，能用情境中的语言直接表述现象但涉及多个现象混答，或找出物理现象，但描述不一定完整或准确规范；44.2%的学生不得分，他们还不能将生活中与物理相关的生活情景用所学的知识进行解释。从地区差异来看，除云南地区得 1 分的比例高达 75.1%，得 2 分和不得分的比例较低外，其余地区各等级分布情况大致相同。

表 7.2.9　学生分析物理现象的得分情况　　　　　　（单位：%）

地区	2分	1分	不得分
甘肃	54.1	9.1	36.8
广西	38.0	5.0	57.0
贵州	56.0	11.0	33.0
宁夏	37.7	2.6	59.7
四川	28.3	8.6	63.1
新疆	38.1	7.5	54.4
云南	15.3	75.1	9.6
总体	40.0	15.8	44.2

3. 第二题：提出疑问

让学生根据物理现象提出一个疑问，结果显示（表 7.2.10），总体上 4.4%的学生得 3

分，他们能用准确精练的物理术语紧扣上题现象提出疑问，并能结合生活情境和给出情境描述提出疑问；27.1%的学生得 2 分，他们能用准确精练的物理术语结合材料中任一现象提出疑问；12.4%的学生得 1 分，他们能针对材料中的任一现象提出与物理有关疑问，或针对材料提出疑问；剩余 56.1%的学生不得分，他们还不能结合材料提出与物理现象相关的问题。其中，四川地区的得分情况整体不佳，高达 82.4%的学生不得分，学生的物理思维能力还有待加强；宁夏地区几乎无同学得 3 分，学生还不能较好地将所学知识与生活中的其他情境相联系；其余地区差异不大。

表 7.2.10　学生根据物理现象提出疑问的得分情况　　　　　（单位：%）

地区	3 分	2 分	1 分	不得分
甘肃	3.4	20.8	12.9	62.9
广西	4.5	22.3	6.1	67.1
贵州	4.7	40.4	12.5	42.4
宁夏	0	31.6	2.6	65.8
四川	1.8	7.8	8.0	82.4
新疆	4.1	12.2	14.7	69.0
云南	11.7	13.8	26.3	48.2
总体	4.4	27.1	12.4	56.1

4. 第三题：提出猜想与假设

在提出疑问的基础上，要求学生根据所学的物理知识和经验，对所提出的问题尝试性地进行猜想与假设，结果显示（表 7.2.11），总体上 2.3%的学生得 3 分，他们能结合生活情境和上题疑问提出合理的猜想，或能提出具有跨学科意义的综合猜想；18.7%的学生得 2 分，他们能用准确精练的物理术语紧扣上题现象提出猜想；10.6%的学生得 1 分；他们能针对材料中的任一现象提出与物理有关猜想或针对材料提出猜想；68.4%的学生不得分，他们还不能根据材料提出猜想与假设。其中，云南地区的情况较好，仅 29.3%学生不得分，明显低于总体情况；但新疆地区的得分率仅 13.9%，学生的科学探究能力有待进一步加强；其余地区差异不大。

表 7.2.11　学生进行物理猜想与假设的得分情况　　　　　（单位：%）

地区	3 分	2 分	1 分	不得分
甘肃	4.5	10.1	8.4	77.0
广西	2.2	17.3	5.0	75.5
贵州	1.0	26.0	14.4	58.6
宁夏	1.8	18.4	3.5	76.3
四川	1.1	41.4	4.1	53.4

续表

地区	3分	2分	1分	不得分
新疆	4.4	6.0	3.5	86.1
云南	3.2	43.0	24.5	29.3
总体	2.3	18.7	10.6	68.4

5. 试题 2 的总分情况

结合学生的以上得分等级情况，对试题 2 的总分进行整体分析，根据分析结果显示（表 7.2.12），总体上 23.6%的学生得分为 5～8 分，他们能紧扣题目问题，并用准确的物理术语回答问题，其中还有部分学生能结合生活其他同原理现象进行作答或具有跨学科思维；17.8%的学生得分为 3～4 分，他们能使用物理术语回答问题，但答题不完整；12.7%的学生得 2 分，他们能识别给出情境中涉及的物理知识或规律；45.9%的学生得分为 0～1 分，他们还未具备基本的问题意识，不能从生活情境中识别物理规律。其中，云南地区的答题情况普遍较好于其他地区，除少数学生外均具备不同程度的科学思维和科学探究能力，进一步结合试题的内容可见，与云南地区相关的情境性试题在一定程度上有利于学生的实验探究，有助于学生解释情境中的物理现象、提出物理疑问、提出物理猜想与假设等；但同样涉及学生熟悉情境的新疆地区，其得分率却低于样本总体情况，可见新疆地区的大多数学生还不能将所学物理知识灵活地运用到生活中。除此之外，在未涉及熟悉民族情境的其余 5 个地区中，四川地区的问题较为显著，其中得 0～1 分的学生达到67.0%，该地区应进一步加强学生的实验研究能力。

表 7.2.12　学生试题 2 的得分情况　　　　　　　　（单位：%）

地区	5～8分	3～4分	2分	0～1分
甘肃	18.0	16.9	16.3	48.8
广西	16.8	17.9	10.6	54.7
贵州	35.1	20.3	9.6	35.0
宁夏	19.3	15.8	11.4	53.5
四川	8.2	8.2	16.6	67.0
新疆	11.5	14.9	17.9	55.7
云南	45.2	34.4	7.2	13.2
总体	23.6	17.8	12.7	45.9

（三）物理素养统计分析结果

将学生物理素养的试题总分进行分析（表 7.2.13），样本中 13.1%的学生得分为 7～12 分，他们能用简介、精练的语言结合材料及生活回答与物理知识、规律密切相关的问题；30.6%的学生得 4～6 分，他们能结合材料对问题做出正确回答；27.4%的学生得 2～3 分，他们基本能识别材料中的物理现象；28.9%的学生仅得 0～1 分，他们基本不具备一定的物理素养。进一步分析各地区的差异，可见民族地区对优生学生的培养需进一步加强，数据显示，除云南和贵州地区分别累计 72.0%和 58.1%的学生得分在 4 分及其以上外，其余地区的均未到一半学生达到次分数段，且 7 分及其以上的学生仅为 10%左右，其中四川地区低至 6.6%，明显低于总体水平。可见，民族地区的理科教学质量有待进一步提高。

表 7.2.13   测试学生物理素养的得分情况　　　　　（单位：%）

地区	7～12分	4～6分	2～3分	0～1分
甘肃	11.8	33.7	25.8	28.7
广西	10.6	27.9	21.8	39.7
贵州	19.8	38.3	18.9	23.0
宁夏	10.5	28.9	27.2	33.4
四川	6.6	21.4	39.6	32.4
新疆	9.4	25.6	33.4	31.6
云南	29.6	42.4	17.6	10.4
总体	13.1	30.6	27.4	28.9

四、物理教学质量影响因素分析

为研究得到影响民族地区物理教学质量的主要因素，将问卷设计框架中各三级指标与民族地区物理教学质量进行相关分析，并以一级指标，即学习（学习情感、学习时间、学习信念）、环境（家庭环境、与家人交流、学校环境、师生状态）和民族特征的形式依次呈现。

（一）学习因素

1. 学习情感

学习情感下的三级指标，即学习动机、学习态度以及学习兴趣与民族地区初中物理教学现状的相关性如表 7.2.14 所示。

表 7.2.14   学习情感与民族地区初中物理教学现状的相关性

三级指标		甘肃	广西	贵州	宁夏	四川	新疆	云南	总体
学习动机	Pearson 相关性	0.258**	0.144	0.191**	0.118	0.124**	0.230**	0.356**	0.247**
	显著性（双侧）	0.001	0.054	0.000	0.212	0.006	0.000	0.000	0.000
学习态度	Pearson 相关性	0.317**	0.427**	0.221**	0.260**	0.156*	0.256**	0.443**	0.286**
	显著性（双侧）	0.000	0.000	0.023	0.005	0.001	0.000	0.000	0.000

续表

三级指标		甘肃	广西	贵州	宁夏	四川	新疆	云南	总体
学习兴趣	Pearson 相关性	0.440	0.375**	0.200**	0.216*	0.228**	0.208**	0.538**	0.274**
	显著性（双侧）	0.000	0.000	0.000	0.021	0.000	0.000	0.000	0.000

*在 0.05 水平（双侧）上显著相关；**在 0.1 水平（双侧）上显著相关。

由相关性分析结果可见，5 个地区（甘肃、贵州、四川、新疆和云南）的物理教学质量与学习动机在 0.1 的水平上显著相关。

以总体样本为例，学习动机与教学质量的相关系数为 0.247，在 0.1 的水平上显著相关，在各三级指标的相关系数中排名第 5。根据问卷 17 题"你学习物理的理由？（多选）"的答题统计情况（图 7.2.4），其中 46.3% 的学生认为学习物理能帮助他们解决生活中的问题，32.8% 的学生以为"喜欢"促使他们学习物理，除此之外，"物理对以后工作有用"也是部分学生学习物理的主要动力，由此可见，学生学习物理的正面动力会在一定程度上对教学质量产生积极影响。

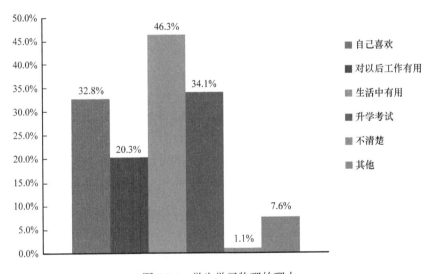

图 7.2.4　学生学习物理的理由

6 个地区（甘肃、广西、贵州、宁夏、新疆和云南）的物理教学质量与学生的学习态度在 0.1 的水平上显著相关；四川地区的物理教学质量与学生的学习态度在 0.05 的水平上显著相关。

在总体样本中，学习态度与教学质量的相关系数为 0.286，在 0.1 的水平上显著相关，且相关系数最高。根据问卷 22 题"学习物理时，遇到不懂的问题，你一般的做法是？（多选）"的答题统计显示，大部分学生遇到物理困难都不会放置不管，和同学讨论、问物理老师和上网查阅是他们常用的方法，还有部分学生会通过实验探究的方法来解决物理困难，这不仅帮助他们解决了问题，也使得实验探究和动手能力得到了进一步的提升。在第 26.1 题中统计"学生参与物理课堂的讨论与发言的频率",有 71.03% 的学生几乎每天、经常、偶尔讨论与发言,可见学生愿意主动参与到课堂中,不仅有利于教师的教学,同时对学生的学习产生了积极效应,因此对教学质量产生了较大的影响。同时在 24 题中,学生也提出了物理教师有待改进的方面,根据结果(图 7.2.5),44.1% 的学生希望多做实验,由于物理是一门实验类学科,实验操作不仅有利于物理教学,还能进一步提高学生的物理素养,提高学生学习兴趣;还有 34.2% 的学生希望老师多与学生交流,才能及时、更好地了解学生学习、生活以及生活上的动态,反映出这部分学生希望得到老师更多的关心和帮助。

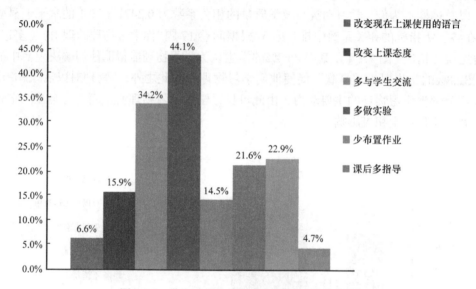

图 7.2.5　学生希望物理老师上课可以做的改进

5 个地区(广西、贵州、四川、新疆和云南)的物理教学质量与学生的学习兴趣在 0.1 的水平上显著相关;宁夏地区的物理教学质量与学生的学习兴趣在 0.05 的水平上显著相关。

以甘肃地区为例,学习兴趣与教学质量的相关系数为 0.440,在 0.1 的水平上显著相关,且相关系数最高。根据问卷 15 题"你最喜欢哪门科学课程?(单选)"的答题统计情况(图 7.2.6),有 28.6% 的学生喜欢物理,所占百分比最高,还有 24.6% 的学生都喜欢,同时在第 27.1 题中统计"学生对喜欢物理的同意度",有 77.0% 的学生同意,可见学生对物理学科的喜爱程度较高。在第 26.2 题中调查"学生和同学讨论与科技发展的相关新闻的频率",累计 70.1% 的学生几乎每天、经常或偶尔谈论。由此可见甘肃地区的学生的学习兴趣比较浓厚,对学生的学习产生了积极效应,因此对教学质量产生了较大的影响。

综上所述,大部分地区的物理教学质量与学习情感下的各三级指标均呈显著相关,可见,学习情感对民族地区的教学质量有较大影响。因此,可从激发学生学习动机、端正学习态度以及培养学生学习兴趣等方面入手,提高民族地区的理科教学质量。

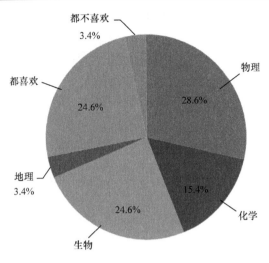

图 7.2.6　学生喜欢的科学课程

2. 学习时间

学习时间下的三级指标，即作业时间以及校外补习与民族地区初中物理教学现状的相关性如下（表 7.2.15）。

表 7.2.15　学习时间校外补习与民族地区初中物理教学现状的相关性

三级指标		甘肃	广西	贵州	宁夏	四川	新疆	云南	总体
作业时间	相关性	0.097	0.108	−0.200	0.126	0.031	0.044	0.077	0.022
	显著性（双侧）	0.202	0.152	0.578	0.182	0.097	0.430	0.228	0.287
校外补习	相关性	0.076	0.108	−0.054	0.257**	0.101*	0.096	0.153*	0.035
	显著性（双侧）	0.317	0.149	0.135	0.025	0.025	0.087	0.017	0.090

*在 0.05 水平（双侧）上显著相关；**在 0.1 水平（双侧）上显著相关。

由相关性分析结果可见，各地区的教学质量均与作业时间不呈显著相关；宁夏地区的物理教学质量与校外补习在 0.1 的水平上显著相关；四川地区的物理教学质量与校外补习在 0.05 的水平上显著相关。

以宁夏地区为例，校外补习与教学质量的相关系数为 0.257，在 0.1 的水平上显著相关，在各三级指标的相关系数中排名第 6。根据问卷中第 5 题"你每周参加物理课外补习班的时间？（单选）"的统计结果显示（图 7.2.7），43.0%的学生每周或多或少地参加了物理课外补习班，但其中大部分的学生每周补习时间为 4 小时以下，他们采用补习的方式对物理知识查漏补缺，这对其学习有一定帮助。

综上所述，学习时间对民族地区的教学质量影响不大，因此，教师可以适当地安排作业量以及把握作业难度；学生可根据自身需要，采用适合的方式对所学进行查漏补缺，从而进一步提高民族地区的理科教学质量。

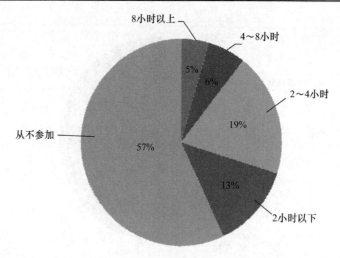

图 7.2.7　学生每周参加物理课外补习班的时间

3. 学习信念

学习信念下的三级指标，即学习难度、学习自信以及学习归因与民族地区初中物理教学现状的相关性如表 7.2.16 所示。

表 7.2.16　学习信念与物理教学现状的相关性

三级指标		甘肃	广西	贵州	宁夏	四川	新疆	云南	总体
学习难度	Pearson 相关性	0.221**	0.074	0.092*	0.068	0.140**	0.009	0.268**	0.054
	显著性（双侧）	0.003	0.325	0.010	0.472	0.002	0.870	0.000	0.010
学习自信	Pearson 相关性	0.148	0.411**	0.274**	0.086	0.094*	0.269**	0.375**	0.285**
	显著性（双侧）	0.051	0.000	0.000	0.363	0.038	0.000	0.000	0.000
学习归因	Pearson 相关性	0.153*	0.344**	0.072*	0.232**	0.169**	0.402**	0.327**	0.239**
	显著性（双侧）	0.044	0.000	0.044	0.013	0.000	0.000	0.000	0.000

*在 0.05 水平（双侧）上显著相关；**在 0.1 水平（双侧）上显著相关。

由相关性分析结果可见，3 个地区（甘肃、四川和云南）的物理教学质量与学习难度在 0.1 的水平上显著相关；贵州地区的物理教学质量与学习难度在 0.05 的水平上显著相关。

以甘肃地区为例，学习难度与教学质量的相关系数为 0.221，在 0.1 的水平上显著相关，在各三级指标的相关系数中排名第 6。根据问卷第 16 题"你认为哪门科学课程最难？（单选）"的答题统计结果显示(图 7.2.8)，累计共 21.2%的学生认为物理学科难，其中部分学生甚至认为物理学科最难；同样在 27.8 题中，仅 29.5%的学生认为物理教材内容很简单，可见，物理学科的难度会对物理教学质量产生一定影响。

四个地区（广西、贵州、新疆和云南）的物理教学质量与学生的学习自信在 0.1 的水平上显著相关；四川地区的物理教学质量与学生的学习自信在 0.05 的水平上显著相关。

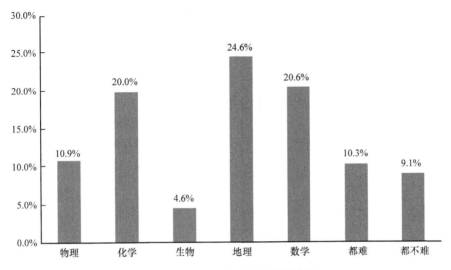

图 7.2.8　学生认为最难的科学课程

　　在总体样本中,学习自信与教学质量的相关系数为 0.285,在 0.1 的水平上显著相关,在各三级指标的相关系数中排名第 2。在第 23 题调查学生认为学习物理的最大帮助中,结果显示(图 7.2.9)97.1%的学生认为学习物理对他们是有帮助的,有 39.8%的学生认为学习了物理学科之后,可以知道更多的神奇现象,有助于增强他们学习物理的兴趣;19.4%的学生认为可以将所学的物理知识运用在生活当中,帮忙父母做一些家务;还有 18.0%的学生认为物理知识能帮助他们解释生活中的一些自然现象。由此可见,激发学生与生活、神奇的自然现象相联系,使其感受到学以致用的成就感,可以增强学习的自信心,这也是物理学习中必不可少的内容。

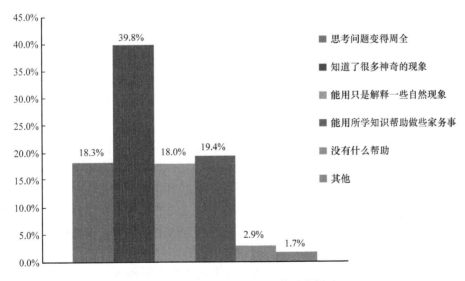

图 7.2.9　学生认为学习物理的最大帮助

由数据可见，5 个地区（广西、宁夏、四川、新疆和云南）的教学质量与学习归因在 0.1 的水平上显著相关；甘肃和贵州地区的物理教学质量与学习归因在 0.05 的水平上显著相关。除此之外，在总体样本中，学习归因与教学质量的相关系数为 0.239，在 0.1 的水平上显著相关，在各三级指标的相关系数中排名第 7。

综上所述，部分地区的物理教学质量与学习信念下的各三级指标均呈显著相关，可见，学习情感对民族地区的教学质量有较大影响，其中各民族地区学生的学习归因与物理教学质量均呈现不同程度的显著相关性。因此，正确地把握教学中的重难点以及提升学生的学习自信，有助于提高民族地区的理科教学质量。除此之外，正确学生的学习归因更是必不可少的内容。

（二）环境因素

1. 家庭环境

家庭环境下的三级指标，即家庭设备设施、家长态度以及家庭学习氛围与民族地区初中物理教学现状的相关性如表 7.2.17 所示。

表 7.2.17　家庭环境与物理教学现状的相关性

三级指标		甘肃	广西	贵州	宁夏	四川	新疆	云南	总体
家庭设备设施	Pearson 相关性	0.101	0.151*	0.195**	0.100	0.146**	0.080	0.190**	−0.067
	显著性（双侧）	0.185	0.043	0.000	0.289	0.001	0.153	0.003	0.001
家长态度	Pearson 相关性	0.094	0.166*	0.081*	0.083	0.114*	0.386**	0.091	0.267**
	显著性（双侧）	0.215	0.026	0.023	0.379	0.012	0.000	0.155	0.000
家庭学习氛围	Pearson 相关性	0.110	0.062	0.059	0.023	0.083	0.159**	0.269**	0.026
	显著性（双侧）	0.147	0.409	0.097	0.807	0.066	0.004	0.000	0.207

*在 0.05 水平（双侧）上显著相关；**在 0.1 水平（双侧）上显著相关。

由相关性分析结果可见，3 个地区（贵州、四川和云南）的物理教学质量与家庭设备设施在 0.1 的水平上显著相关；广西地区的物理教学质量与家庭设备设施在 0.05 的水平上显著相关。

以贵州地区为例，家庭设备设施与教学质量的相关系数为 0.195，在 0.1 的水平上显著相关，在各三级指标的相关系数中排名第 5。根据问卷第 25 题"家里为你配置的学习用品、场地？（多选）"的答题情况统计（图 7.2.10），其中累计 83.2% 的学生家中配置有学习用品、场地，其中大部分学生家中配有较为常见的书桌和书架，部分学生家中配有书房、课外书籍、电脑或学习机等。可见，较为齐全的家庭设备设施会对学生的学习产生一定的积极效应，但总体影响不大。

新疆地区的物理教学质量与家中态度在 0.1 的水平上显著相关；广西、贵州和四川地区的物理教学质量与家长态度在 0.05 的水平上显著相关。

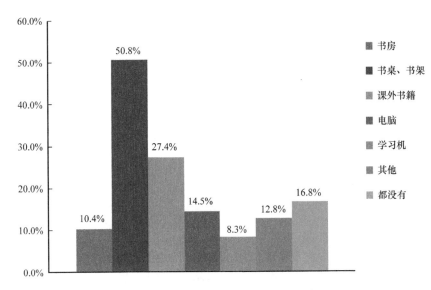

图 7.2.10　学生家中配置的学习用品、场地

以新疆地区为例，家长态度与教学质量的相关系数为 0.386，在 0.1 的水平上显著相关，在各三级指标的相关系数中排名第 3。第 27.3 题调查"学生认为父母支持自己学习"的同意度，结果显示（图 7.2.11）家庭教育对学生的塑造力强大，父母对学生学习的态度至关重要，大多数家长支持学生学习，这在一定程度上影响了当地的教学质量。

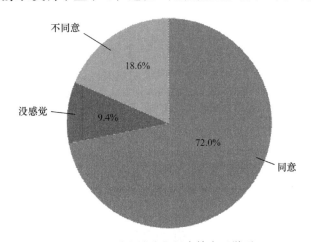

图 7.2.11　学生认为父母支持自己学习

新疆和云南地区的家庭学习氛围与教学质量在 0.1 的水平上显著相关，在各三级指标的相关系数中分别排名第 12 和第 10，其余民族地区的物理教学质量与家庭学习氛围均不呈显著相关。

以云南地区为例，家庭学习氛围与教学质量的相关系数为 0.269，在 0.1 的水平上显著相关，在各三级指标的相关系数中排名第 10。根据问卷第 21 题"除了物理老师，指导过你物理学习的人有？（多选）"的答题统计显示(图 7.2.12)，52.4%学生的哥哥姐姐曾指导过他们的物理学习，仅少部分学生的父母曾参与其中。除此之外，当学生遇到物理疑惑时，他们更倾向于求助同学。

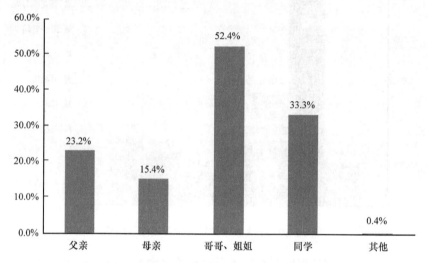

图 7.2.12　除物理老师外，指导学生物理学习的人

　　综上所述，由于学生在家中学习的时间相对不多，仅部分地区的物理教学质量与家庭下的各三级指标均呈显著相关，且相关系数和在各三级指标中的排名普遍不高。因此，学生的家庭环境对民族地区的理科教学质量影响不大。

　　2. 与家人交流

　　与家人交流同民族地区初中物理教学现状的相关性如表 7.2.18 所示。

表 7.2.18　与家人交流同民族地区初中物理教学现状的相关性

	甘肃	广西	贵州	宁夏	四川	新疆	云南	总体
Pearson 相关性	0.008	0.122	0.037	−0.069	0.405	0.125*	0.134*	0.011
显著性（双侧）	0.914	0.104	0.303	0.468	0.038	0.026	0.036	0.602

*在 0.05 水平（双侧）上显著相关。

　　由相关性分析结果可见，新疆和云南地区的物理教学质量与家人交流在 0.05 的水平上显著相关。

　　以云南地区为例，与家人交流与教学质量的相关系数为 0.134，在 0.05 的水平上显著相关，在各三级指标的相关系数中仅排名第 15。根据问卷 12 题"你和父母的交流情况？（单选）"的答题统计情况（图 7.2.13），累计 66.0%的学生几乎每天和父母交流，可见学生普遍与父母交流较多，但这对民族地区的理科教学质量影响不大。

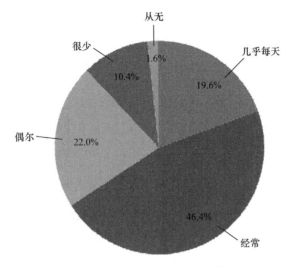

图 7.2.13　学生与父母交流的情况

3. 学校环境

学习环境下的三级指标，即资源、教法和氛围与民族地区初中物理教学现状的相关性如表 7.2.19 所示。

表 7.2.19　学校环境与物理教学现状的相关性

三级指标		甘肃	广西	贵州	宁夏	四川	新疆	云南	总体
资源	Pearson 相关性	0.344**	0.394**	0.063	0.339**	0.325**	0.414**	0.417**	0.229**
	显著性（双侧）	0.000	0.000	0.076	0.000	0.000	0.000	0.000	0.000
教法	Pearson 相关性	0.116	0.203**	0.021	0.301**	0.141**	0.210**	0.260**	0.060
	显著性（双侧）	0.125	0.006	0.566	0.001	0.002	0.000	0.000	0.004
氛围	Pearson 相关性	0.193*	0.275**	0.099**	0.246**	0.066	0.161**	0.382**	0.174
	显著性（双侧）	0.010	0.001	0.006	0.008	0.144	0.004	0.000	0.000

*在 0.05 水平（双侧）上显著相关；**在 0.1 水平（双侧）上显著相关。

由相关性分析结果可见，6 个地区（甘肃、广西、宁夏、四川、新疆和云南）的物理教学质量与学校资源在 0.1 的水平上显著相关。

以新疆地区为例，学校资源与教学质量的相关系数为 0.414，在 0.1 的水平上显著相关，在各三级指标的相关系数中居于首位。第 7 题调查学校的图书馆、实验室、多媒体设备等对学生学习物理的影响程度中(图 7.2.14)，累计 67.0%的学生认为学校设备对学生物理学习的影响非常大或比较大。由于物理是一门以实验为基础的学科，在第 27.10 题中专门调查了物理实验设备对帮助学生学习的同意度，数据显示 70.8%的学生认为物理实验设备能帮助他们学习物理。由此可见，学校设备对教学质量也有比较大的影响，尤其是物理实验设备的配备，有利于培养学生的试探探究和动手操作能力，这也是物理学习中必不可少的内容。

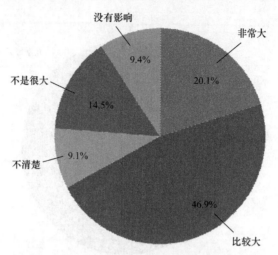

图 7.2.14　学校设备对学生物理学习的影响

　　5 个地区（广西、宁夏、四川、新疆和云南）的物理教学质量与学生的教师教法在 0.1 的水平上显著相关。

　　以宁夏地区为例，教师教法与教学质量的相关系数为 0.301，在 0.1 的水平上显著相关，在各三级指标的相关系数中排名第 4。根据问卷 26.4 题"物理教师做演示实验的次数？（单选）"的答题统计情况（图 7.2.15），累计 59.6% 学生的教师在物理教学中几乎每天或经常做演示实验。物理是一门以实验为基础的学科，通过演示实验的教学，不仅可以帮助学生理解物理知识，还有助于培养学生的科学探究的能力，开阔学生的科学思维。可见，教学方法"教"的过程中较为重要的因素——教法，直接影响学生"学"的效果以及"教"的质量，因此对初中物理教学有较大影响。

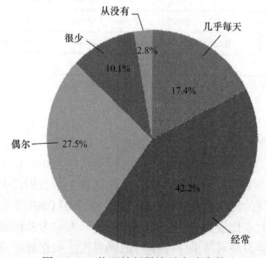

图 7.2.15　物理教师做演示实验次数

　　5 个地区（广西、贵州、宁夏、新疆和云南）的物理教学质量与学校学习氛围在 0.1 的水平上显著相关；甘肃地区的物理教学质量与学校学习氛围在 0.05 的水平上显著相关。

以云南地区为例，学校学习氛围与教学质量的相关系数为 0.382，在 0.1 的水平上显著相关，在各三级指标的相关系数中排名第 5。根据问卷第 8 题"你们班喜欢学习物理的同学占？（单选）"的答题统计情况（图 7.2.16），累计 76.3%的学生班级所有同学、大部分同学或一半左右同学喜欢学习氛围，因此营造良好的学习氛围对学生学习物理在一定程度上会产生积极的影响。

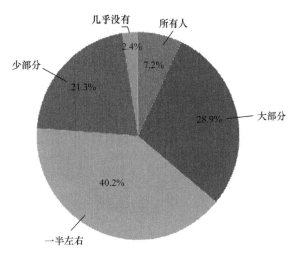

图 7.2.16　班里喜欢学习物理的同学

综上所述，由于学校是学生学习的主要场所，大部分地区的物理教学质量与学校环境下的各三级指标均呈显著相关，可见，学校环境对民族地区的教学质量有较大影响。因此，营造良好的学校学习环境、完善学校的教学资源以及教师使用合理的教学教法可以进一步提升民族地区的理科教学质量。

4. 师生状态

师生状态下的三级指标，即师生关系和师生交流与民族地区初中物理教学现状的相关性如表 7.2.20 所示。

表 7.2.20　师生状态与民族地区初中物理教学现状的相关性

三级指标		甘肃	广西	贵州	宁夏	四川	新疆	云南	总体
师生关系	Pearson 相关性	0.017	0.069	−0.021	0.075	0.087	0.315**	0.025	0.141**
	显著性（双侧）	0.828	0.359	0.556	0.049	0.054	0.000	0.694	0.000
师生交流	Pearson 相关性	0.341**	0.038**	0.048	0.427**	0.223**	0.276**	0.498**	0.124**
	显著性（双侧）	0.000	0.000	0.180	0.000	0.000	0.000	0.000	0.000

**在 0.1 水平（双侧）上显著相关。

由相关性分析结果可见，仅新疆地区的物理教学质量与师生关系在 0.1 的水平上显著相关，在各三级指标的相关系数中排名第 4。根据问卷 10 题"你和老师发生冲突的情况？（单选）"的答题统计情况（图 7.2.17），累计 88.7%的学生偶尔、很少或从无与老师发生冲突，但在第 24 题中 15.7%的学生希望物理老师能改变上课的态度，同样在第 27.2 题中仅 17.2%的学生喜欢物理任课老师。可见，虽学生不易与教师发生正面冲突，但教师只有完善自身素养才能赢到更多同学的尊重和喜爱。

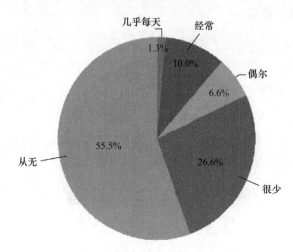

图 7.2.17　学生和老师发生冲突的情况

6 个地区（甘肃、广西、宁夏、四川、新疆和云南）的物理教学质量与师生交流在 0.1 的水平上显著相关。

以宁夏地区为例，师生交流与教学质量的相关系数为 0.427，在 0.1 的水平上显著相关，在各三级指标的相关系数中排名第 2。第 9 题调查和老师交流学习情况对学生学习物理的影响程度中，累计 62.3%的学生几乎每天、经常或偶尔与老师进行交流学习，让老师可以更好地了解学生的学习及思想动态等；在第 26.5 题中调查教师在学生作业上写评语的情况，数据显示累计 70.9%的老师几乎每天、经常或偶尔在学生作业上写评语，及时反馈学生的作业情况；进而在第 26.6 题中关于教师对同学进行辅导的调查中，累计 76.9%的老师几乎每天、经常或偶尔对学生进行辅导，及时解决学生在学习上的疑问。由此可见，宁夏地区的教师较好地通过不同的方式与学生进行交流，做到更好地关心学生和了解学生，进而对教学质量产生了较大的影响。

综上所述，大部分地区的物理教学质量与师生状态下的师生交流均呈显著相关，可见，虽师生关系对民族地区的教学质量影响不大，但师生交流对教学质量有较大影响。因此，教师应努力提高自身的学科素养，保持良好的教学情感，积极与学生沟通交流，进一步改善师生关系。

（三）民族特征因素

民族特征与民族地区初中物理教学现状的相关性如表 7.2.21 所示。

表 7.2.21　民族特征与民族地区初中物理教学现状的相关性

	甘肃	广西	贵州	宁夏	四川	新疆	云南	总体
Pearson 相关性	0.188*	0.387**	0.212**	0.433**	0.257**	0.220**	0.349**	243**
显著性（双侧）	0.013	0.000	0.000	0.000	0.000	0.000	0.000	0.000

*在 0.05 水平（双侧）上显著相关；**在 0.1 水平（双侧）上显著相关。

由相关性分析结果可见，6 个地区（广西、贵州、宁夏、四川、新疆和云南）的物理教学质量与民族特征在 0.1 的水平上显著相关；甘肃地区的物理教学质量与民族特征在 0.05 的水平上显著相关。

以宁夏地区为例，民族特征与教学质量的相关系数为 0.433，在 0.1 的水平上显著相关，且相关系数最高。在 13 题中："你喜欢解决有当地生活情境的科学问题吗？（单选）"根据统计结果有 39.8% 的学生非常喜欢或喜欢与当地生活情境相关的科学问题，部分学生认为这样更有利于解决生活中的问题，增长科学知识。在 19 题中有 28.9% 的学生认为传统文化对物理知识是没有帮助的，而其余学生认为宗教信仰、风俗习惯、传统节目等都对物理知识有影响（图 7.2.18）。除此之外，在 20 题中部分学生还认为身边的自然环境、生活习俗和民族文化是其物理知识的来源。由此可见，宁夏地区的民族特征对当地的教学质量有较大的影响。

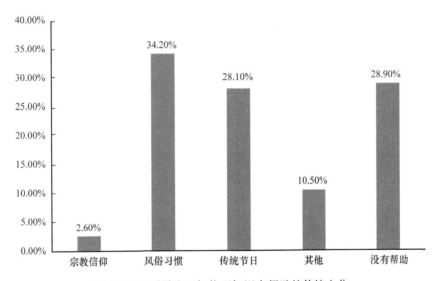

图 7.2.18　对学生理解物理知识有帮助的传统文化

综上所述，学生的学习情感（学习动机、学习态度和学习兴趣），学习信念（学习归因），学校环境（资源、教法和氛围），师生状态（师生交流）和民族特征对民族地区的理科教学质量有较大的影响，可从以上方面入手，加强民族地区的教学质量。

第三节　民族地区理科教学质量影响因素之教师因素分析

一、研究方法及过程

本研究以物理学科为例，采用问卷调查的方式，研究民族地区理科教学质量现状以及影响教学质量的教师因素。

（一）研究目的

（1）根据教师问卷框架，了解民族地区教师的基本信息（包括人口学特征、学历、工龄等），教学（教学情感、教学方式、教学评价），环境（教学支持、教学限制），以及民族特征；

（2）了解各民族地区理科教学质量的差异，利用软件分析影响教学质量的教师因素。

（二）样本情况

本研究选取甘肃甘南藏族自治州、广西崇左市、贵州贵阳市、贵州六盘水市、宁夏中卫市、四川凉山彝族自治州、四川甘孜藏族自治州、新疆维吾尔自治区、新疆巴音郭楞蒙古自治州、云南普洱市为样本的抽取点，共 21 所中学的师生参与，共发放教师问卷 139 份，收回问卷 135 份，回收率达 97.1%，其中有效问卷 113 份；发放学生问卷 2860 份，收回问卷 2791 份，回收率达 97.6%，其中有效问卷 2310 份。各地区教师问卷情况如表 7.3.1 所示。

表 7.3.1　教师问卷回收情况

地区	回收数	有效数	有效率/%
四川	25	25	100
甘肃	15	15	100
宁夏	8	8	100
广西	14	10	71.4
云南	15	15	100
新疆	39	39	100
贵州	23	23	100

（三）数据分析方法

研究将回收的问卷进行编码、录入、提出无效问卷，基于有效数据进行分析，采用SPSS21.0 统计分析软件作为数据分析工具。首先，采用描述性分析，分析教师基本信息情况；然后，根据学生问卷和教师问卷的数据统计情况分析教师因素；第三步，根据学生问卷所确立的学习现状的 4 个三级指标："物理素养""成绩""状态""实践能力"呈现民族地区的教学质量；最后，按照教师问卷前期所确立的教学、环境、民族特性的一级指标下共 17 个三级指标，与第三步中得出的民族地区教学质量进行相关分析，得到其与教学质量的相关系数，得到影响民族地区教学质量的主要教师因素，以达到研究目的。

二、教师情况描述性统计

（一）性别

参与本次调查的教师共 113 人，其中男性 72 人，约占总人数的 64.3%，女性 39 人，约占总人数的 34.8%（表 7.3.2）。

表 7.3.2 教师性别

		频率	百分比/%	有效百分比/%	累积百分比/%
有效	男	72	63.7	64.3	64.3
	女	39	34.5	34.8	99.1
	0	1	0.9	0.9	100.0
	合计	112	99.1	100.0	
缺失	1	1	0.9		
合计		113	100.0		

（二）民族

参与本次调查的教师来自汉族和 8 个少数民族，其中汉族 44 人，占总人数的 38.9%，彝族 26 人，占总人数的 23.0%，回族 6 人，占总人数的 5.3%，苗族 9 人，占总人数的 10.6%，维吾尔族 5 人，占总人数的 4.4%，哈萨克族 2 人，占总人数的 1.8%，壮族 9 人，占总人数的 8.0%，还有 9 名教师来自布依族、满族等少数民族，占总人数的 8.0%（表 7.3.3，图 7.3.1）。

表 7.3.3 教师民族

		频率	百分比/%	有效百分比/%	累积百分比/%
有效	汉族	44	38.9	38.9	38.9
	彝族	26	23.0	23.0	61.9
	回族	6	5.3	5.3	67.3
	其他	9	8.0	8.0	75.2
	苗族	12	10.6	10.6	85.8
	维吾尔族	5	4.4	4.4	90.3
	哈萨克族	2	1.8	1.8	92.0
	壮族	9	8.0	8.0	100.0
合计		113	100.0	100.0	

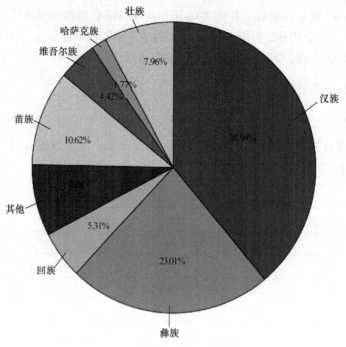

图 7.3.1　教师民族分布

（三）宗教信仰

接受调查的教师中有 73.5% 表示自己无宗教信仰，其余教师中有 14.2% 信仰伊斯兰教，这部分教师多为回族。另外还有 7.1% 的教师表示信仰佛教，2.7% 的教师信仰道教，仅有一位教师信仰基督教（表 7.3.4）。

表 7.3.4　宗教信仰

		频率	百分比/%	有效百分比/%	累积百分比/%
有效	0	2	1.8	1.8	1.8
	佛教	8	7.1	7.1	8.8
	道教	3	2.7	2.7	11.5
	基督教	1	0.9	0.9	12.4
	伊斯兰教	16	14.2	14.2	26.5
	无	83	73.5	73.5	100.0
合计		113	100.0	100.0	

（四）学历

参与调查的 113 位教师中有一位没有填写此项，其余共 104 位是本科学历，占参与调查教师总数的 92.0%，另外还有 8 位学历为专科及以下，占参与调查教师总数的 7.1%（表 7.3.5）。

表 7.3.5 学历

		频率	百分比/%	有效百分比/%	累积百分比/%
有效	0	1	0.9	0.9	0.9
	专科及以下	8	7.1	7.1	8.0
	本科	104	92.0	92.0	100.0
合计		113	100.0	100.0	

（五）教龄

在此次调查中，共 34 位教师教龄在 15 年以上，占参与调查教师总数的 30.09%，教龄 10～15 年的教师共 22 位，占参与调查教师总数的 19.47%，教龄在 5～10 年的教师有 39 位，约占参与调查教师总数的 34.51%，教龄 5 年以下的教师共 17 位，占参与调查教师总数的 15.04%（图 7.3.2）。

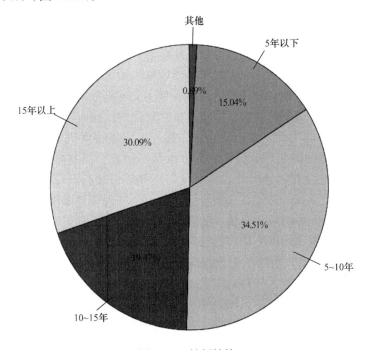

图 7.3.2 教师教龄

三、教师对教学质量的影响情况分析

教师对课堂教学质量具有重要影响作用，主要表现在以下六个方面，分别为：①教师个人特征。教师的学历水平高低、年龄和教龄，毕业专业以及投入程度，对课堂教学质量有较大的影响。②教学工作态度。教师上课有没有责任心，备课是否充分，讲课是否熟练，直接

影响到课堂教学方法的使用以及课堂互动交流，进而影响到学生课堂教学质量。③教师基本功。教师普通话不好，板书不工整，会影响课堂教学内容的讲授效果，使得学生失去学习热情，影响课堂教学质量。④教学方法。中学物理课程涉及知识面较宽，需要灵活的教法，注重启发，能够因材施教，注重学生能力和素质的培养，突出注重学生的科学学习方法的培养，充分利用教具和现代化教学手段，激发学生学习兴趣，能够取得较好教学效果。⑤课堂互动交流。通过与同学进行课堂交流，观察学生的反应，充分了解课堂教学效果，及时做出教学方法与内容的调整，进一步提高课堂教学质量。⑥教学内容设计。教师授课过程中教学目的明确，讲授内容清晰、准确，突出重点，突破难点，理论联系实际，善于吸收新的研究成果，能够提高学生学习兴趣，满足学生学习期望，进而提高课堂教学质量。

课程的重要性在教学实践和研究中毋庸置疑，教学质量和课程满足需求的程度有着较高的相关度，是实现人才培养的主要载体，具体涉及课程目标的预设与生成、课程内容的选择与组织、课程的实施和评价等一系列程。有学者研究发现课程设置与不断完善是满足学生需求、不断提高教育教学水平的最直接反映，多元化课程设计将在学生今后的社会和工作岗位发挥重要作用，对不同背景学生的培养具有重要意义，直接影响着学生的进步与发展。有研究认为学生个性、教学和课程结构是影响学习的关键要素，学生有计划的行为与时间支配方式直接影响着学业进步。就课程而言，主要涉及课程组织的特征和教学方式，学生层面主要关涉性别、年龄和平均成绩，这些要素一起激发着学生的努力程度，制约其学习成就。课堂教学是学校提供学习者教育服务的核心内容，是主要课程理念落实的重要阵地，教师教学风格、师生交流与互动状况、心理环境和班级规模等一系列因素都将直接制约着教学绩效及学生对此的认同度。

教师作为教学活动中的重要行为主体，其行为将直接对教学质量产生影响。考虑到在教学活动中，教师的奖惩、激励、竞争机制不明显，并且教师的个人资源禀赋极难衡量，因此，在进行教学分析时，需要设定一些假设条件，以获得推测的结论。假设：①教师的教育教学技能并不能在教学活动中完全体现或是体现效果不佳，会造成学生无法理解学习内容，影响教学质量；②教师的教学态度不端正、师德缺失，会造成教师不认真备课、教师授课态度不佳、伤害学生心理等现象，影响教学质量；③教师群体在相同的工作环境、工作时间下，分配同等的薪酬，部分教师消极工作、不备课、课堂教学质量差、学生满意度低，并对工作积极认真的教师在心理上和工作态度上也产生消极影响，继而间接影响教学质量。以上种种影响教学质量的现象，均会对学生、学校的利益产生损害，虽然从广义上说，可以认为教师的自身利益和学校的利益密切相关，可以认为教师不负责任的、消极的教学活动损害学生利益、学校利益、社会利益的同时也在损害自身利益。但是，就目前学校教学活动运行的现状来说，教师获得的收益较为固定，奖罚措施并不灵活，而学生利益、学校利益、社会利益的范畴极难衡量。根据以上分析，在进行个案调研室，问卷选取了教学基本技能、教学态度等几项内容分别从教师、学生这两个不同的群体进行调查，调查结果如下。

（一）教学情感

教学情感分为三个维度，分别是教学态度、教学认识和教学压力，下面分别从这三个纬度来分析。

　　教师教学态度良好，有坚定的、积极的教学理念是保证教学质量的前提。教师的教学态度是否端正，是否有教学责任心，直接关系到教学精力是否充足，直接影响教学工作的开展，教师积极主动或消极倦怠两种不同的教学态度所导致的教学效果有着显著差异，而学生对于教师教学态度的理解，既是内隐的又是外显的，表现为教师责任心、授课态度、对学生的尊重和关爱、语言行为、形象气质等方面。

　　根据调查，如表 7.3.6 和图 7.3.3 所示，有 21.2%的教师非常喜欢教授物理课程，69.0%的教师喜欢教授物理课程，8.0%的教师认为一般喜欢教授物理课程，仅有一位教师不喜欢教授物理课程。可见，大多数教师内心中有坚定的、积极的教学的态度和行为动机，主观上并不容易被他人影响，但是潜在的威胁也不可忽视，如果对消极行为一味地纵容而不惩罚，不将其负面影响纠正，长此以往，会对教学大环境产生不良影响。

表 7.3.6　对教授物理课程的态度

		频率	百分比/%	有效百分比/%	累积百分比/%
有效	无明确态度	1	0.9	0.9	0.9
	非常喜欢	24	21.2	21.2	22.1
	喜欢	78	69.0	69.0	91.2
	一般	9	8.0	8.0	99.1
	不喜欢	1	0.9	0.9	100.0
合计		113	100.0	100.0	

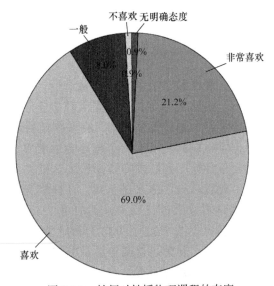

图 7.3.3　教师对教授物理课程的态度

（二）教学方式

　　教学中使用多媒体等创新教学方法有利于提高课堂教学效果。教学方法是呈现教学内容的载体和中介。一般情况下，课堂教学的教学方法有语言、板书和多媒体等几种，近几年来，随着科技的发展和网络的普及，多媒体教学依靠其使用方便、简洁易懂、表达生动等诸多优势成为越来越多的学校教师进行教学活动的主要教学方法，科学、合理、有效地运用多媒体教学，可以在很大程度上提高教学效果，有助于教师教学水平的发挥，有利于激发学生的学习兴趣，带动学生积极思考。如图 7.3.4 所示，92.92%的教师表示经常运用不同的教学方法进行教学。

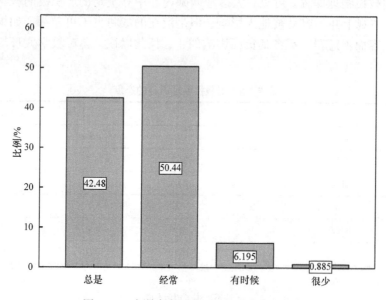

图 7.3.4　在课堂中灵活运用教学方法的频率

（三）教学评价

　　教师普遍能够认真备课，保证教学活动的高质量进行。教师备课效果的好坏直接关系到课堂教学活动的实施，是实现教学目的、完成教学任务的基础。每次上课前教师都应查阅资料，注重内容创新，刻苦钻研教材，在掌握学科全部内容后选用适合班级学生的教学方法，并根据学生的兴趣和爱好，编写合适的教案，计划教学活动中教具的运用、课堂提问、作业布置等内容。教师备课程度直接关系到教学活动中授课流畅度与表达水平，以及学生对教师教学水平的认可。在被调查的教师当中，有近 90%的教师选择多种方式对学生学习效果进行反馈，其中 44.25%的教师通过每周安排小测试了解学生对知识的掌握情况（图 7.3.5），98.23%的教师表示会依据学生的层次对他们提出不同的要求（图 7.3.6）。根据问卷调查显示的结果，大部分教师都能够自觉地认真备课，能有效地保证良好的教学质量。

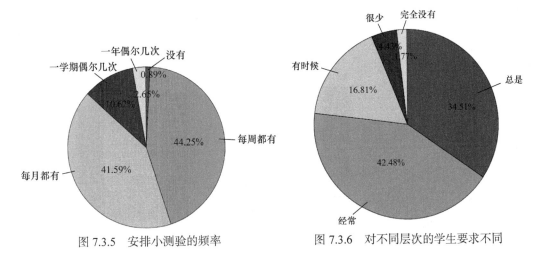

图 7.3.5　安排小测验的频率　　　　　　　图 7.3.6　对不同层次的学生要求不同

（四）师生交流情况

在教学活动的实施过程中，教师不能一味地进行填鸭式教育，适时的采用课堂提问、课堂作业等方法是必要的，既可以让学生专注于课堂学习，又能及时巩固课堂知识的学习。在基础教育中，师生交流是很重要的环节，关系到师生关系是否融洽，进而影响教师教学质量。据调查，有 64.6% 的教师每周与学生进行交流（表 7.3.7），然而只有 27.5% 的学生表示经常与老师进行交流，（图 7.3.7），60.3% 的学生表示经常得到老师的辅导（表 7.3.8），但学习之外的交流却相对较少。

表 7.3.7　和班级学生交流

		频率	百分比/%	有效百分比/%	累积百分比/%
有效	0	1	0.9	0.9	0.9
	每周都有	73	64.6	64.6	65.5
	每月都有	28	24.8	24.8	90.3
	一学期偶尔几次	10	8.8	8.8	99.1
	一年偶尔几次	1	0.9	0.9	100.0
合计		113	100.0	100.0	

表 7.3.8　教师对学生进行辅导的频率

		频率	百分比/%	有效百分比/%	累积百分比/%
有效	几乎每天	408	17.7	17.8	17.7
	经常	979	42.4	42.5	60.3
	偶尔	396	17.1	17.2	77.5
	很少	360	15.6	15.6	93.1
	从没有	157	6.8	6.9	100.0
合计		2300	99.6	100.0	

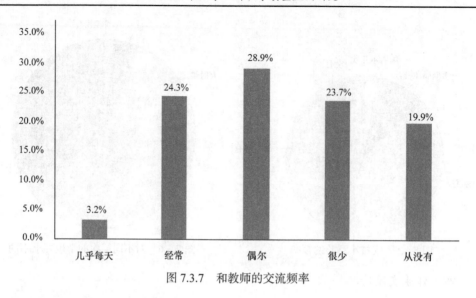

图 7.3.7　和教师的交流频率

四、影响教学质量的教师因素分析

学校教育中,教师是对学生的学习直接产生影响的群体,无论是教师对学生的期待,教师的自身教学素养以及教学方法等都对学生的学习有直接的作用,教师的哪些因素与学生的学习现状显著性相关,经过调查,结果如表 7.3.9 所示。其中教师水平包含教师工龄,教师是否为当地居民,教师学历等三级指标,教学方式包含常用教学方法、对教学内容的理解三级指标。

从表中可以看出,教师水平、教学情感、师生关系、师生交流都与学生的学习现状在 p 值 0.1 水平(双侧)上显著相关,教学方式在 p 值 0.05 水平(双侧)上显著相关,而教学评价未通过显著性检验。从问卷第 24 题"你希望物理老师在上课时做哪些改进"的回答中可以看出,有 4.1% 的学生希望教师改变上课语言,13.7% 的学生希望教师改变上课态度,21.3% 的学生希望教师多与学生交流,69.4% 的学生希望教师多做实验,32.5% 的学生希望教师多举生活案例,57.2% 的学生希望教师少布置作业,如图 7.3.8 所示。由此可见,学生对教师的期望最多的是希望教师在上物理课时多做实验,从希望减少作业以及完成作业时间来看,教师应当因材施教,把握好物理作业的难度与数量。

表 7.3.9　教师因素与学生成绩的相关性汇总表

	Pearson 相关性	显著性(双侧)
教师水平	0.505**	0.000
教学方式	0.119*	0.034
教学情感	0.261**	0.000
师生关系	−0.167**	0.001
师生交流	0.273**	0.000
教学评价	−0.89	0.117

*在 0.05 水平(双侧)上显著相关,**在 0.1 水平(双侧)上显著相关。

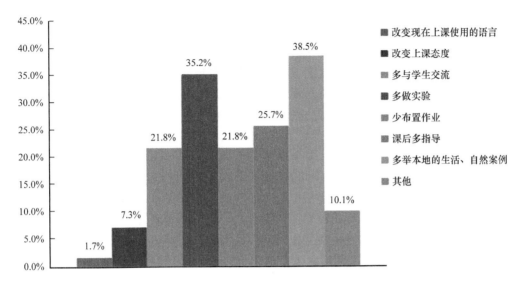

图 7.3.8　学生希望物理教师上课可以做的改进

　　因此教师与学生的学习现状有密切的相关性，教师应从学科素养、教学方式方法、教学情感等方面提升自我能力，并加强与学生之间的交流，从而增进师生关系，达到更好的教学效果。

第四节　民族地区理科教学质量影响因素分析的结论

　　教学作为一项复杂的活动，其影响因素多种多样。调查结果显示，学习态度、学习自信、学习兴趣、家长态度、学习动机、民族特征、学习归因、学校资源、学校环境氛围、师生关系、师生交流和学校教法这 12 个指标与物理教学质量在 0.1 水平上显著相关，而学习难度这个指标与物理教学质量在 0.05 的水平上显著相关，且均为正相关。总体来看，学习情感、学习信念、民族特性、环境与教学质量在 0.1 水平上的显著相关性依次递减。

一、学习因素分析

　　学生在学习过程中处于主体地位，在学习的过程中学生不是被动地接受知识，而是主动地建构知识。学习情感和学习信念是影响学习质量的关键因素。在学习因素这一维度下，学习情感下面的学习态度、学习兴趣、学习动机与教学质量在 0.1 水平均表现为显著相关。学习信念下的三级指标学习自信、学习归因与教学质量也在 0.1 水平上表现为显著相关，学习难度则在 0.05 水平上表现为显著相关。学习时间与教学质量的相关性并不显著。

　　在学习情感因素维度下的指标中，学习态度这一指标的相关性最大，单独比较各个地区，尽管学习态度在各个因素的相关性排序不一样，但是学习态度是学习因素维度下与教学质量相关性很稳定的指标。可见个体本身的内部倾向对学习结果有直接的影响，从某种程度上而言对教学质量有决定性的作用。学习兴趣排在学习情感因素的第二位，其对学习效果的影响不容忽视。相关研究表明，学生对学习的兴趣可以直接转化为学习动机，成为激发学习的推动力。

学习自信在众多影响因素中排序第二，可见其对学生学习的影响作用很大。调查结果表明，几乎所有的学生都肯定了学习物理对他们自身是有帮助的，一方面他们认为物理学习可以帮助他们了解更多神奇的现象，反过来又能提高学习的兴趣，也有学生认为物理知识可以运用在生活中并解释一些自然现象。可见，绝大多数学生都肯定了物理学习的价值，这对提高他们的物理学习自信是有积极帮助的。不同的学生面对相同的结果，其归因方式多样且归因一般都是从多个因素进行综合归因。不同的归因将会导致不同的效果。不同心理特点的人往往会有不同的自我归因，而这通常将会导致不同的学习效果。

从调查的结果来看，学习时间包括作业时间和校外补习时间，但和学习质量并没有表现出明显的相关性。相比之下，学习情感、学习自信、学习归因这种非智力因素在学习中有着重要的作用。尽管这些因素并不是直接作用于学习，却发挥着不可替代的作用，比如具有动力、引导、维持、强化等一系列的作用，影响着学习的进程及其效果，而不是学习活动本身。

二、教学因素分析

教师是教学活动的主体，在教学活动中起主导作用，教师多方面的因素都直接影响着教学质量。调查结果显示，教师水平、教学情感、师生关系、师生交流都与学生的学习现状在0.1水平（双侧）上显著相关，教学方式在0.05水平（双侧）上显著相关。教师水平也可以理解为教师的能力，是作为教师素质的核心。从调查结果可以看到，教师水平在教师因素中排序第一，可见其核心地位。教学情感是教师作为个体或者群体在教学职业或者活动中所产生的态度体验。教学情感在促进教师自身的专业发展、促进学生的健康成长、提高教育教学质量等方面都有着重要的作用。结合学生问卷和教师问卷可以看出，师生关系、师生交流都会在很大程度上影响教学质量，因此创造一个友好和睦的教学氛围对教学会有促进作用。教师与学生的学习现状有密切的相关性，教师应从学科素养、教学方式方法、教学情感等方面提升自我能力，并能加强与学生之间的交流，从而增进师生关系，达到更好的教学效果。

三、环境因素分析

任何活动的发生都必须具备一定的条件，在特定的时间、空间内进行，即都在一定的环境中发生。[①]学生的学习活动也必定和其环境相互作用。从广义来讲，学生的环境既包括客观的物理环境，也包括在学习活动中人与人、人与物理环境相互作用而产生的心理环境。调查结果表明，家长态度、学校资源、学校环境氛围、师生关系、师生交流和学校教法共6个指标与物理教学质量均在0.1水平上显著相关。可见，环境作为影响学生学习的外因之一，其对教学质量的影响不容忽视。

调查结果显示，相比心理环境而言，"家庭设施设备"这一物理环境与教学质量没有表现出显著的相关性。从教师调查结果中也发现，这里主要调查的是物理环境，比如"教

---

① 卢家楣. 学习心理与教学[M]. 上海：上海教育出版社，1999.

学设施、教研活动"等环境因素与教学质量没有表现出明显的相关性。这主要说明物理环境虽容易被察觉,对教学的影响也容易被感受和确定,但心理环境对教学质量的作用往往更深刻明显,尽管它不如物理环境影响表现直接。家庭作为孩子第一大教育环境,父母作为孩子的启蒙教师和终身教师,其对孩子的成长和学习具有很大影响。"家长态度"这一指标在 0.1 水平显著相关的 12 个指标中排序第四,在环境因素这一维度下的指标中排序第 4。学习主体和客体之间的交流和关系也在 0.1 水平上表现为显著相关。可见良好的师生关系会对学生的学习有极大的促进作用。

四、民族特性因素分析

民族地区与汉族地区最显著的不同就是民族特性,少数民族在民族意识、语言、社区、宗教信仰、风俗习惯等方面与主体民族间存在着文化差异,这些都可能对学生学习科学产生一定的影响。调查结果显示,民族特征与教学质量的相关度为 0.243,在 0.1 的水平上显著相关,在 12 个指标中排序第六。几乎一半的学生喜欢与当地生活情境相关的科学问题,他们认为这样更有利于解决生活中的问题,增长科学知识。绝大多数学生认为宗教信仰、风俗习惯、传统节目等都对物理知识有影响,只有极少的学生认为传统文化对物理知识是没有帮助的。调查中还发现部分学生还认为生活习俗和宗教信仰是其物理知识的来源。可见,民族性对教学质量具有显著的影响不可忽视。

从各个地区来看,民族特性与当地的教学质量的影响尽管其排序不一样,比如四川、宁夏、贵州、广西四个省份中,民族特征与教学质量相关性排序都在前三,其他省份民族特征与教学质量相关性排序处在中间或中后的位置,这一方面和各个省份调查的学生中少数民族占民族学生的比例有关,另一方面和不同民族地区自身的民族性强弱密切相关。由于民族地区在地域、文化、民族、宗教信仰等的特殊性,在不同文化背景下的公众用自己的文化处理生活与生产问题,会形成自身的知识体系,自身的知识体系又反过来作用于当地的教育和生产,如此循环最终相辅相成、相互影响。

综上,影响民族地区教学质量的因素有很多,包括学习主体、客体本身的因素,此外也包括环境因素,与一般地区教学质量影响因素相比,民族地区的民族特征对教学质量具有很大影响。各个影响因素之间并不是简单直接地作用于教学质量,更多的是间接地作用于教学质量,而这些因素本身又相互作用和影响。

五、启示与建议

综上,民族地区理科教学质量受到多种因素的影响,既有任何地区的教育都面对的共同影响因素,如学生自身的一些非智力因素:学习情感、学习信念等,教师因素:教学水平教学情感等,环境因素:物理环境和学生自身的心理环境,又面临着其特有的因素即民族特性。从调查结果来看,这些因素和教学质量息息相关。为了提升民族地区相对薄弱的理科教学质量,一方面要从基础教育质量面临的共同问题解决,另一方面还要着重考虑民族地区其民族性,积极发挥民族地区的优势促进教学。基于以上调查,本研究从学生、教师、学校、社会四个层面提出相关建议。

1. 培养学生兴趣，激发学习内驱力

学习动机是学生学习行为产生的内驱力，是激励学生学习的内在动力。基于以上分析可以发现，非智力因素与教学质量不是直接作用，也不是单向作用，通常，非智力因素之间存在着一定的关系，可以相互促进，学习动机、学习兴趣、学习态度等之间也可以相互促进，共同提高。目前，中学阶段学生的学习主要以课程知识的学习为主，学生可能会感到乏味，学校可以适当地开设一些兴趣课程，通过科技活动提高学生的学习兴趣，从而激发学习内驱力。另外，在课堂学习中，应该加强与实际生产生活中的联系，适当引导学生分析，让学生获得成就感和自信心。理科教学以物理为例，要加强实验教学。调查结果显示，几乎一半的学生希望老师加强实验，可以看出，教师在课堂上做实验的频次太少，满足不了学生的探索欲望和好奇心。

2. 提升教师水平，创建民族特色课堂

从调查结果来看，教学质量和教师教学水平的高低密切相关。从某种意义上讲，提高民族地区中小学的理科教学水平关键要靠民族地区教师。因此，教师应该加强自身的专业知识，同时也要扩展知识面，树立良好的职业道德；努力寻求获取知识的途径，在课堂教学实践中积极探求实现最佳教学质量的途径；努力进行科学研究，将最新的知识传授给学生。从调查结果中可以看出，大部分的学生对当地生活情境相关的问题很感兴趣，因此，教师在教学的过程中应当抓住学生这一点，充分应用民族地区生态环境、学生的生活经验，可以适当地联系当地的地方性知识，将地方性知识中的科技文化融入课堂教学中，可以极大地提高学生的学习兴趣，使学生在学习过程中传承优秀的地方科技文化，提高学生对科学知识的应用和价值的理解。

3. 提升师资力量，建设校本课程

学校应加强对优秀教师的选拔和培养，努力建设一支高素质的师资队伍。通过优惠的政策、良好的工作环境等吸引优秀人才；同时鼓励教师积极参加相关专业的实践活动，从而不仅教给学生理论知识，更是教会学生如何将理论应用于实践。学校还应在资金和政策上对教师的培训提供保障，特别要加强对青年教师的培养，强化教师的继续教育，全面提高师资队伍的整体素质。此外，应当充分考虑到民族地区特有的文化习俗，加强开发校本课程，建构适合各民族文化传统、生态环境、生产方式的理科教育内容体系，以培养能适应民族地区社会发展和未来建设的理科人才。

4. 加大投入，提供保障

齐备的教学实验设备是实验教学的前提，在民族地区由于经费问题，其实验设备有待政府和相关部门加大经费投入，合理配置资源，为实验课的正常开展提供保障。同时，政府教育部门应当积极采取措施，鼓励其他地区的教师和志愿者到民族地区为教育事业做出贡献。另外，政府部门应该投入更多的精力，以民族地区当地人才资源为本，建设高水平的教师队伍。为了全面提高师资队伍的整体素质，特别要加强对青年教师的培养，学校应在资金和政策上对教师的培训提供保障。